KÖNIGS FURT

Über dieses Buch

Harte Kirchenbänke, heruntergeleierte Liturgien und die immer gleichen, alten biblischen Geschichten. So haben es viele von uns noch in Erinnerung, das Christentum und seinen genialisch-tragischen Helden Jesus. 2000 Jahre Kirchengeschichte haben diese saftige, glutvolle Gestalt eingefroren in starre Dogmen, Rituale und Deutungsmuster. Dabei ist das Christentum mit seinem reichen Bilder- und Geschichtenschatz ein Teil unserer Kultur, tief verwurzelt gerade auch im Unterbewusstsein der davon Traumatisierten, unsere – geliebte oder ungeliebte – Heimat. Das Resultat ist oft ein spirituelles Vakuum: enttäuschte, ausgebürgerte Exchristen im »asiatischen Exil« oder im Niemandsland zwischen allen Stühlen. Es ist daher an der Zeit, sich von einer kirchlichen Ideologie zu lösen, die die Ekstase und den Freiheitsimpuls des menschlichen Herzens im Namen des Kreuzes buchstäblich zugenagelt hat. Denn radikaler oftmals als die Predigten des Buddha rufen Jesu Gleichnisse dazu auf, sich freizugeben, dem LEBEN zu vertrauen, damit jene Liebeskraft hervorströmen kann, die der Weite eines erleuchteten Herzens entspringt.

Über den Autor

Peter Erlenwein, Jahrgang 1948, wuchs im Ruhrgebiet auf. Studium der Sozialwissenschaften in München. Ausbildung in Humanistischer Psychologie und Psychotherapie mit Praxis in München. 1986–1992 Lehrbeauftragter an der FH Rosenheim. Interkulturell-religiöse Studien und ausgedehnte Reisen. Sein Buch »Reise in die Mitte des Kreuzes« erschien 1993. Von 1997–2001 Visiting Professor in Pune/Indien für interreligiösen Dialog an der Hochschule für Theologie und Philosophie. Autor vieler Sendungen im Bayerischen Rundfunk. Lehrbeauftragter am C. G. Jung-Institut, Zürich.

Kontakt mit dem Autor: erlenwein@yahoo.de

Weitere Informationen zur Buchreihe *connection books* erhalten Sie im Internet unter www.connection.de.

Peter Erlenwein

Der Geist des Erwachens

Jesus für Christen und Nicht-Christen

connection books

Herausgegeben von
Wolf Schneider

Bibliografische Information der Deutschen Bibliothek

Die Deutsche Bibliothek verzeichnet diese Publikation in der Deutschen Nationalbibliografie; detaillierte bibliografische Daten sind im Internet über http://dnb.ddb.de abrufbar.

Originalausgabe
Krummwisch bei Kiel 2004

D-24796 Krummwisch
www.koenigsfurt.com

Umschlag: Connection Medien GmbH, Niedertaufkirchen
Umschlaggestaltung: Christina von Puttkamer, München,
unter Verwendung eines Motivs des MEV Verlags, Augsburg
Lektorat: Roland Rottenfußer, Niedertaufkirchen
Satz: Satzbüro Noch, Balve
Druck und Bindung: FVA, Fulda

ISBN 3-89875-112-0

Gott ist nicht ein Gott der Toten,
sondern der Lebenden.

(Yeshua)

Der Glaube ist eine Intuition,
die nicht nur darauf wirkt,
von der Erfahrung bestätigt zu werden,
sondern zu der Erfahrung führt.

(Sri Aurobindo)

Religion ist eine Kontinuität
von Revolution.

(Osho)

Inhalt

Einleitung

Dieses Buch möchte zum Verständnis der inneren Wirklichkeit des bedeutendsten abendländischen Mythos beitragen: der Vision vom *Gottmenschen Jesus Christus.* Die erste Grundthese lautet, dass diese Gestalt nur dann umfassend verstanden werden kann, wenn wir sie aus dem einseitigen Blickwinkel der Kirchen und der westlichen Theologie radikal herausführen. Wenn es gelingt, die Erzählungen in den Evangelien mit den großen inneren Wahrheiten des spirituellen Ostens wieder zu verbinden, so klärt sich vieles, wogegen sich unser rationales Denken bislang hartnäckig gesträubt hat. So manches, was uns in der Geschichte Jesu begegnet – etwa das Verhältnis von Lehrer (Guru) zu Schüler, die direkte Übertragung von Kraft, Wunderheilungen und andere geistliche Wirklichkeiten –, kann im Osten, speziell in Indien, auf eine jahrtausendealte Tradition zurückgeführt werden. Dabei geht es nicht nur um eine Überlieferung von Glaubensvorstellungen, sondern um Praxis, um unmittelbare spirituelle Erfahrungen, wie sie von großen indischen Meistern des 20. Jahrhunderts wie Ramana Maharshi oder Sri Aurobindo beispielhaft verkörpert wurden.

Alle zentralen Ereignisse im Leben Jesu – Taufe, Verklärung, Kreuzigung und Auferstehung – müssen einem aufgeklärten, am wissenschaftlichen Weltbild geschulten Verstand entweder mysteriös (das heißt verdächtig) vorkommen oder als überholte Glaubensartikel einer vergangenen Zeit erscheinen. Es bedarf daher des immensen Reichtums des östlichen Wissens, um die religiöse Stagnation des Westens zu überwinden. Umso mehr, als auch vielen traditionellen Christen die Stationen des Weges Jesu weiterhin ein Rätsel sind, das nur geglaubt, aber so gut wie nie mit den eigenen, »modernen« Problemen und Fragestellungen in Verbindung gebracht werden kann. Die unter Mitgliederschwund leidenden Kirchen stellen ihren Gläubigen kaum Werkzeuge zur Verfügung, die ihnen unmittelbare Erfahrung, kreative spirituelle Übung und deren Anwendung im Alltag und somit einen authentischen Kontakt mit der inneren Wirklichkeit der Evangelien ermöglichen würden.

Diese Werkzeuge sind gerade im Osten zu finden. Daher besagt die zweite These meines Buches auch, dass Christus kein vorwiegend westlich-abendländischer Archetypus ist; vielmehr zeigt sich uns in ihm eine universale Offenbarung, die sich an einem speziellen geografischen Ort in einem speziellen historischen Moment manifestiert hat. Durch die scharfe Abkehr der Kirchen von östlichem Gedankengut sind Verbindungen und Einsichten zerschnitten worden, die der nachmoderne Christ wieder aufgreifen und für seine christliche *religio* (die Rückverbindung zum göttlichen Ursprung) fruchtbar machen sollte. So besagt die dritte These, dass ein europäisches Christentum im neuen Jahrtausend mehr und mehr nur von jenen Menschen repräsentiert werden wird, die bereit sind, traditionelle Glaubenshaltungen zu überprüfen und sie, wenn notwendig, gänzlich loszulassen, um im Fluss einer schöpferischen Christuswahrnehmung zu bleiben – jenseits von Kirche und Dogma.

Im Zusammenhang mit diesen Thesen möchte ich für die beiden wichtigsten »Namen« in den Evangelien – Jesus und Gott – einen neuen Sprachgebrauch einführen. In vielen Seminaren, Diskussionsforen und bibliodramatischen Workshops habe ich immer wieder die Erfahrung gemacht, wie emotional überfrachtet oder befremdend diese zwei zentralen Chiffren auf die Teilnehmerinnen und Teilnehmer wirken. Zum einen habe ich mich daher entschieden, das allzu Bekannte gegen ein etwas Unbekannteres einzutauschen, genauer, den Namen Jesus durch das hebräische Wort

Yeshua zu ersetzen. Die Erfahrung zeigt, dass durch diese kleine Veränderung eine Distanz geschaffen wird, die dabei hilft, sich gefühlsmäßig unbelasteter mit der Gestalt Jesu auseinander zu setzen.

Das Gleiche gilt für das Wort »Gott«, das automatisch an die Vorstellung eines männlichen, persönlichen und jenseitigen Wesens gekoppelt ist. Aus diesem Grund habe ich es durch den griechischen Begriff THEOS ersetzt. THEOS ist weder persönlich noch unpersönlich, weder existent noch nicht-existent, es ist die große unbekannte Chiffre, der Fingerzeig zum Mond, wie ihn uns unter anderem die Schriften Meister Eckeharts, aber auch die Lehren des Mahayana-Buddhismus oder der Hinduismus im Sinne von Ramana Maharshi nahe legen.

Eine wichtige begriffliche Unterscheidung treffe ich zwischen Religion als öffentlich organisiertem, institutionellem Rahmen von Tradition, Dogma und Ritual einerseits und *religio* als einer individualen, bewussten, spirituellen Wegführung andererseits. Dies erscheint mir umso wichtiger, als die Wahl einer Religion heute immer stärker in die Entscheidung des Einzelnen gestellt ist. *Religio* kann durchaus im Rahmen von Religion stattfinden, sofern sie, gemäß der eigenen spirituellen Entwicklung, bereit ist, die Tabus der Institution kontinuierlich zu überschreiten.

Noch ein Wort zum vieldeutigen Begriff der »Spiritualität«. Ich verwende ihn durchgehend als das jedem Menschen zugängliche Erfahrungsfeld einer transpersonalen (überpersönlichen) Wirklichkeit, die nicht von mir getrennt ist, wie sehr es auch oft den Anschein haben mag. Spiritualität besagt, dass wir nicht nur aus Materie und Energie bestehen, sondern – wie alle Religionen betonen – geistgegeben sind. Sie entfaltet sich in dem Maße, wie ich, östlich gesprochen, bereit bin, den Weg des Erwachens zu gehen. Damit ist aber nicht ein System von Glaubenssätzen gemeint, sondern ein auf unmittelbarer Erfahrung beruhendes Experiment, das mich selbst zum Mittelpunkt hat – im Geist der Frage: »Wer bin ich?« Christlich gesprochen heißt dies, sich auf das Wagnis jenes Satzes von Yeshua einzulassen: »*Wer mich aufnimmt, der nimmt den auf, der mich gesandt hat*« (Mt 10, 40).

Die vorliegende Arbeit ist sowohl an Christen als auch an Atheisten gerichtet, deren Sinne für die »Große Erfahrung« (Dürckheim) noch nicht abgestumpft sind durch herrschende Ideologien und materialistische Glaubenssätze.

Das Buch ist darüber hinaus allen Menschen gewidmet, die sich aus dem engen Zirkel der Konfessionen, aber auch aus dem herrschenden, dogmatischen Wirtschaftsideal hinausbewegen wollen, um in spiritueller und geistiger Hinsicht ihre Freiheit zu bewahren. Es ist gleichermaßen an die vielen Teilnehmerinnen und Teilnehmer gerichtet, die ich in meinen eigenen und anderen Seminaren angetroffen habe – Menschen, die sich auf die ebenso wunderbare wie oft entbehrungsreiche und schmerzliche Suche nach der Sehnsucht ihres innersten Herzens begeben haben und dabei den Namen Yeshua/Christus wieder (oder erstmals) geschmeckt haben. In den Worten des Hohen Liedes aus dem Alten Testament ausgedrückt: *»Sie wurden mit dem Kusse seines Mundes geküsst«* und konnten diese Liebes-Berührung nicht mehr vergessen.

Ich bin all diesen Männern und Frauen, die mich teilweise über Jahre in meiner Arbeit begleitet haben, zu großem Dank verpflichtet. Zum anderen, und nicht weniger, gebührt mein Dank dem Subkontinent Indien, diesem Land der größtmöglichen Kontraste und Paradoxien – seinen Menschen und Ashrams, seinen spirituellen Meisterinnen und Meistern. Nicht zuletzt danke ich meiner Frau, die mir über all die Zeit den Freiraum zum Schreiben zur Verfügung gestellt hat.

Dießen, im Frühjahr 2004
Peter Erlenwein

Das entleerte Gehäuse: Kirche

Jesus sprach: Nicht soll aufhören der, welcher sucht, zu suchen, bis er findet, und wenn er findet, wird er verwirrt sein, und wenn er verwirrt ist, wird er sich wundern und wird herrschen über das All.

(Thomasevangelium)[1]

Am Umschlagspunkt zweier Jahrtausende steht das Christentum in Europa vor einer noch nie da gewesenen paradoxen Situation: Zunächst zeigt sich, dass das Abendland definitiv in eine »nachkirchliche« Epoche *(post ecclesiam)* eingetreten ist. Insofern sich die Kirche als Stellvertreterin Christi auf Erden bezeichnet, kann man sogar von einer »nachchristlichen« Epoche (*post Christum)* sprechen.

1 Das Thomasevangelium ist ein frühchristliches Dokument, das aus einer Aneinanderreihung von 114 knappen, oft paradox anmutenden Sprüchen besteht. Die Sammlung hat wahrscheinlich in der Frühzeit des Christentums eine herausragende Rolle gespielt, ging dann jedoch verloren. Erst in den 40er Jahren des letzten Jahrhunderts tauchte sie unter den berühmt gewordenen Nag Hammadi-Funden in Ägypten wieder auf. Heute datiert man das Evangelium des Thomas um das Ende des ersten christlichen Jahrhunderts; es wird von einigen Experten als sehr frühe Quelle angesehen, die unabhängig von den vier bekannten Evangelien zu betrachten ist, was Stil und Ausdrucksweise bezeugen; die Sprüche erinnern mehr an *Zen-Koans* als an die klassischen Geschichten des Neuen Testaments. (Vgl. hierzu G. M. Martin: Das Thomasevangelium, Radius, 1998)

Die Entleerung der Kirchen im Westen schreitet unaufhaltsam voran, trotz hier und dort neu aufflackernder Fundamentalismen in manchen katholischen wie protestantischen Zirkeln. Dieser stete Aderlass an Gläubigen ist für eine vollständig säkularisierte Konsumgesellschaft inzwischen fast belanglos geworden. Ein scheinbar unabwendbarer Prozess, der mit der Renaissance begann und im Zeitalter des Internets sein ebenso notwendiges wie stilles Ende zu finden scheint.

Doch Religionen sterben nicht, sie verwandeln sich. Ihre »Kleider«, sprich ihre Riten und Zeremonien, sind zwar vergänglich, ihre äußere Sprache unterliegt dem Zeitgeist, und ihre Glaubensbekenntnisse entsprechen dem geschichtlichen Bewusstseinsstand der Gesellschaft, die sie hervorgebracht hat; ihr Kern jedoch ist unvergänglich, er ist transrational, transhistorisch, rein transzendent. Er ist der bloße Fingerzeig zum Mond, der Verweis auf ein für jedes begriffliche Bewusstsein Unfassbares, das mit der Bezeichnung *Gott* zumeist vollständig verfälscht wird. Dieses Wort zieht automatisch Vorstellungen, Anschauungen, Bildhaftes oder Dingliches herbei, obwohl doch schon die urjüdische Offenbarung von der Namenlosigkeit Gottes spricht: »*Ich bin, der ich bin.*« Gemäß diesem grundlegenden Rätselsatz im Herzen aller monotheistischen Religionen existiert weder Bild noch direkte Benennung des Heiligen in der jüdischen Religion, aus deren Tiefen der Mensch Yeshua emporstieg. Allein der Mythos ist zu allen Zeiten im Stande gewesen, auf das Unbegreifliche mit immer neuen, wunder-baren und zumeist paradox anmutenden Bildern hinzuweisen, es in tausend Andeutungen zu umspielen und dabei auch dem Doppelgesicht von Furcht und Faszination Achtung zu erweisen, das jeder Vision des Unnennbaren zu eigen ist. Eine solche Vision ereignet sich aber ausschließlich in den lebendigen Herzen und Körpern von Menschen, nicht in theologischen oder ethnologischen Seminaren.

Die immer schneller voranschreitende Auflösung einer fast zweitausendjährigen Kirchenherrschaft hat ein Stadium erreicht, in dem etwas sehr Zentrales wieder zum Vorschein kommt: die Frage nach dem Wesen jener Erleuchtung, die einem Manne namens Yeshua widerfuhr, bevor sein Tod am Kreuz zum Inbild einer Religion, genannt Christentum, werden sollte. Allzu früh wurde die Vielfalt der spirituellen Strömungen, die sich auf jenen Yeshua beriefen, von einer *pax catholica romana* mit ihren lateinischen Langkreuzen bedeckt. Nun, am Anfang des dritten christlichen Jahrtausends, da Tradition und Glaube wieder ins Unbewusste abdriften und der Faden der Überlieferung im globalkapitalistischen Europa schon gerissen ist, können wir versuchen, durch die unübersehbare Flut der Bilder, Kommentare und Dogmen hindurchzutauchen und endlich wieder zu *schauen*. Im Entzug von Lehre, Glaube und Hoffnung eröffnet sich dem nachmodernen religiösen westlichen Menschen die außerordentliche Chance, dem Geschehen am Jordan entscheidend näher zu kommen; jener Taufe, die den jüdischen Mann Yeshua in einen Erwachten[2] verwandelte. Seiner Botschaft liegt dieses Erwachen zugrunde, nicht eine wie immer geartete »Theo-Logie«.[3]

»Nicht von dieser Welt«, aber *in* dieser Welt

Bernhard von Clairvaux, der große Mystiker und Theologe des frühen Mittelalters, Gründer des Zisterzienser-Ordens und Berater des Papstes, stellte schon vor 1000 Jahren für alle in theologischen Glaubensmustern Gefangenen die entscheidende Frage: »Wann wird ER endlich wieder kommen, wann wird SEIN REICH errichtet werden?!« Spätestens mit Ende des 20. Jahrhunderts, dieses vielleicht blutigsten und zugleich hoffnungsvollsten der europäischen Geschichte, müssen wir erkennen, dass die Antwort Yeshuas auf jene bohrende Frage bei den meisten Gläubigen ungehört verhallte: *»Mein Reich ist nicht von dieser Welt, (aber) wo zwei oder drei Menschen in meinem Namen versammelt sind, bin ich mitten unter ihnen«* (vgl. Joh 18, 36; Mt 18, 20). In diesen zwei Sätzen findet sich die Essenz der Jordantaufe. Sie beruht auf der blitzartigen, alle Dua-

2 Ich benutze im Folgenden immer wieder buddhistische Begriffe, da sie in einer sehr präzisen Sprache spirituelle Vorgänge umschreiben.

3 Vgl. hierzu Ken Wilbers Systematisierungsversuche der unterschiedlichen spirituellen Bewusstseinsniveaus in: Eros, Kosmos, Logos, Krüger, 1995, Kap. 8, S. 345 ff.

lität des Denkens und Erfahrens endgültig einreißenden Erkenntnis der unbedingten Einheit der Wirklichkeit, die, in christliche Begriffe gefasst, Schöpfung, Schöpfer und Geschöpf gleichermaßen umfasst wie übersteigt.

Jenseits und Diesseits, Gott und Welt, Leben und Tod, Ich und andere voneinander zu trennen, stellt allerdings das grundlegende Übel fast aller Religionen (auch der östlichen) dar. Während der Mystiker in Bernhard von Clairvaux jene Einheit wohl zu ahnen vermochte, konnte und durfte der Kleriker und Politiker, der Tat- und Weltmensch nicht zu solcher Einsicht vorstoßen, denn damit hätte er sich selbst und seinen Brotgeber, die heilige Kirche, womöglich ihrer Daseinsberechtigung beraubt. Verlangt doch die Botschaft Yeshuas die Aufgabe aller Mystifikationen des Geistes und der Seele, die sich zwischen das Selbst des Einzelnen und den unbekannten THEOS stellen. Solange ich außerhalb des »Reiches« stehe, im begrifflichen Bewusstsein, mit den Vorstellungen, Wünschen und Ängsten eines hungrigen »Ich«, bin ich im besten Fall ein Gläubiger – ausgestattet mit den beiden Insignien Hoffnung und Vernunft. So hebt die Lehre Yeshuas, wie alle großen Verkündigungen des Ostens, mit dem einen Wort an: »HÖRET« – seid wach, seid aufmerksam, seid da, gerade auch für das Kleinste, scheinbar Unbedeutende.

Yeshua also steht – wie der Buddha – für die Raum und Zeit überspannende, kristallklare Botschaft von der ungeteilten Achtsamkeit. Sein Aufruf gilt der ungeteilten Wirklichkeit, die nur dem zuteil wird, der bereit ist zur Preisgabe seines Egos, also jener mentalen Konstrukte, die sich für das spirituelle Bewusstsein fast immer als tödliche Träumereien eines in sich verschlossenen und verlassenen Geistes erweisen. Der Grund-Satz Yeshuas: »*Noch ehe Abraham ward,* BIN ICH« (Joh 8, 58) zielt auf die zeitlose transzendente Wirklichkeit des Menschen und stellt eine messerscharfe Absage an alle bloße Theo-Logie dar – an den Versuch einer begrenzten und begrenzenden Vernunft, Mutmaßungen über das Nicht-Erfahrbare anzustellen, um anschließend »Gott« als den Urheber solcher Vorstellungen auszugeben.

Vom Freiheitsimpuls zum geistigen Gefängnis

Die schon mit Paulus einsetzende Theologisierung der Botschaft Yeshuas wirft die Schatten vielschichtiger aus ägyptischen Mythologien, jüdischem Monotheismus und griechischer Philosophie gewobener Gedankengebäude über jenen einen weltverwandelnden Liebesmoment, da Stimme und Taube sich im offenen Himmel mit dem in den Jordanfluten Untergetauchten vereinen. Zugedeckt vom toten Buchstaben des Gesetzes, von mentalen Fantasien und Ideologien verwandelte sich die frohe Botschaft unter der Hand der Apostel und frühen Kirchenväter innerhalb von nur 300 Jahren zu jener »allein selig machenden« *ecclesia catholica,* von der nirgendwo im Neuen Testament auch nur ansatzweise die Rede ist. Der Freiheitsimpuls, der von der Transformation des Menschen Yeshua und seiner radikalen Liebesweisung ausging, mutierte mit der Zeit zu einem der größten geistigen Gefängnisse, hinter dessen Mauern jedoch noch die wunderbarsten Blüten von Hingabe und Erleuchtung zur Geltung zu kommen vermochten – bis heute.

Nun hat sich der Ruhm der Theologie überlebt, und an ihre Stelle ist der Glanz der Naturwissenschaften getreten, eines neualten Glaubens, dessen Licht allerdings schon dem Schein des Höllenfeuers verdächtig zu ähneln beginnt. Das positive Potenzial säkularer Aufklärung ist offensichtlich ausgeschöpft. Wir wissen nun, dass es kein unendliches Wachstum geben kann, keine unerschöpfliche Erde, keine »erfolgreichen« Kriege. Wir erlebten und erleben den Bankrott aller Ideologien mit Totalitätsanspruch: des Marxismus, des Faschismus, aber auch eines alles in den Untergang siegenden Globalkapitalismus. Wir erleben heute ebenso das Ende einer allein selig machenden Kirche und ihres klerikalen Patriarchats, ohne dass ein erlösendes Matriarchat als tragfähige Alternative in Sicht wäre. Zu Ende gekommen sind so viele Selbstverständlichkeiten menschlichen Tuns und Denkens, Glaubens und Hoffens. Ein Abglanz der »großen Leere« *(Shunyata),* von der der Buddhismus in seiner großen mystischen Abhandlung, der »Pranaparamita Sutra«, spricht, blitzt so manchem an der Schwelle zum neuen Jahrtausend entgegen.

Eine Ahnung der großen Einheit

Krisenzeiten, vor allem spirituelle, bieten infolge der Zerstörungen politischer wie religiöser Illusionen jedoch eine unvermutet fruchtbare Kehrseite, auf die »das Licht der großen Leere« beständig verweist. Einer christlichen Kanzelrhetorik überdrüssig, hat ein Großteil der abendländischen Menschheit den unwiderruflichen Austritt aus dem Dunkel einer Institution vollzogen, die 1700 Jahre lang selbstgewiss behauptete: »*Extra ecclesiam nullus salus* – Es gibt kein Heil außerhalb der Kirche.« Diese Menschen haben sich bewusst vom Dogma abgewandt, das Jesus Christus als den Einzigen (Gottessohn) über alle erhebt und sie somit von jener einzigartigen, neu machenden Liebeserfahrung ausschließen will, von der Yeshuas Botschaft durchdrungen ist: »*Ich und der Vater sind eins*« (Joh 10, 30). Diese Aussage hatte ER niemals für sich allein reklamiert, sondern vielmehr als den Wesenskern aller Menschen erkannt. Und siehe da, nachdem einmal das Eigentumsrecht der Kirche an Yeshua und seinem Evangelium nicht mehr bloß von Ketzern, sondern nun auch von einer schweigenden Mehrheit entweder ignoriert oder bewusst der Kirche aus den Händen genommen worden ist, ward nicht wenigen die leise Erleuchtung zuteil, dass sie im Lichte eines offenen Tages dem Heil unversehens näher gerückt waren.

Sie erkannten, wie schon viele unbekannte oder berühmte Mystiker vor ihnen, dass Yeshuas Erleuchtung wohl qualitativ, aber nicht substanzhaft (wesenhaft) von ihrem ureigenen Dasein verschieden ist. Ihre persönlichen Liebeserfahrungen, die ihr Leben zeitlose Momente lang auflodern ließ in einer Ekstase der Freude oder des Schmerzes, waren ja Splitter der selben Ganzheit, die Yeshua zärtlich ABBA nannte: das Angesicht des atmenden Lebens, das Licht in den Augen des Gegenüber, welches das Strahlen des eigenen Herzens widerspiegelte. Die oftmals schlagartig nach dem Bruch mit der Tradition[4] einbrechenden Ahnungen der Einheit Seiner und meiner persönlichen Existenz bildeten bei vielen Nicht-

4 Tradition ist ein anderes Wort für das Doppelgesicht jeder Religion. Denn die lebendige Begegnung mit dem THEOS kann weder schriftlich noch mündlich »aufbewahrt« werden; nur der schöpferische Ritus lässt hier noch einmal Licht aufleuchten, wo eigentlich schon wieder Dunkelheit war.

mehr-Kirchenchristen erste, noch zerbrechliche Brückenköpfe, welche die ungeheure Distanz, die die Kirche zwischen Jesus Christus und den Suchenden gelegt hatte, entscheidend verringern konnten.

Wie viele sind dennoch mit Trauer oder schlimmer noch, mit größten Schuldgefühlen ausgetreten, empfanden sie sich doch als tief religiöse suchende Christen. In welcher Sprache konnten die so gewonnenen ersten Einblicke ausgedrückt und wem konnten sie mitgeteilt werden, ohne gleich wieder von altem Dogma beziehungsweise einer kühlen bis zynischen, völlig areligiösen Alltagswelt geschluckt zu werden?

Das Einströmen östlicher Spiritualität

Hier nun muss das Augenmerk auf das andere große Ereignis gerichtet werden, das sich mit Beginn eines neuen (Wassermann-) Zeitalters schubweise ereignet, von der Masse der Gesellschaft jedoch nur am Rande wahrgenommen oder als bloße Esoterik abgetan wird, da es diametral gegen die eigene Wissenschaftsgläubigkeit gerichtet scheint: das unaufhaltsame Einströmen östlicher Spiritualität und Religiosität nach Europa und Amerika. Allein die durch den chinesischen Einmarsch in Tibet »freigesetzte« geistliche Energie auf Grund der erzwungenen Auswanderung unzähliger Lamas und Mönche in den Westen ist von grundlegender Bedeutung für die Weiterentwicklung westlich-christlicher *religio*. Die Ignoranz und Vorurteilshaftigkeit der Medien ändert daran wenig. Im Gegenteil, es ist ihnen bislang nicht zu Bewusstsein gekommen, dass eine zunächst kleine, aber für den kulturellen Prozess bedeutsame Minderheit begonnen hat, ihr durch die Entfremdung vom Kirchenchristentum frei gewordenes spirituelles Potenzial neu zu orientieren und zu schöpferischen Synthesen west-östlicher Religiosität vorzudringen, die C. G. Jung vor 50 Jahren noch für unmöglich hielt. Das geistig-religiöse Spannungsfeld zwischen Abend- und Morgenland hat damit im ausgehenden zweiten christlichen Jahrtausend einen neuen Höhepunkt erreicht, der für das dahinsiechende Christentum von höchster Bedeutung sein dürfte.

Romano Guardini, der große katholische Theologe, schrieb vor mehr als einem halben Jahrhundert vorausschauend über den Buddhismus, dass dieser für die christliche Kirche die wesentliche Herausforderung der Zukunft darstellen werde. In der Tat ist das in einem Maße eingetreten, so dass für das Christentum des dritten Jahrtausends gelten könnte: »*Extra ecclesiam totus salus* – Alles Heil ist nun außerhalb der Kirche.« Die Modernität des Buddhismus als einer atheistischen *religio* bildet für viele Christen, die den persönlichen Gottesbildern entfremdet sind, eine Brücke zu einer ihnen gemäßeren Anschauung des THEOS, ganz zu schweigen von den jahrtausendealten erprobten Methoden östlicher Meditation.

Die *via positiva:* Gott ist Liebe

Der buddhistische Osten, der im 20. Jahrhundert weit in den europäischen und amerikanischen Westen vorgedrungen ist, betont die Sichtweise der *via negativa,* der Illusionshaftigkeit der Welt, der Flüchtigkeit der Materie, für die uns die moderne Naturwissenschaft das beste Anschauungsmaterial geliefert hat. Auch unsere verstandesmäßige Wahrnehmung der Alltagswirklichkeit beruht ja mehr oder minder auf kollektiven Fiktionen, die sofort in sich zusammenbrechen würden, wenn derartige Vor-Stellungen von einer größeren Anzahl Menschen nicht mehr geteilt werden. Die *via negativa* gleicht daher nicht von ungefähr dem Zwiebelschälen, und der Buddhismus verweist deswegen darauf, dass, wenn die letzte Schale gefallen ist, der Kern sich als pure Leere erweist. Für diese wäre selbst der Satz »Gott ist Leere« noch zu voll.

Auf ein ähnliches Ziel, wenn auch auf einem scheinbar entgegengesetzten Weg, verweist das Wort Yeshuas »*Ich bin das Licht der Welt*« mit der spiegelbildlichen Ergänzung »*Ihr seid das Licht der Welt*« (Mt 5, 14). Yeshuas Weg, sein Evangelium, beginnt mit der äußersten Situation, in der das Ich fallen gelassen ist und keine Schranke mehr zwischen den Geliebten, Gott und Mensch, existiert. Die *via positiva* des christlichen EROS beruht auf jener beinahe zärtlichen Anrede »ABBA, mein Väterchen«, in der das Universum gleichsam in ein gütiges »Angesicht« umgeschmolzen erscheint. Diese unermessliche paradoxe Freude über das »Antlitz der Leere« hat das vielleicht einzige Gesetz, das nur spontan und authentisch befolgt werden kann, zur christlichen Leitlinie werden lassen: »*Liebe deinen Nächsten wie dich selbst (als dein Selbst)*«. Die Erleuchtung des Menschen Yeshua brachte seine frohe Botschaft hervor, die *via positiva,* die, ohne in Zynismus umzuschlagen, auch das Leid umfasst und es für den Strom jener Liebesbotschaft fruchtbar werden lässt.

Der Buddha setzt mit der »Dichte« der Welt, ihrem Leiden an und verweist auf dessen Ursprung – auf das Festhalten an den Illusionen des Ichs. Am Ende dieses Weges steht das, was jeder *Bodhisattva,* jeder Erwachte, als Gewissheit in sich trägt: »In mir ruht der Same der Erleuchtung *(Bodhicitta).*« Yeshuas Ausgangspunkt ist die strahlende Erkenntnis: »Ich und der Vater sind eins!« (Joh 10, 30). Sein Hinweis auf die »Lichtheit« aller Menschen ist im kirchlich verordneten Sündenkomplex bald untergegangen. Umso wichtiger, dass er jetzt neu entbunden wird! Zum einen durch das bewusste Heraustreten aus eingebildeter Schuld- und Sündhaftigkeit, aus dem Gefängnis auferlegter spiritueller Dunkelheit. Zum anderen durch offene Auseinandersetzung mit anderen religiösen Wirklichkeiten. Die Begegnung eigener mit fremder *religio* »von Angesicht zu Angesicht« wird, so scheint es, wesentlich über die Zukunft des Christentums entscheiden.

Das Licht der Welt

Das Vorbild für eine solche Verschwisterung innerhalb der christlichen Tradition ist in der Geschichte vom Abendmahl zu finden. Dort spricht Yeshua von seinen Jüngern als seinen Freunden und davon, dass sie einander dienen sollen. Das *Licht der Welt* legt seine Botschaft bewusst und konkret in die noch umschatteten Herzen seiner Schüler, wissend, dass sie einen solchen Akt des Vertrauens im nächsten Moment auf jede nur mögliche Weise brechen werden, ob als Judas, Petrus oder Johannes! Ausgenommen sind als Einzige einige Frauen. Ebenso geht der aus der Dunkelheit der Kirchengemäuer Herausgetretene in die blendende Schwärze eines »anderen« geistlichen Lichtes, genannt Buddhismus, Hinduismus und so weiter, um den inneren Lichtkeim auszubrüten. In der christlichen Geschichte schienen alle Lichter mit dem Tode Yeshuas gelöscht, und doch wurde die Stunde Null zum letzten Anstoß der Erleuchtung seiner Jüngerinnen und Jünger. Jetzt erst wurde leibhaftig offenbar, was Er allzeit gesagt hatte: Mein Geist und euer Geist sind *ein* Geist, sind *Gottes* Geist.

Nichts hat die *via positiva* des Yeshua so sehr veröden lassen wie das Stehenbleiben unter dem Kreuz von Golgatha, und hier besonders die Karfreitagsmentalität des Protestantismus, die den Ostersonntag nachhaltig überschattet hat. Das Mysterium der Auferstehung, anders gesagt, die Duchlichtung des Todes, von der die Evangelien handeln und die auf ihre Weise das Gegenbild zur buddhistischen Nirwana-Erfahrung darstellt, versinkt in beiden christlichen Konfessionen buchstäblich in den ausgebreiteten, angenagelten Armen des Leidensmannes am lateinischen Langkreuz. Anders als der Buddhist, für den das Leiden nur der Ausgangspunkt des spirituellen Weges ist, zementiert die Kirche in ihrem Beharren auf den Gekreuzigten einen scheinbar unüberbrückbaren Gegensatz von Leben und Tod. Der geschichtsversessene Rationalismus des Protestantismus stilisierte die Auferstehung zusätzlich zu einem Akt vollkommen jenseitiger Transzendenz. Auferstehung konnte nur noch geglaubt, aber sicher nicht mehr am eigenen Leib und Leben nachvollzogen werden.

Der lange Schatten des Kreuzes

Der Aderlass der Kirchen beruht in vieler Hinsicht gerade darauf, dass den Gläubigen fast keine Perspektive mehr gegeben wurde, die Erleuchtung/Erlösung als eine immer gegenwärtige Transformationskraft zu erfahren, die die Basis ihres alltäglichen Lebens bildet. Dies gilt besonders für Yeshua selbst, der ja nicht als normaler unbewusster Mensch nach Golgatha ging, sondern als schon längst Erwachter. Ein solcher kann aber in seiner Wirklichkeit nicht mehr als Opferlamm im alttestamentarischen Sinne verstanden werden, da das Sterben des kleinen Ichs des Mannes Yeshua schon mit der Taufe begonnen hatte. Die masochistische Verehrung von Leid und Sterben und damit verbunden die tiefe Lebensangst und das ungeheure Schuldgefühl sind die wohl schwersten Wunden, die der Kult des Kreuzes dem abendländischen Menschen zugefügt hat. Sie stellen eine vollkommene Pervertierung der einzigartigen Offenbarung Christi in der Jordantaufe dar: »Du bist geliebt, von Ewigkeit zu Ewigkeit.« Yeshua wusste und sagte, dass dieses Du alle Menschen in ihrem Wesen umschließt. Also nannte er sich »Sohn der Menschen«!

Der Weg der Kirchen in Ost wie West ist selten der einer authentischen *religio,* der Wiederanknüpfung an den göttlichen Kern des Selbst, die, wie ich schon erwähnte, aus buddhistischer Wahrnehmung mit der reinen Leere identisch ist. Kirchen mögen auf diesem Pfad vielen notwendig erscheinen, ihre Mutation zur Institution, zu Dogma und Hierarchie, zu verordnetem Glauben durch verordnete Macht ist allerdings jeweils nur eine Frage der Zeit. An die Stelle des unmittelbaren Dialogs mit dem Meister oder dem inneren Selbst tritt allzu schnell die Verehrung, der Kultus. Obwohl dieser in vielen Kulturen großer religiöser Kunst den Boden bereitet hat, hat er sich in vieler Hinsicht doch als Hindernis auf dem »weglosen Weg« erwiesen. Zu stark tendiert alle Verehrung zur Hingabe an das Ritual als solches, statt an das lebendige, stets im Wandel begriffene Leben; gerade die Ferne des Idols bewirkt seine Unerreichbarkeit und unterhöhlt mit der Zeit die Wirksamkeit der rituellen Gebärde. Aus diesem Grund verwarf der Buddha die hinduistische Ritualistik. (Wie anfangs ja auch Luther den katholischen Ablass und andere Gebräuche heftig kritisierte.)

Yeshua lebte in unmittelbarer Gemeinschaft mit seinen Schülern – lehrend, wandernd, initiierend. Es fand also ein fortdauerndes existenzielles Gespräch statt, das die Jünger immer weiter aus ihren ererbten Bindungen herausführte. Ähnliches ist heute in Indien noch vielfach zu sehen. Ihre äußere Wanderschaft spiegelte die Bewegungen des inneren Pfades; *religio* heißt kontinuierliche Transformation der Person, Kirche dagegen meint stete Verfestigung der eigenen Position. Der Meister löst, Kirchen hingegen binden. Religion neigt dazu, sich an materiellen Dingen fest zu machen, der Geist dagegen weht, wo und wie er will. Er legt Wert auf die Auflösung aller geronnenen Formen, um zur ursprünglichen Empfängnisbereitschaft einer offenen Lebenshaltung zurückzuführen. Nichts Geringeres als dies widerfuhr dem letzten der offiziell zwölf Apostel (es waren natürlich in Wirklichkeit viel mehr, unter anderem fehlen bei dieser Aufzählung die Frauen). Die Hassfixierungen des Paulus (Saulus) mussten in dreitägiger Blindheit gereinigt werden, bevor ihm das Licht Yeshuas als sein eigenes zuteil werden konnte.

Ein Evangelium der Ekstase

»Wer bin ich – jetzt?« lautet die Grundfrage derer, die aus den Kirchenmauern ins Licht getreten sind, die sich ohne die sichernden Konzepte im freien Raum, besser gesagt im freien Fall bewegen. Der Geschmack der Entfremdung, selbst dem Namen der Namen, Jesus Christus, gegenüber, ist der Preis, den viele gezahlt haben, die ins Unterwegs aufbrachen, in das einzige Abenteuer, das das spirituelle Leben auf Dauer lohnenswert macht. Kein Geringerer als Lao-tse und in seinem Gefolge Chuang Tse hat, im Gegensatz zum Christentum, aber auch im Kontrast zu einem südlichen Buddhismus, ein Evangelium wacher Lebensfreude, ja Ekstase, gepredigt. Sie stehen hier in einer eigentümlichen Nähe zu Yeshua und seinen Naturgleichnissen.

Welches Heil also kann der Christ außerhalb bekennender Kirchen erwarten? Oder, wie Dorothee Sölle, kämpferische, protestantische Christin, einmal formulierte: »Ist der Barmherzigkeit praktizierende Atheist nicht weit mehr in Christus beziehungsweise dieser in ihm als der bloß Bekennende?« Und wozu hatte Jesus sich bekannt? Zu einem jüdischen Tempel oder zu einer alles überwältigenden Gotteserfahrung, in die er Schritt um Schritt tiefer hineingegangen ist? Er erklärte das mosaische Gesetz wie Moses selbst als unzureichend und leitete daraus die Notwendigkeit ab, es zu erweitern und zu überschreiten. Wer in der Masse der Kleriker erkennt heute die Kirche als im Kern unzureichend und ist dementsprechend bereit, sich in eine neue Gottesbegegnung zu wagen? Denn das Heil kommt nicht aus der Kirche, sondern aus dem lebendigen Geist. Das ist das Bekenntnis Yeshuas, das einzige, das er bezüglich echter Religiosität geben kann: »*Mein Gott ist ein Gott der Lebendigen, nicht der Toten*« (Mt 22, 32). Die Kirchen sterben, *religio* hingegen ist ein Prozess kontinuierlicher Verwandlung. Diesem Prozess entspringen immer neue Formen, die für eine Weile Bestand haben, bis auch sie sich als unzulänglich erweisen und über Bord geworfen werden wollen. Womit wir bei der zentralen Frage angelangt wären: Wer bin ich nun, wenn ich außerhalb der kirchlichen Institution stehe?

Eine tief religiöse Freundin, mit starken Christusvisionen begabt, sagte mir vor einer Weile: »Ich kann die Bibel nicht lesen, ich verstehe sie sehr wenig, aber ich weiß, dass Christus in meinem Herzen ist.« Sie praktiziert hinduistische Rituale und ist eine Anhängerin von Amma Amritanandamayi, einer großen Heiligen Indiens. Ist sie also noch Christin oder schon nicht mehr? Oder ist sie bloß eine Sektiererin, die sich aus allen Religionen die Elemente zusammensammelt, die in ihr religiöses Selbstverständnis passen? Hätten Yeshua solche Fragen überhaupt gekümmert? Ihn, dem sich eine Maria Magdalena zu Füßen warf, die vielleicht Prostituierte wie auch Anhängerin einer der damals zahlreichen Mutterkulte gewesen sein mochte.

Das leere Herz

Lebendiger Glaube nach Yeshua heißt: »*Vertraut und ihr werdet Berge versetzen können*« (vgl. Mk 11, 23–24). Solcher Glaube beruht auf den zwei Säulen jeder spirituellen Erfahrung: Offenheit (Empfängnisbereitschaft) und Hingabe. Yeshua war kein Theologe, umso mehr wusste er um die Gefahr der Verhärtung des Geistes, von der jede Beschäftigung mit Religion bedroht ist. Entsprechend bestand er auf einen Glauben, der auf einer wahrhaft existenziellen Hingabe basierte. Dies bedeutet, einen mit Ideen und Vorstellungen überladenen Verstand und ein von widersprüchlichen Gefühlen zerrissenes Herz ganz leer zu machen. Spiritualität als ein unsichtbarer Transformationsprozess zielt auf das Zentrum aller Wirklichkeit: das leere Herz. Dieses Wort darf nicht nur im übertragenen Sinn verstanden werden. Das »leere Herz« ist Voraussetzung wie Kern aller spirituellen Erfahrung, und zwar in jeder Religion. Nirgends ist dieser subtile Prozess der Umwandlung präziser beschrieben worden als in der Praxis östlicher Meditation. Was Yeshua in Bildern und Gleichnissen darlegt, bildet der Osten seit Jahrtausenden über Meditationen, Atemübungen, Yoga und Koans (paradoxe Sinnsprüche im Zen-Buddhismus, zum Beispiel: Hat eine Hund Buddha-Natur? Antwort: Mu) aus.

Die Frage der Freundin deutet also keineswegs auf eine Glaubenskrise hin, sondern auf eine grundlegende Entfremdung von der Quelle der eigenen Religion. Wenn deren Sprache nicht mehr verstanden wird, ihre Symbolik, ihre Bilder und Riten, dann verschwindet sie wieder im Unsichtbaren! Natürlich stirbt sie nicht wirklich, entspringt sie doch der unfassbaren Quelle aller *religio*. Sie verlöscht jedoch im Alltagsbewusstsein der Menschen, um eines Tages in schöpferisch neuer Weise wiedergefunden zu werden. Die atheistischen Weltanschauungen des 20. Jahrhunderts haben den Fehler begangen, *religio* und Religion zu verwechseln, beides also als bloß geschichtliche Phänomene zu begreifen. In Wahrheit ist *religio* aber Ausdruck der zeitlosen Präsenz der einen unfassbaren Wirklichkeit, die sich in jeweils verschiedene religiöse Gewänder zu kleiden vermag. Die »Kleider« des Christentums lösen sich auf, die Lehre Yeshuas, sein Leben, Sterben und Auferstehen als Ausdruck innerster Wirklichkeit des THEOS, ist dagegen unvergänglich.

Ethisch handeln – im Wissen um die Einheit

Dennoch bedeutet das Absterben einer Religion einen ungeheuren geistigen Identitätsverlust, der mit nichts zu vergleichen ist, da er buchstäblich die spirituelle Basis unserer Existenz bedroht – die des einzelnen Menschen wie auch der Gemeinschaft. Der Versuch des katholischen Theologen Hans Küng, diesem Kahlschlag durch einen Weltethos der Religionen auf der Basis eines kleinsten gemeinsamen Nenners entgegenzutreten, scheint dagegen problematisch. Im Herzen der Religionen verbirgt sich zumeist nicht Ethos, sondern THEOS, das radikal Unbekannte, die große Leere im Buddhismus, Gottes Schweigen in der Erfahrung der Mystiker oder Hiobs Erkenntnis der logischen Unbegreiflichkeit JAHWES. Barmherzigkeit ist die eine Antwort aller Religionen auf jene geheimnisvolle Wahrheit, das Mitgefühl mit der lebendigen Kreatur, die aus diesem Geheimnis schöpft, wie sie auch an ihm leidet. Der Urgrund aller *religio* übersteigt jedoch alle begrenzten menschlichen Vorstellungen von Moral und persönlicher Verantwortung.

Moral basiert in der Regel auf dem Nützlichkeitsprinzip mit Rücksicht auf die gesellschaftliche Ordnung. Etwas anderes ist es, wenn sie unmittelbarer Herzensoffenbarung entspringt. Mutter Theresas Arbeit unter den Ärmsten in Kalkutta zum Beispiel beruhte primär nicht auf Nützlichkeitserwägungen, sondern auf einem Akt der *anderen* Art. Ihr Impuls, ihr Ruf, Christi Angesicht im Antlitz jedes Armen wiederzufinden, ist nicht zu »machen«, zu »leisten«, ist keine soziale Tugend, sondern vielmehr Ausdruck einer innersten Ahnung der Einheit aller Menschen. Insofern muss ein solcher Grundimpuls als ein spontaner Akt objektiven Mitfühlens begriffen werden, und die einzige »Arbeit« besteht darin, sich in dieser Spontaneität zu üben, so paradox das auch klingen mag. Solche Paradoxien, wie sie im östlichen Denken gang und gäbe sind, berühren den Kern aller spirituellen Übung beziehungsweise Erfahrung: »Ich kann nichts tun, mir soll gegeben werden.« Moral und Ethik setzen dagegen beim bewussten, kontrollierten, oft von Autoritäten verordneten Tun an, daher erschöpfen sie sich ständig und schlagen leicht in ihr Gegenteil um. Die Gräuel nationalistischer, faschistischer und kommunistischer Revolutionen im letzten Jahrhundert zeugen zur Genüge davon. Revolutionen werden gemacht, die *revolutio* des Herzens kann nur im Geschehen erlitten (empfangen) werden.

Barmherzigkeit, aus der Wahrnehmung der Unergründlichkeit des THEOS, fließt als natürliche Quelle, nur so ist sie unwiderstehlich. Sollen wir aber deshalb im Angesicht des Leidens der Welt nur passiv abwarten, bis uns der Impuls zum ethischen Handeln aus unbekannter Quelle »gegeben wird« (oder auch nicht gegeben wird)? Ich glaube, von diesem Einwand müssen wir uns nicht beirren lassen. Als moralische Wesen, bezogen auf den Verhaltenskodex, den uns Erziehung und Sozialisation antrainiert haben, handeln wir sowieso ununterbrochen. Gerade auch atheistische und insbesondere diktatorische Gesellschaften legen im Namen von Gewissen und Verantwortung größten Wert auf Unterscheidungen von Gut und Böse. Fundamentalistische Ideologien operieren ausschließlich mit solchen Dualismen. Der internet-globalisierte Kapitalismus hat sich in dieser Hinsicht für eine zynische Doppelmoral entschieden. Mit der rechten Hand werden demokratische Grundrechte und die materiellen Segnungen eines relativen Wohlstands verteilt, mit der linken werden Menschen durch Konsumpropaganda dumm und abhängig gehalten, während gleichzeitig die Zerstörung unseres Planeten fortschreitet. Es zeigt sich hier, dass auch das aus der europäischen Aufklärung hergeleitete rationale Bewusstsein mit seinem Wertekanon schlichtweg nicht mehr auf der Höhe der selbst geschaffenen Probleme steht.

Die Wiedergeburt christlicher Mystik

Wo also das äußere Gehäuse einer Religion zerfällt und die Riten und Symbole in den Untergrund des Bewusstseins zurückweichen, entsteht ein Vakuum, das für eine Weile nur von Einzelnen oder kleinen Gemeinschaften schöpferisch gefüllt werden kann.

Nun finden sich jedoch mehr und mehr Menschen, die eine, wie sie sagen würden, Lichterfahrung empfangen haben. Aber da ist kein Name mehr, geschweige denn religiöse Tradition. Wiederum andere haben keinerlei dramatische Licht- oder »übersinnliche« Erfahrungen gemacht, doch sind sie mit der Übung der Meditation vertraut, die ihnen für den Moment einen Geschmack von Stille, Kraft und Frieden vermitteln konnte. Man könnte sie als »Praktizierende« im Sinne des Buddhismus bezeichnen, entsprechend dem wunderbaren Motto »Zen mind is a beginner's mind – Zen-Geist ist Anfänger-Geist«.

Achtsamkeit und Stille bilden die Erfahrungsgrundlage aller *religio*. Sie sind gleichermaßen Weg und Ziel jeder mystischen Wirklichkeitswahrnehmung, die ja dem Unbegreiflichen hinter allen Dingen gilt. Mystik beinhaltet Staunen über das spürbare Dasein von allem und meine Verbundenheit damit.

Was bedeutet aber im Speziellen christliche Mystik – in einer Zeit der zerfallenden Traditionen und Symbole, in der sogar der Eine Name, Jesus, an Ausstrahlungskraft zu verlieren scheint? Kann es in unserer Zeit zu einer Wiedergeburt christlicher Mystik kommen, nicht *obwohl*, sondern *weil* kaum jemand mehr die Bibel liest? *»Selig sind, die da geistlich arm sind«*, heißt es in Luthers Bibelübersetzung, aber im aramäischen Urtext entdecken wir erst den kosmischen Bezug dieses großen Gebetes Yeshuas. Hier heißt es: »Selig die, die ihre Identitäten verloren haben beziehungsweise preisgegeben haben und dürsten nach dem Grundlosen.« Oder: »Selig die, die eine Vision der Einheit mit dem THEOS haben und sie auch im Gewühl des Tages nicht mehr preisgeben.«[5]

Eine Spiritualiät des Atems

In der Wüste einer spirituell verhungernden Gesellschaft, wo Name und Symbol nur noch vage Erinnerungen wachrufen, bleibt bis zuletzt das Unscheinbarste, der Atem, bleibt dieser kosmische und zugleich individuelle Rhythmus mit den zwei Polen des Ein und Aus und der Pause zwischen beiden. Und so lautet die Grundform des christlichen Herzensgebetes der Frühzeit schlicht, Jesus (im Einatmen gesprochen) und Christus (im Ausatmen gesprochen), mit dem Zusatz »Erbarme dich unser«. Dies ist die kürzeste und vollkommenste Gebetsformel! Selbst da, wo auch der göttliche Name wegfällt, bleibt also noch die Tradition, nämlich die des psychophysischen Organismus des Körpers: Einatem (Fülle), Ausatem (Leere). Dies bleibt der einfachste, weil vollkommen organische Weg, der

5 Siehe N. Douglas-Klotz: Das Vaterunser. Meditationen und Körperübungen zum kosmischen Jesugebet, Knaur, 1992. Großartige Neu-Übersetzung des Vaterunsers aus dem Aramäischen.

immer wieder »weg« ist und jeweils neu gefunden werden will. Besonders das »weg« gehört, wie die Erfahrung zeigt, unabdingbar zum Weg.

Insofern dürfen wir sagen, dass die protestantische Annahme, die Bibel sei einzig Gottes Wort, falsch ist, denn Yeshua lehrt in der aramäischen Version von Douglas-Klotz: »Selig sind die im Atem Geeinten.«

Spirituell auf eigenen Füßen stehen

Auf einem Treffen asiatischer katholischer Mönche in Bangkok im Jahre 1968 hielt der Trappistenabt Thomas Merton eine Ansprache. Er berichtete dabei von einem jungen tibetischen Mönch, der vor den Chinesen aus seiner Heimat fliehen musste. Nun wusste er nicht mehr, wohin, und fragte einen in seiner Nähe lebenden Freund um Rat: »Was machen wir jetzt?« Dieser gab ihm eine ebenso eigentümliche wie bedeutsame Antwort: »Ab jetzt, Bruder, steht jeder auf seinen eigenen Füßen.« Thomas Merton interpretierte diesen Satz so, dass wir uns in Zukunft nicht mehr auf Strukturen verlassen können, die uns stützen ... Sie sind gut und hilfreich, und wir sollten aus ihnen das Beste machen. Aber sie können uns entzogen werden, und wenn alles wegfällt, was machen wir dann?

Merton beschrieb vor rund 35 Jahren einen Punkt, den inzwischen viele erreicht haben: eine christliche Kirche, die den meisten nichts mehr zu sagen hat, viel Esoterik im näheren Umfeld und dazwischen die eigenen Wahrnehmungen, Erfahrungen, Empfindungen. Der Weg scheint eher »weg«, dennoch ist ein klarer Geschmack da. So stehen viele alleine, dem Paradoxon des weglosen Wegs anheim gegeben, nicht ahnend, dass sie an einem zentralen Knotenpunkt mystischer Erfahrung angelangt sind. Wo nun der äußere Meister fehlt, bleibt nur der innere: als reine Wachsamkeit für das, was sich von Moment zu Moment ereignet. Und wo die Kirche als Organ der Gemeinschaft zerfällt, wird wieder der Einzelne zum unmittelbaren Organ. Spiritualität in dieser Situation meint die grundlegende Bereitschaft zur Empfänglichkeit für den THEOS, gleich welcher Form er sich bedienen mag. Ohne angemessene

Begleitung kann dies ein Weg voller Gefahren und Fallen sein. Was uns dennoch trägt, sind zwei Dinge: a) Die Entscheidung, der inneren Erfahrung treu zu bleiben, und b) die Übung im Gewahrsein, die Meditation der inneren Achtsamkeit. Da Riten und Symbole verblassen, leert sich der spirituelle Raum. Sofern wir angesichts dieser Leere nicht von Angst oder Panik ergriffen werden, kann Stille eintreten und eine Ahnung aufschimmern von jener Kraft, die jenseits meines individuellen Ichs allzeit auf mich wartet.

Der Christ, der unter dem schützenden Dach der Kirche hervorgetreten ist, muss sich trauen, Namen und Worte zu vergessen, muss die ihm vertraute Christen-Identität für eine Weile preisgeben. Diese Notwendigkeit führte viele direkt in den Schoß des Buddhismus, der ja geniale Wegführungen hinter die Namen (Identitäten) und durch sie hindurch entwickelt hat. Man muss es klar sagen: Der Buddhismus ist durch seine Meditationstechniken für viele Noch-Christen zum Überlebensweg ihres spirituellen Bewusstseins geworden. Ohne ihn wären sehr viele verdorrt oder zu enttäuschten Weltzynikern geworden. Die Meditation rettete sie. Nicht irgendwelche bahnbrechenden Erfahrungen, die bloße Übung des Sitzens, des immer neuen Ankommens bei sich selbst, des Getragenwerdens durch den Atem verhalf ihnen zu einem anderen Fundament. Das Ergebnis mystischer Ergriffenheit mögen große Visionen sein, die Basis dafür heißt Sitzen, Atmen, Schauen: Loslassen und vergessen, wer oder was ich zu sein glaube, ankommen im Hier und Jetzt als das Er-Innern meines göttlichen Ursprungs.

Die Entbindung des Lichtkeims

Im Verschwinden einer verknöcherten Schrifttradition ist der Einzelne auf seine eigenen Beine gestellt (Merton), auf seinen spirituellen Instinkt zurückgeworfen. Er muss selbst entscheiden, ob und inwieweit er den Pfad der mystischen *religio* gehen will, der Erinnerung an das erleuchtete Gesicht der Liebe, dessen Name einst Jesus Christus lautete. Der organisierten Religion kam in diesem Zusammenhang immer die Aufgabe des »Lichtsammlers« zu. Sie sollte die Millionen Erkenntnislichter der einzelnen Menschen einsammeln und als wachsende Flamme durch die Zeit tragen. Dabei muss sie sich allerdings vor der Einbildung hüten, sie selbst sei dieses Licht; sie ist es nicht, sie dient ihm nur! Fataler Weise verstoßen religiöse Institutionen fast ausnahmslos gegen diesen Grundsatz. Das Ergebnis ist stets das gleiche: Macht statt Liebe. Und das Vergessen des folgenschweren Satzes Yeshuas *»Mein Reich ist nicht von dieser Welt«* aber immerzu unsichtbar in ihr wirksam, muss man hinzufügen.

Der sich erinnernde Einzelne kann der Tradition (des Lichtes) nicht verlustig gehen, sie ist, nun namenlos, doch sein Grund und Weg. Darauf gerade beruht ja das große Wissen aller Kulturen, dass es nicht um schriftliche Fixierungen geht, sondern vielmehr um die Entbindung jenes Lichtkeims, der in uns alle gelegt ist. Heute gilt dies mehr denn je, denn das europäische Christentum durchschreitet seit einiger Zeit die »dunkle Nacht der Seele«, von der die großen Mystiker gesprochen haben und die sie oft freiwillig aufsuchten, weil sie darin die große Chance zur Transformation sahen.

Vielen Menschen geschehen in dieser umwälzenden Epoche Wunder und Zeichen, sprich, ihnen kommen Erfahrungen, Offenbarungen, Visionen zu, von denen wir sonst nur in alten Schriften lesen. Es ist eine Frage der inneren Einstellung, ob sie solches Erleben als Auftrag oder nur als interessante oder beunruhigende esoterische Episode betrachten. Das Einordnen solcher Erfahrungen fällt nicht leicht in Zeiten, da Wissenschaft und Skeptizismus, aber auch eine erschreckende Leichtgläubigkeit gegenüber modischem New Age-Flachsinn Hochkonjunktur haben. Wir erleben eine schmerzliche geistige und spirituelle Leere und sind gleichzeitig mit einer Überfülle an Irrationalem konfrontiert, geradezu einem Ramschladen esoterischer Zerstreuungsangebote.

Erfahrungen geistlicher Art zu »haben«, ist eine Sache, mit ihnen im Alltag zu leben, eine ganz andere. Für Letztere sind normalerweise die Traditionen zuständig. Wo sie wegbrechen, bin ich, christlich gesprochen, schnell in der Hand des Teufels – oder aber auf dem Boden des Lebens und der Wissenschaft, dessen Grundgesetz »trial and error« (Versuch und Irrtum) lautet. Die östlichen Überlieferungen haben seit Jahrtausenden mit solchen Versuchsanordnungen gearbeitet. Das Abendland hat seit 500 Jahren philosophische Aufklärung betrieben und die spirituelle Arbeit ad acta gelegt oder sie einzelnen »Verrückten« (zum Beispiel einem Swedenborg oder Nietzsche) überlassen. Es lebt sich leichter mit handhabbarer Materie, so schien es. Heute wissen wir, dass dies ein grandioser Irrtum ist, den schon die großen Physiker des 20. Jahrhunderts erkannten, aber in seiner letzten Konsequenz nicht wahrhaben wollten. Wenn sich jetzt so viele christliche Theologen für eine neue Mystik begeistern, so geht es ihnen wohl nicht allein um romantische Erlebnisse. Vielmehr dreht sich alles um die notwendige Öffnung der Tür zur transrationalen (den Verstand übersteigenden) Wirklichkeit.

Die nächste Stufe der Evolution

Der zeitgenössische US-amerikanische Philosoph Ken Wilber spricht in seinen Werken (unter anderem in »Eros, Kosmos, Logos«) vom Eintritt ins transpersonale Bewusstsein als nächste Stufe der Evolution. Erfahrungspotenzial ist diesbezüglich bei einer Unzahl Einzelner freigesetzt, gerade auch bei ehemaligen Kirchenchristen. Nun müssen all diese individuellen Erfahrungen miteinander verbunden und in einen größeren Zusammenhang gestellt werden. Was wir im »kleinen« persönlichen Bereich erleben, steht unbedingt in Verbindung zum großen Ganzen. Neurologisch gesprochen müssen neue Synapsen (Nervenstränge) gebildet werden, die bisher scheinbar Unzusammenhängendes miteinander verknüpfen.

Ein anderes älteres Wort für Synapse ist Symbol. Unter dem Einfluss moderner Tiefenpsychologie haben wir begriffen, dass Symbole mehrdeutig, oft paradox sind, für den normalen Verstand eben uneinsichtig. Jedes religiöse System beruht auf symbolischen Formen, Begriffen und Ritualen, in denen unmittelbare spirituelle Offenbarungen und Begegnungen abgebildet und verdichtet sind. Symbole verweisen auf geistige Wirklichkeiten; sie aufzuschlüsseln, ist der logische Verstand normalerweise nicht im Stande. Es bedarf dafür eines anderen Bewusstseinsniveaus, eben des inneren Wissens der Religionen.

Für den westlichen Suchenden, der auf dem Trümmerfeld kirchlicher Überlieferung umherirrt, kommt nun alles darauf an, inwieweit er den zentralen Impuls des Christentums, die Offenbarung des ewigen Menschen, im eigenen Leben nachzuziehen vermag; inwieweit er fähig ist, diesen Impuls in eine heutige Sprache zu übersetzen und ihn mit den Erkenntnissen der anderen Religionen in Einklang zu bringen.

Jenseits aller Namen

Hinsichtlich der Wahrnehmung und Bedeutung des Atems trennen sich die Wege von *religio* und moderner Wissenschaft/Philosophie radikal. Yeshuas großes Gebet beginnt in der Neu-Übersetzung des aramäischen Urtextes wie folgt: »*Oh du atmendes Leben in allem, Atmung der Welten, wir atmen ein und aus in Stille.*« Erstaunliche Sätze, die eine kosmische Fülle in sich bergen, die wir sonst eher mit anderen Religionen in Verbindung bringen. Die erste Zeile des Gebets enthält schon alles, was wir für verschüttet gehalten hatten: Die Tradition und den Weg, die beiden Pfeiler, die aus metaphysischer Spekulation *religio* im authentischen Sinne werden lassen. Der Atem birgt in seiner Bewegung die Schlüssel der Überlieferung, und in der Achtsamkeit für ihn entsteht *cultura* – das Umpflügen des steinigen Ich-Ackers in fruchtbares, geistiges, geistliches Land. Jedes tiefere Verständnis des Atemprozesses führt in den Raum von Zusammenhang, Integration und Einheit. Atmung als Prozess des Austausches von Innen und Außen, als sowohl physischer wie auch metaphysischer Stoffwechselprozess, auf dem unsere Existenz basiert – so verstanden ihn östliche Traditionen und, wie die aramäische Version des Vaterunsers zeigt, nicht nur diese. Das Wissen vom Atem ist als tiefenökologisch-spirituelle Weisheit im Bewusstsein aller religiösen Kulturen präsent.

Die Frage, inwieweit uns das zu Christus führt, ist müßig beziehungsweise schon falsch. Sie siedelt das Göttliche wieder im Außen an, statt es als grundlegenden Lebensprozess in uns verankert zu wissen. Auch noch den Namen, Jesus, loszulassen, und dies in Zeiten allgemeiner Verwirrung, ist für viele besonders schlimm, sind wir doch in einer Kultur der Benennungen, der Individualität, der Trennung von Ich und Du, von dieser und jener Person aufgewachsen. Leider kleben am Namen jahrhundertealte Vorstellungen, Bilder, Ängste und Wünsche wie Teer; sie sind kaum loszubekommen. Nur, den Namen aller Namen preiszugeben, das fühlt sich für viele Christen nicht von ungefähr wie eine Operation am offenen Herzen an. Wo dieses Ansinnen nicht zunächst entsetzt, hat der Name Jesus nie wirklich Wurzeln geschlagen; ihn fallen zu lassen, bedeutet also keinen Verlust. Wer aber mit diesem Namen das Antlitz der Liebe schlechthin verbindet, der wird nicht leichten Herzens auf ihn verzichten wollen. Und doch besteht gerade für diejenigen, denen der Name Jesus der Schlüssel zur Liebe gewesen ist, die Chance, diesen Schlüssel nun preiszugeben und in den Raum des »Eigentlichen« einzutreten. Sie können diese Liebe nun, anstatt sie zu benennen und einzuordnen, tatsächlich fühlen, nicht nur in der Begegnung mit der äußeren Welt, sondern noch viel mehr als reine Strahlung, die sich bis in die letzte Zelle einbrennt. Für diese Liebe gibt es kein Bild mehr, sie ist aber auch nicht bloße Energie, sie gleicht dem Aufschmelzen jeden Widerstands körperlicher, psychischer oder geistiger Art, wodurch das Innen in seinem unfassbaren Leuchten vollkommen klar hervorstrahlt. In diesem Moment sind wir selbst der Name der Namen, als Erleidende und Erleuchtete. Die Erinnerung an eine solche Begegnung ist das Einzige, dessen es bedarf, um darin Jesus Christus zu finden, als empfangene Tat statt als zu glaubenden Namen. Dies ist der Weg, den auch der nichtgläubige, vielleicht atheistisch gewordene, westliche Mensch gehen kann, um Aufklärung und Humanismus als bislang letzte Stufen der Evolution fruchtbar zu integrieren und gleichzeitig zu übersteigen. Denn in den Trümmern des Glaubensapparates Kirche leuchtete für viele jenes »Antlitz der Liebe« unverstellter denn je hervor.

Intellekt in der Sackgasse

Der Atem ist das erste organische »Gebet«, mit dem der Mensch in diese Welt getragen wird. Der Osten hat sich dieser Einsicht von jeher verpflichtet gefühlt und dessen Rhythmus daher zum Ausgangspunkt für alle Erforschung des Geistes genommen. Die abendländische Spiritualität im Gewand der katholischen, später auch der protestantischen Kirche hat diese Grundorientierung, die im frühen Asketenchristentum und auch später bei den Mystikern noch bekannt gewesen ist, preisgegeben. Damit hat sie den Anschluss an die inneren Lehren der östlichen Religionen mehr oder minder vollständig verloren. Die ursprüngliche Verbindung von Körper und Geist ist erst im vorigen Jahrhundert durch die Physik und die Tiefenpsychologie wieder in bruchstückhaften Ansätzen zum Tragen gekommen. Das intellektuelle westliche Establishment sträubt sich ebenso gegen das innere Wissen um die transformativen Kräfte des »body-mind« (Körper-Geistes) und spiegelt auf diese Weise eine dramatische Sackgasse der Moderne wider. Rationalismus und mechanistisches Denken vermögen keine Evolution des menschlichen Bewusstseins über die Ebene des Intellekts hinaus anzuerkennen.

Das weithin gesellschaftlich akzeptierte wissenschaftliche Weltbild findet Objektivität und Gesetzlichkeit wohl im Außen der Natur abgebildet, jedoch keinesfalls im Innen des Individuums, das die Natur ja beobachtet und sie im Beobachten auch definiert und verändert. Dies hat natürlich historische Gründe, da sich die Naturwissenschaften, um sich von der kirchlichen Glaubensdoktrin zu emanzipieren, in vieler Hinsicht dessen radikale Gegenposition zu eigen gemacht haben.

Eine wichtige Rolle in dieser Umkehrung spielte dabei interessanterweise die im Frühchristentum geschürte Naherwartung der Wiederkunft Christi.

Von der Endzeithoffnung zum Wachstumswahn

Schon in den frühesten paulinischen Gemeinden ist jene Unruhe über das »Datum« der Wiederkunft des Herrn spürbar, so stark, dass der Apostel Paulus sich gezwungen sieht, mehrmals darauf in tröstender beziehungsweise einschränkender Weise einzugehen. Die Enttäuschung über das Ausbleiben dieses Ereignisses muss als das Samenkorn jeden Materalismus angesehen werden. So wurde mit der Zeit aus dem Glauben an die Himmelfahrt – im Abendland spätestens mit der Renaissance – der Fortschritt auf Erden. Die Verbindung zwischen »Oben« und »Unten«, zwischen Mensch und Gott wurde zur Privatangelegenheit erklärt, während sich am Horizont der Geschichte die Vision vom allein durch menschliche Anstrengung »machbaren« irdischen Paradies auftat. An die Stelle der Auferstehung, der Wesensverwandlung des Menschen, trat die Verwandlung der Außenwelt mittels technischer Fertigkeiten. Das Ingenium des Intellekts sollte erreichen, was die Auferstehung Christi scheinbar nicht zu realisieren vermochte: Glück und Wohlstand für alle. Auch die Vision von einer verbesserten, geläuterten Version der menschlichen Spezies, dem »Neuen Menschen«, wurde dem Zuständigkeitsbereich der Religion entrissen und lag seither in den Händen der Technik, seit neuestem der Gentechnologie.

Von nun an schien aller Trost und alle Wahrheit einzig im Schoß der Wissenschaft zu liegen. Für den spirituell ermatteten christlichen Geist eröffneten sich unzählige weltliche Tätigkeits- und Schlachtfelder, auf denen sich das individuelle Ich erproben konnte, ohne sich doch im Wesen verändern zu müssen. Doch mit Ende des letzten Jahrhunderts ahnten viele, dass sie einer Fata Morgana nachgejagt waren, dass die Welt doch endlich ist und unsere immer wahnsinnigere Fortschrittsjagd begonnen hat, sich selbst ad absurdum zu führen. Wir finden uns wieder mit dem Trauma eines uneingelösten Paradieses konfrontiert – nicht weniger schmerzlich als die Frühchristen vor 2000 Jahren, die sich über das Ausbleiben des Weltenretters beunruhigten.

Der Weg zur Gotteskindschaft

Bleibt uns also nach dem Zusammenbruch der beiden großen Heilssysteme des Westens, der »allein selig machenden« Kirche und dem wirtschaftlich-wissenschaftlichen Fortschrittsglauben, nichts weiter übrig als Wundenlecken, Frustration und Zynismus? Ich glaube, nein. Wenden wir unseren Blick wieder der zentralen Botschaft Yeshuas zu. Sie hat den Menschen mehr als nur Würde gegeben. Yeshua hatte ihnen ihre von Theologie und Priestertum okkupierte Heiligkeit, ihr Sein im THEOS, als Grund und Inbild des Menschseins wieder geschenkt. Die Jünger und Jüngerinnen, die er an sich zog, lehrte er in jenen drei Jahren seines Wirkens den Weg zur Gotteskindschaft. Er beanspruchte seine ureigene Erfahrung des Eins-Seins mit dem Vater, der Mutter (ABBA) nicht für sich; im Gegenteil, seine Würde als »Sohn« (Kind) Gottes ist die Würde aller Menschen, sein Weg der Weg aller Menschen!

Schon Paulus verschiebt diese zentrale Botschaft zugunsten seiner Vision des erhöhten Herrn, des Christus, des Messias. Mit Paulus, diesem genialen, mutigen, tief gläubigen Wegbereiter der frohen Botschaft, beginnt leider zugleich die theologische und mythologische Verfälschung der Gestalt Jesu Christi, die spätestens im Konzil von Nicäa endgültig in den Himmel verbannt wird. Das nahöstliche TAT TVAM ASI des Yeshua (»Ich und der Vater sind eins«) war damit aufgehoben.

Die Kirche stirbt, der Geist lebt auf

Im gleichen Maße, wie sich das Gehäuse der Kirche entkernt, wächst, so scheint es, in Europa die Zahl der Menschen, die eine Berührung mit dem lebendigen (Heiligen) Geist bewusst empfangen haben.

Da alles mystische, innere, geheime Leben nach außen kommen und leuchten will, liegt hier für jene, die ihre Erfahrungen zu schnell preisgeben, eine große Gefahr. Verdächtigung und Hohn sind der Preis, der dann oft zu zahlen ist an die, die auf keinen Fall mit »so etwas« in Berührung kommen wollen. Neben der Auseinandersetzung mit Rationalisten und Zynikern tut sich aber noch eine zweite Front auf – jene zu den etablierten Kirchen.

Für viele Theologen und Pfarrer ist Mystik nur den religiösen Genies vorbehalten, sozusagen den Heroen der christlichen Kultur, die man in ihrer eigenen Zeit oft genug ebenso diffamiert hat, wie es eine bestimmte intellektuelle »Elite« heute mit authentischen spirituellen Erfahrungen zu tun pflegt. Als Heilige setzt man solche Mystiker gerne auf den hohen Thron eines vollkommenen Lebenswandels. Dagegen scheint die eigene, persönliche Erfahrung unerheblich. Wer heute offen über mystische Erfahrungen berichtet, setzt sich dem Verdacht aus, ein Außenseiter zu sein oder gar ein Sektenanhänger, oder noch schlimmer: der Gründer einer solchen. Das lockt die theologischen Staatsanwälte auf den Plan.

Im Rückzugsgefecht eines angeschlagenen Kirchenchristentums stellt die Verunglimpfung persönlicher transpersonaler Erfahrungen eines der mächtigsten Mittel dar, um die überaus empfindlichen Wurzeln eines heranwachsenden spirituellen Lebens zu kappen. Wo mir ursprungshaft neues spirituelles Erleben zuwächst, muss ich besonders wachsam bleiben – auch mir selber, meinem kleinen Ich gegenüber, das leicht als innerer Kanal für äußere Propaganda funktioniert. Der »Feind« ist innen ebenso wie außen und versucht stets, das Aufblühen einer Seinserfahrung zu verhindern. Wiederum ist hier die Meditation als Übung purer Achtsamkeit und wacher Selbstbeobachtung ein ausgezeichneter Weg, sich von falschen Ratgebern und Neidern freizuhalten, sich in der Balance eines offenen Geistes beziehungsweise eines leeren Herzens zu üben. Es gibt auf diesem Wege wenige bis keine Sicherheiten, doch viele spüren im Laufe der Zeit eine innere Gewissheit heranreifen, die jenseits von Dogma und Glaube einen fruchtbaren Boden für eine neuartige, lebendige Existenz schafft.

Meditation schafft Verbundenheit

Wenn wir die verschütteten Zugänge zur spirituellen christlichen Wirklichkeit wieder freilegen wollen, müssen wir zunächst die Entfremdung aufzuheben suchen, die durch Begriffe und Dogmen erzeugt wurde. Wir sollen den toten Hüllen dieser Begriffe wieder Leben einhauchen, sozusagen ein Akt der Wiederverkörperung. Der spirituelle Geist ist zutiefst im Leib verankert, nicht nur in irgendwelchen esoterischen Sphären. Mit Körper ist ebenso der unsrige wie der Körper der Welt in all seinen Manifestationen gemeint. Unsere Verbindungen mit diesem größeren Leib sind sichtbarer wie unsichtbarer Art. In der Übung des Atems verstärke ich die unsichtbare Schwingung und die Verbindung zum größeren Ganzen. Die Meditation ist keineswegs ein Rückzug; durch sie verbinde ich mich vielmehr auf verschiedenen Ebenen mit meiner Umwelt: körperlich durch Sitzen auf der Erde, auf der feinstofflichen Ebene durch Stillwerden und Loslassen, wodurch ich wieder in die Energiefelder eingeflochten werde, die mich umgeben.

Durch die Meditation des Atems erkenne ich mit der Zeit, was es mit dem Heiligen Geist wirklich auf sich hat. Nichts anderes ist damit gemeint als die ebenso wunderbare wie erschreckende Einsicht, dass das Leben als solches schon eine ausreichende Begründung seiner selbst ist. Yeshua spricht diese tiefste geistige Erfahrung in dem Satz aus: »*Seht die Vögel unter dem Himmel an: Sie säen nicht, sie ernten nicht, sie sammeln nicht in die Scheunen; und euer himmlischer Vater ernährt sie doch*« (Mt 6, 26). Man wird die Wirklichkeit Jesu Christi nur wiedergewinnen, wenn man sie in den eigenen Körper, in die verschiedenen Schichten der leiblichen Existenz zurückholt. Das heißt »Inkarnation«, Fleischwerdung des Wortes Gottes.

Das Symbol für den Menschen ist in erster Linie weder sein Verstand noch seine Seele, es ist der Leib, durch den in all seiner Zerbrechlichkeit der spirituelle Geist umso deutlicher hindurchschimmert.

Daher ist Meditation vor allem eine Übung, um die Präsenz von Geist und Körper zu stärken, um empfänglich zu werden für das Unvorhersehbare der alltäglichen Situationen, die uns ständig gegenübertreten und herausfordern. Lebendigkeit bemisst sich am Grad unserer Wachheit. Diese fördert in erster Linie das Staunen und die Überraschung über das Leben innerhalb und außerhalb von mir und schenkt mir jene Dankbarkeit zurück, die den Boden des spirituellen Menschen bildet. Der Buddha verwarf die Askese, weil sie weniger zur Reinigung des Körpers, sondern in letzter Konsequenz zu seiner Verneinung führt und damit auch zur Verneinung einer sinnlich-lebendigen, geistesgegenwärtigen Existenz, deren materieller Ausdruck hier auf Erden der überaus zerbrechliche Leib des Menschen ist.

Die fatale Spaltung in Leib und Geist

Zum Ideal der Kirche wurde schon bald die *Vertikale,* ein extremer Oben-Unten-Gegensatz, dessen End- und Zielpunkt Christus *in excelsio* (im Himmel) war. Die *Horizontale,* die brüderliche Gemeinschaft von Menschen, die auf einer Ebene Umgang miteinander pflegten (wie im Abendmahl vorgelebt), geriet dabei ins Hintertreffen. Damit verbunden, stiegen die moralischen Anforderungen an den Einzelnen dermaßen, dass sich die meisten davon frustriert und überfordert fühlten. Das religiöse Ideal, in den Worten Sigmund Freuds gesprochen, das »Über-Ich« begann die natürliche Ganzheit der Menschen auseinander zu reißen und zwischen Leib und Geist eine tiefe Kluft aufzubauen. Gerade darin besteht die Urschuld aller Religionen, die die Erde zugunsten des Himmels preiszugeben versuchten. Sie siedeln die »Sünde« (in der Bedeutung von »Absonderung«, »Trennung«) in den Niederungen der Welt an. In Wahrheit sind die Exzesse einer dualistischen, körperfeindlichen theologischen Ideologie selbst die Sünde. Das Gemisch von Hass, Selbstzweifel und Melancholie, das sich an eine solche Ideologie knüpft, bildet den Boden für das Trauma der meisten religiös geprägten Menschen im Westen.

In Liebe fallen, zu Gott aufsteigen!

Dem theologischen Fall in die Erbsünde steht jedoch ein ganz anderes Fallen gegenüber, das in der englischen Sprache als »to fall in love« ausgedrückt wird. Die Liebeserregung bewirkt eine Öffnung all unserer Sinne und Zellen. Die Begegnung der Liebenden erfährt in der Umarmung eine intensive Entspannung, ein Loslassen des geistigen und seelischen Ballasts unserer Existenz, unserer Gefühle von Angst, Schuld, Scham und Ähnlichem. Das Ergebnis ist pure Seligkeit: Wir fallen in die Tiefen, nicht nur des *Eros,* sondern immer auch der *Agape,* der heilbringenden Hingabe. Und dieses Fallen erst, wie es so viele Liebenden erfahren haben, löst eine spontane Aufwärtsbewegung des Geistes aus. In den Tiefen echter Liebe ist der physische Orgasmus nur ein Reflex der geistigen Vereinigung. So ist das Lassen in der Liebe die Voraussetzung für eine natürliche, spontane Himmelsbewegung unseres Körpers wie unserer Seele.

Ein Grund für die Leerung der Kirchen besteht darin, dass sie auf bestürzende Weise die Leiblichkeit ihrer Gläubigen und damit die Ekstasefähigkeit des religiösen Menschen ignorieren. Dass die Schöpfung ein Akt überbordender, sich stets neu manifestierender Liebeszeugungen ist, ein aus der Grundlosigkeit des Universums stets neu aufsteigender pfingstlicher Jubel, das hat die Kirche, im Gegensatz zu den Mystikern, im Laufe der Jahrhunderte immer weniger nachzuvollziehen vermocht. Yeshuas Leben und insbesondere seine Heilungen zeugen von dieser herzaufschließenden Bewegung. Dieser schöpferische Liebesimpuls ist der Kirche als Institution schon lange verloren gegangen, obwohl er in so vielen ihrer Gläubigen als lebendiges Gut durch die Zeiten gerettet worden ist. Einzig diese Menschen bilden in ihren Taten die Kirche, die Gemeinschaft der Heiligen.

Die Erneuerung christlicher Spiritualität im Lichte des geistigen Ostens

Die Jünger sprachen zu Jesus: Sage uns: Wie wird unser Ende sein? Jesus sprach: Habt ihr denn enthüllt den Anfang, dass ihr sucht nach dem Ende? Denn der Ort, an dem der Anfang ist, dort wird auch das Ende sein. Selig ist, wer stehen wird am Anfang, und er wird das Ende erkennen und nicht schmecken den Tod.

(Thomasevangelium)

Das vergangene Jahrhundert wurde vom Wahnsinn zweier Welt- und unzähliger Kleinkriege heimgesucht. Es hat die Palette der großen Ideologien – Nationalismus, Kommunismus, Faschismus und Kapitalismus – hervorgebracht und teilweise wieder verworfen. Um die Jahrtausendwende wurde jedoch eine bedeutsame Entwicklung in der Geschichte des menschlichen Geistes sichtbar, die uns Hoffnung machen kann. Das Zusammentreffen von Morgen- und Abendland im Herzen des letzteren markiert eine dramatische Wende in der Jahrtausende andauernden Begegnung der beiden großen Kulturkreise. Niemals zuvor hat sich das christliche Europa so schwach, so fragil, so unzulänglich in diese Auseinandersetzung eingefunden wie gerade heute. Und in eben dieser Schwäche scheint mir seine größte Chance zu liegen. Es ist anzunehmen, dass von dieser Begegnung, die von der Mehrheit der politischen und intellektuellen Eliten als Randerscheinung betrachtet wird, außerordentlich viel für den weiteren Verlauf des neuen Jahrtausends abhängen wird.

Das Christentum entfaltete beispielsweise noch vor hundert Jahren in Indien eine große befruchtende Wirkung. Es kam zu einer bedeutenden Renaissance hinduistischer Spiritualität aus dem Geiste eines sozialreformerischen, demokratischen, christlichen Gedankenguts. Politische und spirituelle Persönlichkeiten wie Gandhi, Tagore und Vivekananda vertraten eine betonte Diesseitigkeit des gelebten Glaubens, eine Erneuerung der indischen Gesellschaft, aufgebaut auf den westlichen Werten von Gleichheit und Brüderlichkeit. Diese Wegweisung sollte für die noch im Werden begriffene indische Nation von allergrößter Bedeutung sein.

Einem gegenläufigen Prozess sieht sich das Abendland ausgesetzt: Die eigenen christlichen und humanistisch-aufklärerischen Werte verlieren an Strahlkraft, während sich spirituelles Fernweh gerade nach Indien richtet, der Geburtsstätte bedeutender religiöser Strömungen. Nachdem für viele Europäer, wie G. Hutter[6] ebenso lapidar wie stimmig feststellt, die Kirche nicht mehr der Ort ist, an dem der Geist weht und »sich die kirchlichen Institutionen einem Vergreisungsprozess, einem Schwund des religiösen Marks ausgesetzt sehen«, ist der Moment gekommen, wo Verödung in Entblößung umschlägt. Aus den Trümmern einer zerfallenden Kirchengemeinschaft leuchtet jedoch der Menschen- und Gottessohn reiner, weil unemphatischer denn je hervor.

War Jesus »einzigartig«?

Im Angesicht eines global operierenden Kapitalismus werden kirchliche Rituale zu einer machtlosen Randerscheinung. Gerade diese scheinbare Schwäche erinnert jedoch an die Schlichtheit, die Unbe-

6 Siehe Gottfried Hutter: Auferstehung – Vor dem Tod. Therapeutisch arbeiten mit biblischen Texten, Kösel, 1994. Hutter zeichnet in anschaulicher, präziser Weise anhand der biblischen Texte einen erfahrungsbezogenen Weg in eine Auferstehung hier und jetzt vor!

deutendheit der Anfänge des Menschen Yeshua. In der Rolle einer machtlosen Minderheit, auf die das Christentum nach zwei Jahrtausenden des Glanzes und der Machtfülle nun zurückgeworfen scheint, liegt aber auch die Hoffnung auf mehr Authentizität, auf die erneuernde Kraft echter Überzeugung. Nichts hat solcher Authentizität mehr geschadet als der Anspruch des Christentums, konkurrenzlose »Pflichtreligion« zu sein – wie es sich etwa in einem Satz des Märtyrers Justinus ausdrückt: »Wäre der Logos nicht in seiner Gänze in Yeshua erschienen, niemand könnte je erlöst werden.« Die Kirche benutzte fortan diese Aussage als Bannfluch gegen jeden, der sich anmaßte, Christi Heiligkeit gleichzukommen. Es gab von nun an nur Einen Vollkommenen, der praktisch zu einem zweiten Gott neben dem jüdischen emporgehoben wurde. Die Verarmung christlicher Spiritualität hängt unmittelbar mit ihrem Dogma vom *Einzigen Sohn Gottes* zusammen.

Der Mensch, der das Gesetz des Moses zugunsten von Barmherzigkeit und Liebe aufgehoben hatte, der dem Mythos vom göttlichen Alleinvertretungsanspruch der Theologen und Priester mit schneidender Schärfe den spirituellen Garaus gemacht hatte, gerade dieser Mensch verschwand im Mythos des geopferten Sohnes. Im völligen Gegensatz zu seiner Lehre wurde er zum unerreichbaren Idol umgekrempelt. Womöglich muss man das Sterben des heiligen pfingstlichen Geistes schon dreihundert Jahre nach Golgatha ansetzen.

Dieses kirchliche Gesetz von der Einzigartigkeit Christi war der Beginn jener Mauer, die das Christentum im Laufe der Zeit immer stärker von allen anderen, speziell den östlichen Religionen, trennen sollte. Ein Abbruch der Kommunikation, der sich für die »Gesundheit« dieses neuen Glaubens als außerordentlich abträglich erwies.

Eine Barriere zwischen den Religionen entsteht

Erst das Festhalten am Grundsatz von Jesus Christus als dem einzigen vollgültigen Sohn Gottes schuf jene Barriere, die das Christentum zwar quantitativ zur größten aller religiösen Unternehmungen gemacht hat, die aber den Zugang zu den Wahrheiten östlicher Spiritualität für lange Zeit versperrte und zugleich eine unüberbrückbare Kluft zwischen dem Religionsstifter und seinen Anhängern errichtete. Der Logos war ausschließlich in Jesus Christus zur Gänze erschienen, in niemand anderem. Wir wissen, auch der Buddha wurde in den Volksreligionen Asiens gleich nach seinem Tod vergöttlicht, das heißt einmalig gemacht, obwohl er ja der Doktrin nach nur eine Manifestation des ewigen Buddhas ist. Dennoch gilt für jeden praktizierenden Buddhisten die Erleuchtung als Ziel seines Lebens. Nicht so im Christentum: »Christus ist für uns gestorben«, heißt es, niemals können wir wie Er leben und sterben. Das Wunder der Geschichtlichkeit Jesu, auf das sich die Kirche immer sehr viel zugute gehalten hat, erweist sich gerade im Kernbereich christlichen Glaubens als Bumerang. Denn für die Urzeugen Yeshuas gilt, dass sie ihn erst nach seinem Tod, nach Golgatha in seiner ganzen Wirklichkeit erkannten. Sein Sterben bewirkt ihre Auferstehung. Nun erst beginnen sie aus ihrer eigenen Tiefe heraus zu verstehen, nun erst sind sie reif für die Lehre, die sie in den 40 Tagen zwischen Ostern und Pfingsten durch den Auferstandenen Christus erhalten, wie es Paulus in seinen Briefen beschreibt. Jetzt erst werden sie Kinder des Einen (THEOS), von dem Yeshua sagte: *»Ich kehre heim zum Vater, der auch der eure ist«* (vgl. Joh 14, 20).

Im Herzstück des christlichen Glaubens steht daher nicht Geschichte, sondern Offenbarung, mystische Schau, wie eben auch im Buddhismus, Hinduismus und den meisten anderen Religionen. Der bekannte vom Priesteramt suspendierte Theologe und Psychoanalytiker Eugen Drewermann spricht zu Recht davon, dass der Lebensweg Jesu in einzigartiger Weise alles vorausgehende Symbolgut der Menschheitsgeschichte in seiner Person zusammenfasst. Aber eben einzigartig, in der Weise, wie jedes schöpferische Werk einzigartig ist. Daneben existieren andere Schöpfungen ebenso besonderer, individueller Ausstrahlung. Denken wir an das kleine, ungeheuer tiefschichtige Buch »Tao-te-king« eines Lao-tse. Yeshua ist nicht der Einzige, der zum Vater heimkehrt oder in dessen Hände die Erlösungswirkung Gottes gelegt ist. Indem er die Menschen seiner Zeit immer wieder dazu aufruft, heimzukehren aus der Vergessenheit, wie der verlorene Sohn, leitet er sie an, sich ausschließlich ihres innersten, ursprünglichen Wesens zu erinnern. Dieses ist mit Gott (THEOS) verbunden und übersteigt jede Angst, jede Maskerade ebenso wie die soziale Identität oder das individuelle Begehren. Dieser Glaube einer anfangslosen Verbindung ist gemeint, nicht ein Glauben oder ein Glaubenmüssen an ihn, Yeshua, als vergängliche Person oder bloße mystische Projektion eines ewigen Wesens namens Christus.

Das Geschenk der Meditation

Die Praxis solchen Glaubens heißt in östlicher Sprache Meditation und ist vom westlich geprägten Gebet einfach darin unterschieden, dass sie auf nichts anderes zielt als das Loslassen aller Einzelheiten, alles Teilhaften, das den Geist ablenkt von der Erfahrung der Identität mit dem Ganzen (THEOS). Die Vision einer *ecclesia catholica,* einer allumfassenden Kirche als Gemeinschaft der in Einheit mit Christus Versammelten, mag in der heutigen Krise des Christentums eigentümlicherweise eine Chance zu neuer Verwirklichung finden. Viele Christen haben gerade in der Begegnung mit dem Osten die Möglichkeit gefunden, den Satz Yeshuas »*Ihr seid das Licht der Welt*« (Mt 5, 14) radikal ernst zu nehmen. Dadurch konnten sie ihre Verbindung mit Christus in ungeahnter Weise durch eigenes Erleben bekräftigen, jenseits des ungeheuren Ballastes von Theologie und Dogma.

Das Geschenk östlicher Spiritualität für eine in Wort und Dogma erstickende christliche Glaubensgemeinde heißt Meditation. Wie wir vorhin sahen, ist damit in erster Linie nichts anderes gemeint als die Bereitschaft zur ungeteilten Aufmerksamkeit für das Hier und Jetzt, das der alleinige Träger des göttlichen Atems ist. Noch in der dramatischen Nacht vor Yeshuas Gefangennahme in Gethsemane, richtet er diese Aufforderung mehrmals inständig bittend an eine unfähige Jüngerschaft: »Wachet! Seid da!« Die schlafenden Jünger sind ein Grundbild für die Menschheit, für uns selbst, die wir uns allzeit in unsere Gedanken, Gefühle, Erinnerungen, Projektionen und Aktivitäten verlieren und damit den einzigen Moment preisgeben, in dem Gott erfahrbar wird: das Jetzt. Nichts hat das

Christentum weiter von jener Haltung unmittelbaren Gewahrseins entfernt als die Doktrin des Glaubens an Jesus Christus als spezifische, historisch eingrenzbare Persönlichkeit. Und, liest man die Evangelien unvoreingenommen, liegt nichts dem Leben Yeshuas ferner als solches »Glaubensollen«! Es scheint uns heute fast unmöglich, nachzuvollziehen, in welcher Spontaneität und Freiheit dieser Mensch seinen Weg ging, mit welcher Präzision für den Augenblick er handelte, aus welcher ursprunghaften Tiefe er sah. Um solches zu erkennen, muss man zur Zeit vielleicht erst Buddhist werden, einer, der den Weg der Erkenntnis nicht als Philosophie, metaphysische Spekulation oder psychoanalytische Therapie betreibt, sondern als gelebte Praxis und Erfahrung.

Das Geschenk, das dieser Weltmoment um das Jahr 2000 für Christen wie Nicht-Christen bereithält, besteht darin, dass wir wieder Zugang zu jenem »Handwerkszeug« der Erkenntnis bekommen können, das uns der Osten ohne jede missionarische Absicht anbietet.

Die Liebe befreit von Angst

Damit kein Missverständnis aufkommt: Immer haben im weiten Schoß der Kirche Menschen und Gemeinschaften von solcher Unmittelbarkeit der Erfahrung gewusst und nach ihr gelebt, nicht nur die großen Heiligen und Mystiker. Fast immer mussten sie dabei aber gegen den allgemeinen Strom schwimmen und ihre Erfahrungen verheimlichen, ummänteln, begradigen. Darin liegt die Tragik christlicher Mystik – sie musste sich absondern, sich rechtfertigen, dem Verdacht des Ketzertums entgegenwirken, anstatt befruchtend und erleuchtend den himmeloffenen Weg christlicher *Agape* darzulegen. Wo sie es dennoch tat, wurde sie oft genug von ihrer eigenen Mutterkirche ans Kreuz geschlagen.

Selten, wenn überhaupt in der Geschichte der Religionen, ist das Wesen des Menschen als reine aktive »Passion«, als Liebesergriffenheit, so sehr in den Mittelpunkt gestellt worden wie durch Yeshua. Niemals zuvor war das uralte Unbehagen der Menschen gegenüber Schicksal, Göttern und Gesetzen so vollständig beiseite gefegt worden wie durch Ihn: die Angst, durch Magie gebunden zu sein, durch Karma in Knechtschaft verwickelt zu werden, durch die Gestirne bestimmt zu sein – diese existenzielle Angst vor dem Ausgeliefertsein an undurchschaubare Mächte. In den zwei Sätzen »*Liebe Gott* (THEOS) *von ganzem Herzen, liebe ihn aus tiefster Seele. Und liebe deinen Nächsten als dich selbst*« (vgl. Mt 22, 37–39) ist jedem Dogma eines bloßen Glaubens, eines erneuten Zwangs von Anfang an der Boden entzogen. Stattdessen heißt es: »Beginne dein Leben jetzt, hier, führe es in der Grundhaltung eines Liebenden ohne jede Angst, denn es ist schon alles geschehen, du bist schon im Stand der Gnade, du Ebenbild Gottes.« Wie konnte diese Einzigartigkeit einer Himmel und Erde umgreifenden Botschaft dermaßen veröden und in einer selbst aufzehrenden Sehnsucht so verarmen?

Die Funktion des Meisters

Nun gibt es in jeder Religion die Fixierung auf den Stifter, statt auf die von ihm vermittelte Erfahrung (Offenbarung). Insofern dieser das Erleben des Geistes Gottes (THEOS) authentisch verkörpert, ist es nahe liegend und stimmig, Offenbarung und Meister gleichzusetzen, wie das auch in den östlichen Religionen geschieht. Der Meister steht für Möglichkeit und Ziel des Weges; ebenso wichtig ist aber seine Funktion als »Fingerzeig zum Mond«, zum Geist, von dem er empfangen hat und von dem allein der Schüler befruchtet werden kann. So sagt auch Yeshua: »*Alles habe ich vom Vater geschenkt bekommen, der Geist ist*« (vgl. Mt 11, 27). Wäre es anders, landeten wir beim Götzendienst, und jede Schülerschaft, sofern sie unerleuchtet ist, neigt automatisch dazu. Wo dies geschieht, und es geschieht bislang praktisch in jeder Religion, verdeckt der Schatten des Meisters den lebendigen Gott, und Religion als Glaubens- und Gesetzeslehre entsteht.

Vom Geist inspiriert, vermochte die erste Generation der Jünger Yeshuas die frohe Botschaft zu verbreiten, die Flamme ihrer Erleuchtung schuf dafür die Voraussetzung; Lehre und Dogma folgten wenig später. Der entscheidenden Einsicht von der Nichtigkeit allen Sprechens von Gott, welche die Mystik aller Zeiten von institutionalisierter Religion trennt, vermochte schon ein Teil der frühen Kirchenväter nicht zu folgen. Zu groß schien die Anzahl anderer Sekten und Konfessionen, zu bedrohlich, um die Botschaft Christi so »einfältig« zu belassen, gemäß Yeshuas eigener Aussage: *»Mein Reich ist nicht von dieser Welt, aber immer inwendig in euch«* (Joh 18, 36).

Die uralte jüdische Erwartung des Messias, des auf Erden gekrönten Gottkönigs, lebte unterschwellig zu stark in der Erinnerung der jüdischen Apostel. Wer von diesen Männern hätte sich getraut, Yeshuas Krone aus Dornen als Zeichen für die prinzipielle Unmöglichkeit der Verquickung von irdischer (also auch kirchlicher) Macht und Gottesgeist zu sehen? All seine apokalyptischen Reden zielten ja auf die von der Geschichte selbst wieder und wieder zum Scheitern verurteilten Weltreiche. So musste schon der Satz des römischen Kaisers Konstantin, der das Christentum in den Rang einer Staatsreligion erhob, dieser entscheidende Satz an seine Heere: »In diesem Zeichen werdet ihr siegen«, wie eine grandiose Verhöhnung des Todes Christi anmuten. In der Tat, in jenem Zeichen wurde dann über tausend Jahre furchtbar gesiegt. Die Todeskreuze, die auf das Konto eines unbesiegbaren Christentums gingen, sind unzählbar. Sie machen im Nachhinein einen Großteil der spirituellen Erblast aus, mit der sich nicht nur die Kirche, sondern auch der einzelne abendländische Christ wie Nicht-Christ auseinander zu setzen hat; umso mehr, wenn er in den Dialog mit Anders- oder Nicht-Gläubigen eintritt. An die Stelle des *sol invictus,* des unbesiegbaren Sonnenkönigs, muss die Einsicht treten, dass Yeshuas Eingang in das Gottesreich, in die Eine, allumfassende Wirklichkeit, spätestens mit seiner Taufe begonnen hatte. Seine Antworten auf die Versuchung in der Wüste durch den Teufel (das Ego) sind der Gegenwurf gegen jede falsche Menschen- und Machtverherrlichung.

Wir alle sind wie Jesus

Aller Buchstabenglaube, zu dem auch das Christentum im Laufe der Zeit abgesunken ist, läuft in der entscheidenden Frage, was denn die Selbstbezeichnung Yeshuas als Menschensohn zu bedeuten hätte, fast immer ins Leere. Ihm fehlt die Wahrnehmung, die hinter und vor der Sprache steht; weder sorgfältige Textauslegung noch kritische Forschung führt ins Zentrum solcher Selbstoffenbarung.

»Reich Gottes«, »Menschensohn«, »ICH BIN-Sätze« – solche Begriffe führen, wenn man sie zu einseitig auf die historische Person Yeshuas bezieht, in die Irre. Erst der Praktizierende erkennt, dass sie auf eine Ebene objektiver Realität verweisen. Aus moderner Sicht, noch dazu nach 2000 Jahren mit Deutungen überfrachteter Religionsgeschichte, müssen solche Begriffe wie esoterische Geheimnisse oder bloße Phrasendrescherei anmuten, sofern uns nicht derselbe Geist erleuchtet, von dem auch Yeshua begnadet wurde; ansonsten ist die Bibel toter Buchstabe. Wird uns aber in bestimmten Momenten blitzartig Einsicht zuteil, werden wir feststellen, dass solche Selbstaussagen auf eine allgemeinste Wirklichkeit verweisen, in der wir alle gleichermaßen stehen, an der jeder Mensch, ohne Ausnahme, teilhat.

Alle Aussagen Yeshuas sind unbedingt auf uns, die Hörenden, bezogen, denn er selbst lebt schon in dieser Realität. Das kommt noch einmal in der doppelten Aussage vom Licht zum Ausdruck: »Ich bin das Licht der Welt/ihr seid das Licht der Welt.« (Aber ich bin es bereits, ihr seid es, ohne zu erkennen, und vielleicht sogar, ohne es zu wollen.) Dies ist der *einzige* Unterschied zwischen Ihm und uns. Was wir sein werden oder können, ist Er bereits. Die umgekehrte Deutung, die alles ausschließlich auf Ihn bezieht und Christus damit sogleich von den Christen, den Angesprochenen, radikal trennt sowie, in weiterer Konsequenz, Gott von den Menschen, dieser theologische Schritt bedeutete die Einstülpung der frohen Botschaft vom offenen Himmel in die Dunkelheit eines von lebendiger Erfahrung abgeschnittenen Kerkers. Auch die unaufhörlichen Aufforderungssätze und Verbote, aus denen sich offizielle Religion und institutionalisierter Glaube zusammensetzen, haben hier ihren Ursprung. Sie erschufen jene imaginäre Höhle (Hölle) des Platon, an dessen Wänden sich die Schatten der Wirklichkeit (Christi) spiegelten und einen riesigen, aber ohnmächtigen Durst nach der Wahrheit hier und jetzt erzeugten.

Wunderbarerweise ist die Kraft des Lebendigen jedoch immer stärker als alle Verdunkelungskammern der Zeiten, so dass sogar noch diese unterirdischen Zerrgebilde das Zeugnis vom Licht in der Geschichte des Christentums nie wirklich zu zerstören vermochten.

Ausgerechnet dem von Grauen und Zerstörung geschüttelten 20. Jahrhundert ist nun das Geschenk der östlichen Weisheit in einem so großen Maße zuteil geworden, dass wir Leben, Sterben und Auferstehen Jesu Christi in einem ganz neuen Licht sehen dürfen. Wir erleben das Paradox, dass das scheinbar Fernste uns zum Nächsten werden soll. Dieses Geschenk in aller Offenheit, Freude und Demut aufzunehmen und es nach bestem Gewissen zu entfalten, ist die große Aufgabe aller heutigen westlichen Wahrheitssuchenden, denen die Gestalt der Liebe, genannt Jesus Christus, auch jenseits der Kirche am Herzen liegt.

Das Absolute und Ich sind eins

Einer der großen Lehrsätze der indischen Vedantaphilosophie lautet TAT TVAM ASI (»Das bist du«) oder anders ausgedrückt: Das Absolute ist mit dir wesenseins. Der Mensch in der östlichen Erfahrung ist absolutes Bewusstsein; das Selbst (Atman) und das Absolute (Brahman) sind identisch. Alle Meditation zielt auf die Realisierung dieser Erkenntnis. Dieses TAT TVAM ASI trifft uns am empfindlichsten Punkt – bei uns selbst. Die wunderbaren Riten, die herrlichen Kirchengebäude, die über allem schwebenden Gesänge, die gregorianischen Choräle und nicht zuletzt die tiefen Meditationen, sie galten ihm: Gott, Christus, dem Heiligen Geist, der Heiligen Dreifaltigkeit. Wer wollte diese Schönheit und Erhabenheit christlicher Liturgie und sogar theologischer Konstruktionen und metaphysischer Brückenbauten missen? Verhalfen sie doch vielen zur Ahnung, zum Glauben, zur Hingabe und auch immer wieder zur Erlösung und zu Erleuchtung. Dennoch blieb die spirituelle Energie, die sich daran entzündete, außenorientiert, ein Glaube an das Höhere, an Den Gott, Den Christus als von mir getrennte höhere Wesen.

Wo aber blieb ich selbst? Wie ging das Bewusstsein des modernen aufgeklärten Menschen mit den aufkommenden, nagenden Zweifeln um, wo Erfahrung sich versagte, Erleben sich nicht einstellen wollte und in der Folge Hingabe nicht mehr freiwillig floss?

Diese Quälerei eines Glaubenwollens und -müssens, der Generation um Generation ausgesetzt war, die die christliche Seele mehr vergiftet hat als tausend Laster gleichzeitig, neigt sich glücklicherweise ihrem Ende zu. Der moderne wissenschaftliche Geist sagt: « Schaue und zweifle, bis du spürbar zur Wahrheit gelangst! « Solche Erlaubnis, die mit Galilei begann, ist eine ungeheure Erleichterung, sie gibt dem Individuum in Sachen Spiritualität und Religion die Verantwortung wieder zurück.

Erlösung auf Erden statt im Himmel

Leider ist das traurige Erbe und Ende einer 500-jährigen Wissenschaftstradition eine neue selbst gesetzte Grenze: »Erforsche, was du siehst und mit vorgegebenen Mitteln herausfinden kannst. Hände weg von jeder Metaphysik, halte dich an die Außenwelt, das so genannte Faktische!« Dass dieses scheinbar so objektiv greifbare Außen bei näherer Betrachtung in ein immer flüchtigeres unsichtbares Innen von Elektronen, Atomen, letztlich Leere umschlägt, dämmert erst seit kurzem auch manchem aufgeklärten Laien. Die objektbezogene Außenorientierung der Wissenschaft ist die Folge einer tief sitzenden Enttäuschung des Abendlands über den misslungenen spirituellen Aufstieg, die ausgebliebene Himmelfahrt beziehungsweise die nicht vollzogene, sichtbare Wiederkunft Christi. Hinter der sehnlichen Erwartung der Rückkehr ins Paradies stand die unausgesprochene Hoffnung, dass Christus als der für alle Auferstandene uns schon irgendwie mitnehmen würde – am Ende unseres Lebens oder am Ende der Zeit?

Eine Enttäuschung gibt sich selbst ungern preis, so viel wissen wir heute aus der Tiefenpsychologie. Anstatt dem rein empirisch orientierten neuen Wissenschaftsparadigma zu folgen, hängte der Zeitgeist dem modernen Menschen eine weitere Angelschnur vor seine Nase. Der Köder hieß nun allgemeiner Fortschritt, eine platte, eben rein horizontale Version des früheren Himmelfahrtsmodells. Wie wir heute wissen, setzt die Endlichkeit der Erde, ihrer Ressourcen dem »Go West-Modell« eine schärfere Grenze als allgemein angenommen wurde. So hat das parareligiöse Modell vom allgemeinen Fortschritt ein Niveau erreicht, das die ursprüngliche spirituelle Enttäuschung, die auf dem Grund der abendländischen Seele liegt, schwerlich auszugleichen vermag. Dieser Ausgleich, die Erlösung unserer tiefsten Sehnsucht, kann in keinem Außenbereich mehr gefunden werden, denn alles Äußere würde uns nur neu entfremden, so interessant und hilfreich es auch im Einzelnen sein mag. Der Fortschritt in der Biologie und der Medizin ist eine Sisyphusarbeit, die ab einem bestimmten Niveau die Gefahr noch größerer Inhumanität birgt. Jeder weiß das inzwischen.

Das Licht kommt aus dem Osten

Wohin sollen wir uns also wenden auf unserer Suche nach Antwort? *Ex oriente lux* – das Licht kommt aus dem Osten. Dieser Satz, so schwer wir Abendländer ihn auch annehmen können, beinhaltet eine große Wahrheit. Diese beruht auf der jahrtausendealten Tradition der Erforschung des menschlichen Bewusstseins und der Entwicklung brauchbarer Methoden auf diesem Weg. Erstaunlicherweise rebelliert unser westliches religiöses Denken sofort angesichts möglicher spiritueller »Techniken«. Unser kirchenchristlich bestimmtes Unterbewusstsein reagiert auf solche Anmutung wie auf ein Sakrileg. So stolz wir auf unsere wissenschaftlichen Errungenschaften sind, so banal und engstirnig antworten wir auf eine spirituelle Herausforderung, die nicht den altgewohnten Maßstäben entspricht. Das gilt übrigens für Gläubige wie für Atheisten.

Ex oriente lux. Das Licht, das uns die geistig Erwachten des Ostens bringen können, ist der Schein jener Erkenntnis, jener lebendigsten aller Erfahrungen, die uns zur Einheit mit dem Ganzen (THEOS oder Christus genannt) führt: die erlösende Erkenntnis, dass wir nicht geringer sind als die großen Heiligen, dass in uns fühlbar dasselbe Licht brennt, dieselbe Gotteskraft wirkt, die wir, aus Enttäuschung, ins Außen, in die Welt der Wissenschaft, der Technik und der Maschinen verlegt haben. Denn wir wollen und können den allerbefreiendsten Satz Yeshuas nicht mehr glauben: »Ihr seid der gleichen Taten fähig wie ich, der ich mit dem Vater eins bin.« Diese Herausforderung erscheint uns so befremdend, dass uns noch jede Sciencefiction-Fantasie wirklicher anmutet; so erfroren ist der Fluss unseres innersten Lebens, so sehr ist Gott (THEOS) veräußert, so sehr sind wir nur noch »real« geworden.[7]

Ex oriente lux bedeutet Erlösung von jeder Art der Selbstverfluchung, die den Nächsten in mir, der mir näher ist als das, was ich gewöhnlich als mein »Ich« betrachte, nämlich die Wirklichkeit meines Gotteskind-Seins, leugnet oder in eine nebelhafte jenseitige Zukunft verlegt. Solche intuitive Einsicht darf nicht zum Vorschein kommen, würde sie doch unsere Vorstellung, wie Erlösung zu geschehen habe, gänzlich aus den Angeln heben. Der westliche Kirchenglaube ist an diesem »point of no return« angelangt, ebenso ein islamischer, hinduistischer oder jüdischer Fundamentalismus; Glaubensrichtungen also, die die Moderne nicht verkraftet haben und daher lieber spirituellen wie materiellen Selbstmord begehen, als ihr Scheitern einzugestehen. Ihr leer gewordener Glaube schlägt notwendig in Hass um, denn wo Gott nicht gibt, wie er soll, gibt man sich selbst als Gott oder als verlängerten Arm Gottes aus. Dieser Arm trifft am ersten und brutalsten immer die Wehrlosen: die Erde, die Frauen, die Kinder!

»Das Herz aller Religionen ist eines«

Noch einmal: *Ex oriente lux*, denn »wenn nicht selbst im tiefsten Nicht-Wissen, ja, in tiefster Unbewusstheit der Drang zur Bewusstheit, zur Erkenntnis schlummerte, so würden aus der Dunkelheit der *Samsara* (Illusionen) nie Erleuchtete entstehen können«. So schreibt der deutsche Buddhist und tibetische Lama Anagarika Govinda in seinem großen Werk »Grundlagen tibetischer Mystik«. Das wissenschaftliche Zeitalter bedeutet den Abschied von der monotheistischen

7 Siehe hierzu auch das beeindruckende Buch von Maharaj Nisargadatta: Ich Bin, Bielefeld 1998. In diesem Buch steht der östliche Weise Frage und Antwort zu diesem komplexen »Thema«.
Ebd., S. 161 f.: »Sie sind nicht, was Sie zu sein scheinen (...). Sie sind bereits vollkommen hier und jetzt. Das, was man perfektionieren kann, sind Sie nicht. Sie glauben zu sein, was Sie nicht sind. Hören Sie auf damit. Das Aufhören ist wichtig, nicht, womit sie aufhören. (...) Die Realität ist einfach, offen, klar, gütig, schön und fröhlich ...«

Mythologie. Christus jedoch, nach Buddha, ist der große Aufheber jeder außenorientierten Gottesvorstellung, ja der Vorstellung von Gott als Person. Er spricht von Gott als Geist, und er nennt ihn ABBA (Vater), und das ist nur ein scheinbarer Widerspruch, denn wie der Buddha erkannte, sind Form und Nicht-Form (Leere) eins. Schon vom jüdischen Gott hieß es in seiner Selbstbenennung »ICH BIN, der ICH BIN«, der Unnennbare. Doch die starke Fixierung auf Gott als das prinzipiell andere höhere Gegenüber hat selten zu jener Innigkeit geführt, von der das Erweckungserlebnis Yeshuas durchdrungen gewesen sein muss. Dieser war es, der sagte: *»Ich und der Vater sind eines.«* Also: »Ein Strom der Liebe, genauer, des Liebens, fließt zwischen THEOS und mir. In diesem Strom fließt auch du, der du gleichfalls ein vollkommenes Ebenbild dieses Ganzen bist wie ICH.« Theos, Liebesstrom, Ich – dreifaltige, immer währende Verbindung.

Die Erfahrung des östlichen Weges besteht mithin nicht darin, uns des Christlichen zu berauben; vielmehr unsere falschen Vorstellungen abzubauen, uns zu reinigen von uralter, Angst machender Entfremdung; uns vor dem Weg der Selbstwahrnehmung nicht zu fürchten, denn: »Das Herz aller Religionen ist eines«, wie der Dalai Lama, das Oberhaupt des tibetischen Buddhismus, es einmal ausdrückte. Ein sichtlich spirituell arm gewordenes westliches Christentum sollte in der Begegnung mit Buddhismus, Hinduismus in ihren besten Vertretern die Chance erkennen, aus dem Gefängnis eines sinnlos gewordenen Dogmenglaubens herauszutreten in das eigene offene oder leere Herz. Wir sollen vom Osten empfangen, nicht aber missioniert werden, wie es umgekehrt noch vor nicht allzu langer Zeit geschah, ja noch heute, beschämenderweise, im Christentum in vielen Gegenden der Welt üblich ist.

Wir können unsere Religion frei wählen

Anders als die Globalisierungswelle, mit der *ein* ökonomisches System zugunsten eines kleinen Teils der Welt die Gesamtheit des Planeten überzieht, meint die Einheit der Religionen etwas ganz anderes. Ramakrishna, einer der großen Heiligen Indiens gegen Ende des 19. Jahrhunderts, schulte sich zwölf Jahre lang in den verschiedenen spirituellen Traditionen des Ostens wie des Westens und erlangte in ihnen die Erleuchtung. Unter anderem geschah ihm eine große Vision Christi, die ihn dessen überirdische Wirklichkeit erkennen ließ. Von der Tradition her ein Hindu, gelangte er zur direkten Einsicht in die Universalität aller Religionen. Dies ist der Weg, den der freie Christ herausgefordert ist zu gehen, um sein innerstes Christentum, sein Christ-Selbst wiederzufinden. Es darf bei diesem Gang ins Freie, in die offene Weite des Heiligen Geistes, auch nicht unterschlagen werden, dass er ganz woanders hinführen mag, als der Suchende glaubt. Der Schritt zu einer neuen spirituellen Universalität wird unweigerlich zu dem Eingeständnis führen, dass heutzutage Individuum und kulturell-religiöses Umfeld nicht notwendigerweise mehr zur Deckung kommen.

Viele westliche Suchende werden erkennen oder sind bereits zu dem Schluss gekommen, dass der Buddhismus oder andere Religionen ihnen angemessenere Antworten auf ihre Fragen bieten als ein antiquiertes Christentum. Ähnlich der Emanzipation der Frauen von Herd und Heim auf Grund sozialer und ökonomischer Veränderungen, haben wir mit Eintritt in das 21. Jahrhundert eine religiöse Emanzipation des Individuums erreicht, die es ihm ermöglicht, aus den überlieferten Religionsstrukturen herauszutreten, um eine eigene Wahl zu treffen.

Entschieden ist bei diesem Prozess dem altbekannten theologischen Vorwurf des Eklektizismus, also der wahllos aus Bruchstücken verschiedener Religionen »zusammengewürfelten« Religiosität entgegenzutreten. Am Beispiel der USA lässt sich deutlich aufzeigen, wie der Buddhismus unter modernen westlichen Bedingungen auftauchte und in kürzester Zeit auf amerikanischem Boden heimisch geworden ist, so wie früher in Tibet, China und Japan. Die Vorstellung einer »reinen« Religion ist absurd; jede Tradition, die das Mutterland verlässt, hat sich automatisch mit ihr fremden Elementen auseinander zu setzen und diese einzuschmelzen. Beides geschieht durch die Vertreter der verschiedenen religiösen Gruppierungen, die dabei aufeinander treffen. Natürlich gibt es gelungenere und weniger geglückte Anpassungsversuche. Zudem ist jede Religion den Wirkungen des göttlichen Geistes ausgesetzt, der sich in ihren Mitgliedern manifestiert. Es gibt so gesehen keine feststehende Religion, trotz aller Dogmen und theologischen Traktate in dieser Hinsicht. *Religio* im besten Sinne ist ein unaufhörlicher Prozess von Manifestation und Antwort; er gleicht darin einem Fluss, der sich sein Bett immer wieder neu erschafft.

Von der geistigen Verarmung zur Offenbarung des Göttlichen

Die Auseinandersetzung der frühen Kirche mit Gnosis und Mystik spiegelt solche Vorgänge wider, ebenso die Scholastik des Mittelalters in ihrem Versuch, Denken und Glauben in ein rechtes Verhältnis zueinander zu setzen. Heute ist die geistliche Verarmung der Kirche zum Auslöser gewaltiger Veränderungen geworden, die in der östlichen Spiritualität ihren Katalysator finden. Die Frage lautet nicht: Kann ich als Buddhist noch Christ sein? Vielmehr, kann ich in einer anderen Tradition zu solcher Hingabe, zu solcher Öffnung gelangen, dass sie mich in das Herz aller *religio* führt: zur Offenbarung des Göttlichen in mir selbst? Dieses Erleben steht höher als alle Namensschilder – ob Jesus, Brahma oder Buddha.

Dem im Freien angekommenen Christen bleibt die Gestalt Yeshuas nur, insofern sie im Herzen wurzelt, und die Bibel nur, insofern er sie als eine erleuchtete Schrift erspüren kann und sie dementsprechend zu entziffern bereit ist. Im Gefolge eines neuen geistigen Universalismus verliert auch das Kreuz seine Sonderstellung und reiht sich ein in die wunderbare Vielfalt anderer Symbole wie die des leeren Kreises des Zen oder des Yin-Yangs im Taoismus oder der Doppelhelix in der Naturwissenschaft des Westens. Jedes dieser Zeichen bildet die Einsicht in den Ursprung in eigener Weise ab. Es repräsentiert dabei aber immer nur eine Ansicht der Wahrheit, die von einer anderen vervollständigt werden muss. Das *Numen,* das Unsagbare, entzieht sich jeder Eindeutigkeit, auch im spirituellen Bereich. Dabei ist aber neben dem Gemeinsamen, auf das alle Religionen hindeuten, ebenso das Besondere des Zugangs zum Göttlichen zu respektieren. Die Einzigartigkeit des anderen Weges zu achten, ist das erste Gebot aller Toleranz.

Wenn wir mit gegensätzlichen religiösen Anschauungsweisen in Kontakt treten und sie fruchtbar verarbeiten, können wir in unserer Person eine höhere Synthese schaffen. In postmodernen Zeiten massivster Verdrängung geistlicher Wirklichkeit und entsprechend fundamentalistischer Reaktionen bildet diese Art der Integration im Geist einzelner Personen und Gemeinschaften den Humus für eine universale *religio*. Sie deutet die Richtung der geistigen Evolution des Menschen im neuen Jahrtausend an. Die Begegnung der Religionssysteme untereinander, oftmals im Fluidum eines modernen westlichen Atheismus, ist gerade dann von großer Bedeutung, wenn es nicht mehr bloß um den Austausch von Informationen über spirituelle Weltbilder geht, sondern, viel existenzieller, um eine westliche Spielart dessen, was Sri Aurobindo »integralen Yoga« nannte.

Ist Gott wirklich tot?

Denn nicht Gott ist tot, sondern ein bestimmtes, rein persönlich gefasstes Gottesbild ist unserem modernen Bewusstseinsstand nur noch schwer vermittelbar; andere adäquatere Wege, um Transzendenz zu erfahren und zu beschreiben, sind für viele noch nicht zugänglich oder werden in unserer Gesellschaft von den intellektuellen Eliten schlichtweg geleugnet. Der Alpha- und Omegapunkt Gott/THEOS wird im technokratischen Kapitalismus einfach dem Vergessen anheim gegeben.[8] Ein metaphysischer Bezugspunkt für Sinn konnte ja, wie die Geschichte zeigt, schon immer fallen gelas-

8 Siehe hierzu das tief greifende Werk Raimon Panikkars: Gottes Schweigen, Kösel, 1992, speziell seine Einführung S. 16 ff.
Ich verweise in diesem Zusammenhang auch auf so wichtige Vorbereiter eines existenziellen interreligiösen Weges – von christlicher Seite – wie den französischen Benediktinermönch Henri Le Saux, der in nahem Kontakt zu Ramana Maharshi lebte und den Großteil seiner Lebenszeit als Pilger in Indien verbrachte. Hierzu gehört auch der englische Mönch Bede Griffiths, der in Fortführung des Weges von Le Saux Anfang der 1950er Jahre einen hinduistisch-christlichen Ashram in Indien aufbaute, um der öst-westlichen Ökumene Zeit seines Lebens zu dienen. Man kann solche spirituelle Existenzvermittlung als Akt eines eigenen biografischen »Experiments« gar nicht hoch genug veranschlagen.

sen werden, wenn die Gesellschaft die Mittel zur Lösung materieller und seelischer Probleme bereitzustellen vermochte. Heutzutage haben sich die Möglichkeiten der Technik in einem Maße potenziert, das nicht nur die christliche Religionsanschauung wie einen Anachronismus anmuten lässt. Das betrifft ebenso andere religiöse Systeme. Aber mehr noch, *religio* selbst als existenzieller Rückbezug auf eine ursprüngliche Quelle, der alles Sein entspringt, scheint zum ersten Mal in der Geschichte der Menschheit prinzipiell zur Debatte zu stehen. Gleichzeitig hat die technologische Entwicklung ein Niveau erreicht, bei dem die Vertreter aus Wissenschaft und Forschung alle ideologische Raffinesse aufbringen müssen, um einer beunruhigten westlichen Gesellschaft die zerstörerischen globalen Konsequenzen des technischen Fortschritts zu verschleiern. Angefangen mit der weltweiten Waldvernichtung, Tschernobyl, Klimaveränderung und so weiter, ist den meisten Bürgern im Westen zumindest unbewusst klar, dass die Dimensionen der heraufbeschworenen Risiken von keinem noch so klugen Wissenschaftler oder politischem Gremium mehr verantwortet, geschweige überhaupt überschaut werden können. Hier nun kommt das religiöse Bewusstsein aller Zeiten zum Tragen, indem es uns darauf hinweist, dass authentische *religio* keine Frage von Glaubenssystemen ist, sondern der spontanen Offenbarung unbedingter Realität entspringt – nicht Ausdruck von Wunschdenken oder metaphysischer Spekulation, vielmehr der unmittelbare Eindruck einer Kraft, deren Konsequenz nicht mehr rückgängig zu machen ist, da sie eine Transformation des Bewusstseins nach sich zieht, die die Gesamtheit der Person und all ihre Beziehungen und Einstellungen zur Welt betrifft.

Der Geist weht, wo er will

Solche Prozesse sind in gewisser Hinsicht unumkehrbar. Die Erfahrung der Kraft, des Lichtes und ihrer andauernden Präsenz ist das Ursprungsphänomen aller *religio* – ob als Offenbarung, Ausschüttung des Heiligen Geistes oder *Satori* (Zen-Terminus für einen erleuchteten Bewusstseinszustand) gesehen. Sie bezeichnet einen Entwicklungssprung in eine neue Dimension. Religiöse Tradition hat die Aufgabe, den individuellen Geist für diese Möglichkeit zu öffnen. Sie weiß um Techniken, die uns auf solche Erfahrungen vorbereiten, sie gleichsam einladen können, und doch reicht keine aus; Gebet, Meditation, Reflexion oder moralischer Lebenswandel sind Methoden und Richtungsanzeiger auf dem weglosen Weg. Sie sind aber weder unbedingt notwendig, um Erleuchtung zu erfahren, noch können sie diese erzwingen. Der Geist weht, wo er will, allerdings auch, *wann* er will. Er kümmert sich nicht um atheistische Zeiten. Das Verschwinden einer Religion (aus dem Vordergrundbewusstsein der Menschen) kann ihn nicht aufhalten. Theologie und religiöse Institutionen werden vom Geist nicht unbedingt bevorzugt mit Inspiration versorgt. Das erlebt die *heilige* Kirche seit längerem sehr schmerzlich. Doch, um ein Wort Kierkegaards zu variieren: Darum hat sich der wirklich Gläubige nicht eine Sekunde lang zu kümmern. Ob Yeshua einen Nachfolger hatte oder eine Million, mag die Institution Kirche und die Religionssoziologen beschäftigen; das Licht der Welt, das nicht von dieser Welt ist, aber beständig in ihr wirkt, bleibt davon in seiner Wahrheit gänzlich unberührt.

Es scheint, dass unsere Zeit ein Stadium der Verwirrung und Auflösung erreicht hat, das keine evolutionäre Annäherung, sondern nur noch revolutionären Umschlag zulässt. Die Spaltung zwischen einem rein verstandesorientierten Bewusstseinszustand in Wissenschaft, Politik und Wirtschaft auf der einen Seite und der unmittelbaren Erfahrung göttlicher Präsenz bei vielen Menschen auf der anderen, könnte für diesen Planeten katastrophale Folgen haben. Trotzdem bietet die Gratwanderung zwischen diesen beiden Extremen entscheidende Chancen für eine Lösung: Die Erweiterung des Bewusstseins bei einer möglichst großen Anzahl von Menschen könnte einer Vision zum Leben verhelfen, die in der Lage ist, die Gegensätze zu integrieren und zu einer umfassenderen Synthese zu führen. Wie der griechische Sagenheld Odysseus sein Schiff zwischen dem Seeungeheuer Skylla und dem gefährlichen Strudel Charybdis hindurchsteuern musste, könnte es uns so gelingen, eine Passage zwischen globalem Konsumfetischismus und terroristischem Fundamentalismus zu finden. Darin besteht die Herausforderung in der Begegnung der Religionen. Der christliche Beitrag scheint mir vor allem darin zu liegen, diejenigen überholten Traditionen und persönlichen Bindungen an die Kirche fallen zu lassen, die uns daran hindern, den Geist, die Liebe Christi oder die große Weite des Zen wahrzunehmen und wahr zu machen.

Die größte Sünde der Kirchen

Wir wissen, dass Kirchen jahrhundertelang überdauern können, doch was hilft es, wenn dabei ihre Mitglieder, die eigentlichen Lichtträger, auf der Strecke bleiben.

Der Satz »Durch Christi Tod sind wir von unseren Sünden erlöst« bleibt leicht ein wunderbares Narkotikum, um das eigene innerste Licht nicht wahrhaben zu müssen: unsere Wesensgleichheit mit Christus. Hier schrecken die meisten Gläubigen zurück, sprechen von Blasphemie und beten lieber das heilige Bild, genauer gesagt den gekreuzigten Leidensmann an. Im selben Atemzug aber verneigen sich viele Fromme täglich vor einem wissenschaftlichen Weltbild, das die Erde im Namen von politischen und wirtschaftlichen Sachzwängen der Raffgier und Herrschsucht des Menschen ausliefert. Im Alltäglichen gebärden wir uns als Herren, im spirituellen Raum möchten wir lieber die Schafe bleiben.

Wenn die Institution Kirche ein Verbrechen an der Gemeinschaft ihrer Mitglieder begangen hat, dann eben dieses: ihnen das ursprüngliche Geschenk Yeshuas weggenommen zu haben – nämlich dass sich in jedem Antlitz das Seinige unmittelbar spiegelt. Indem Yeshua die Menschen zur Wurzel ihres Gutseins, zum Geschmack ihrer Verbindung mit dem THEOS zurückführte, heilte er sie von dem grundlosen, höllischen Misstrauen gegenüber sich selbst und Gott. Keine der Wurzeln mystischer Tradition im Christentum ist stärker vertrocknet als das innere Wissen um die Einheit von Gott, Mensch und Schöpfung. An den Folgen, nämlich dem Hass, der Gier und der unerfüllten Sehnsucht, leiden das Abendland und all jene Kulturen, die das Unglück hatten, mit ihm in Kontakt zu kommen, bis heute. Die permanente Selbstentzweiung des Christen, unter anderem von seiner (sexuellen) Natur, und die entsprechenden, auch ökologischen Folgen sind der Preis, den das Christentum und mit ihm die Welt zu zahlen haben.

Eine schöpferische Synthese der Religionen

Die Stationen eines mystischen Weges zur Quelle sind von Yeshua in seinen Gleichnissen gelehrt worden. Sie wurden von den abendländischen Mystikern bestätigt, doch nirgends finden wir sie präziser dargelegt als in den östlichen Traditionen – in einer Sprache, die der modernen Zeit angemessen ist. Da unser christliches wie aufklärerisches Weltbild solchem »esoterischen« Wissen vehement entgegensteht, wird dem einzelnen Christen sehr viel geistige Freiheit abverlangt, will er sich zu seinen Anfängen, zu seinem ureigenen Antlitz vortasten. Es scheint, dass ihm dieses gerade von jenen spirituellen Traditionen wiedergeschenkt werden soll, die die Kirchen jahrhundertelang verleugnet oder verfolgt haben. Die Annahme eines derartigen Geschenks mag bitter schmecken, aber sie rettet uns vielleicht vor einer großen geistlichen Verödung. Wir müssen individuell die Fähigkeit entwickeln, das Angebot des Ostens zu einer schöpferischen Synthese mit der eigenen Tradition zu bringen. Wollen wir Christen werden, statt es nur zu bleiben, sollten wir die Nahrung, die uns gereicht wird, annehmen und sie zu unserer eigenen machen.

Wie verlässlich sind schriftliche Überlieferungen?

Ohne Tradition gäbe es keine noch so einfache Kulturleistung des Menschen. Sie ist sein notwendiges Gedächtnis in und durch die Zeit. Wie hilfreich sie allerdings für die Bewältigung der jeweils anstehenden Gegenwartsprobleme ist, steht auf einem anderen Blatt.

Die Botschaft Christi, wie sein Leben, ist uns nicht zuerst über die Schrift vermittelt worden; lange vorher schon gab es fundamentalere Ebenen: die leibhaftige Begegnung, der unmittelbare Eindruck, das direkte Gespräch – ja, mehr noch: das tägliche Leben mit Ihm selbst! Auf einen Meister zu treffen, noch dazu von einem solchen Format, gleicht allerdings der Begegnung eines Blinden mit einem Elefanten, dessen Gestalt er nur durch Berührung zu erforschen vermag; ein höchst begrenztes Unterfangen. Alles, was dieser Blinde bei seinem Ertasten zu erkennen vermag, bleibt doch nur Stückwerk, und schon ein zweiter Blinder wird ihm entgegenhalten, dass er das Wesentliche an diesem Tier gar nicht erfasst habe. So ist es den Jüngern mit Yeshua ergangen. Um wie viel schwieriger ist die Situation für uns. Wir sollen einer Tradition folgen, die noch nicht einmal von Menschen begründet wurde, die Yeshua leibhaftig gesehen haben. Die heute allgemein bekannten vier Evangelien wurden Jahrzehnte nach Yeshuas Tod verfasst. Und auch diese frühesten Schriftzeugnisse unterlagen ja einem jahrhundertelangen Umformungsprozess, der von der ursprünglichen Begegnung nur noch hochprozentige Verdünnungen zurückließ. Wer wollte da noch an ein solches Traditionsrinnsal glauben?

Interessanterweise stoßen wir bei fast jeder Religion auf denselben Verdünnungsvorgang im Laufe der Zeiten, so dass die Frage angebracht ist, was von solchen geistlichen Überlieferungen dann überhaupt zu halten sei. »Viel!«, muss die Antwort lauten. Wir haben ja auch gar keine andere Wahl. Was den Verstand nur verwirrt – die Dimension der Zeit –, ist für den göttlichen Geist nie ein Problem. Sein Wirken geschieht ausschließlich *jetzt,* wie der plötzliche Einfall, der mich im Moment überkommt. Trifft unser eigener Geist auch nur auf die verblassende Spur einer solchen göttlichen Inspiration, stellt sich unwillkürlich eine Verbindung her – etwas leuchtet uns ein. Dieses Leuchten, das dem Spuren suchenden Einzelnen widerfährt, ist nichts anderes als der Dialog des Geistes mit sich selbst im Prozess der Erkenntnis.

Wie der Geist sich selbst inspiriert

Auch hier finden wir also das Grundgesetz, dass die Welt ein unteilbares Ganzes ist und sich im richtigen Moment offenbart. Nur von diesem Grundsatz her ist es erlaubt, die jeweiligen Schriften der Religion als heilig, das heißt als inspiriert zu betrachten; nur von hier aus macht es auch heute noch Sinn, sich der Tradition zu widmen. Ob sie sich mir in einer Art Initialzündung öffnet, hängt vom Einsatz, von der Methode und von der Kreativität des Einzelnen ab. Hier gibt es keinen Automatismus. Einsicht mag sich ebenso leicht versagen, wie sie errungen werden kann. Selbst der »Erfolg« ist noch kein Grund zum Triumph. Dieses bezeugt das Beispiel von Thomas von Aquin, dem großen Gelehrten des christlichen Mittelalters, dessen urplötzliche Erleuchtung in seinen letzten Lebenstagen ihn anschließend seine großen Schriften als »gedroschenes Stroh« bezeichnen ließ. Man erkennt daran, wie begrenzt sich selbst jedwede geistige Einsicht gegenüber dem Horizont der vollen Wahrheit ausnimmt.

Traditionen neigen dazu, einander auszuschließen oder zu vermindern. Dabei schöpfen sie alle aus der gleichen Quelle, welchen Namen sie ihr auch geben mögen. Der Verarmung christlicher spiritueller Überlieferung im eigenen Land steht eine ebenso schmale Basis lebendiger buddhistischer Tradition in den Kernländern Indien, China und Japan gegenüber. Beide Religionen haben aber heute die außerordentliche Chance, vom Zustand der jeweils anderen zu lernen, um sich selbst in eine zeitgemäße Form zu bringen.

Ein Beispiel ist der Buddhismus in den USA, der bei seiner Ankunft auf eine schon hoch entwickelte Frauenbewegung stieß. Diese brachte mit ihren emanzipierten Anschauungen viele reaktionäre Relikte buddhistischer Philosophie und Theologie ans Tageslicht. Unter anderem lenkte sie das Augenmerk auf das Thema Sexualität,[9] dem die buddhistische Orthodoxie lange aus dem Weg gegangen war.

Geistige Grenzen werden überschritten

Die notwendig gewordenen Grenzüberschreitungen haben vielleicht mehr als alle gelehrten Abhandlungen dazu beigetragen, Grenzen wie Chancen der eigenen religiösen Traditionen zu erkennen und neu zu definieren. In einer zusammenwachsenden Welt können wir nun endlich aus den Verengungen der eigenen spirituellen Perspektiven heraustreten, indem wir andere Traditionen und religiöse Sprachen integrieren. Wir sind heute erst in der Lage,

9 Hier ist vor allem die westliche Frauenbewegung und die in ihrem Gefolge entstandene feministische Aufklärung zu nennen, die vielleicht weitreichendste Kritik an patriarchalen Gesellschaftssystemen jedweder – auch östlicher – Art!

offene geistige Systeme zu entwickeln, die die Erfahrungen des jeweils fremden Traditionsgutes als notwendige Ergänzung begreifen! Zwar gibt es für bestimmte östliche Vorstellungen durchaus Entsprechungen im christlichen Kulturkreis – man denke etwa an *Shunyata,* den berühmten Begriff der Leere im Buddhismus, der dem christlichen *deus absconditus* (dem abwesenden Gott) verwandt ist –, doch greifen die abendländischen Formeln oft nicht so gut. Sie sind zu stark geprägt von der Vorstellung von Gott als Person. Die Vorstellung von einem abwesenden persönlichen Gott wird beispielsweise leicht als erschreckend oder bedrohlich wahrgenommen; hier kann sich die Auseinandersetzung mit einer fremden Terminologie als sehr erhellend erweisen und unser Bewusstsein von bedrückenden und beengenden Denkmustern befreien.

Letztlich nun entscheidet das *Herz,* nicht der Verstand, in welcher Tradition ich mich entwickeln möchte. Ohne eine solche Entscheidung des Herzens gibt es kaum ein fruchtbares, langfristiges Engagement. Logische, kluge Argumente reichen auf dem spirituellen Weg nicht weit. »Man sieht nur mit dem Herzen gut«, dieser Ausspruch Saint-Exupérys sei allen Eiferern empfohlen – als Gegenmittel gegen ihre fundamentalistische Angst, gegen das Horten »meines Gottes«.

Die Schönheit und Ästhetik eines japanischen Zen-Gartens, die Knappheit eines Haikus (ein kurzes japanisches Gedicht) genauso wie die staunenmachende Monumentalität einer gotischen Kathedrale geben mir einen anschaulichen Begriff von der Vielfalt menschlicher Gottesverehrung. Die schöpferische Anverwandlung solcher Eindrücke im und durch den Einzelnen bildet die Basis für eine *religio* der Zukunft, die jenseits von Gleichmacherei und geistiger Abschottung zu einer Spiritualität führen könnte, die sich immer wieder für Verwandlungen öffnet.

»Werde, was du suchst!«

Es bedarf wohl einer unmittelbaren Empfindung für die Schönheit und Tiefe der eigenen Tradition, um auch andere wirklich wertschätzen zu können und sie nicht nur als funktionale Bausteine zum persönlichen Seelenheil zu betrachten. Die New Age-Esoterik neigt in diese Richtung. Für den obdachlos gewordenen Christen geht es jedoch um mehr: Je weniger die Objektivität der Tradition trägt, umso mehr tritt die Person in den Vordergrund. An den Einzelnen ergeht der Aufruf: »Werde, was du suchst, überlasse es nicht mehr der eigenen Überlieferung, erkenne, dass du sie in jedem Moment so oder so verkörperst. Verlasse deinen liturgischen Anstand und folge deinem Herzen. Warte nicht mehr!« (Worauf auch?)

In dieser Herausforderung, diesem Ruf, liegt die große Möglichkeit einer schöpferischen Erneuerung eines liturgischen Liedes, das an alle geht, die es hören wollen.

Wenn Christus nicht mehr in den Kirchen zu finden ist, dann womöglich in dem weichen Abendlicht eines indischen Tages, dem mitunter mehr weihnachtlicher Glanz innewohnt als dem künstlich beleuchteten Tannenbaum im trauten Heim. Wo unser spirituelles Herz sich in der Fremde wiedererkennt, haben wir mehr christliche Heimat gewonnen als in tausend Kirchenfeiern.

Der Intellekt trägt nicht weit

Die Erde ist unser aller gemeinsames Erbe, das innere Wissen der über diese Erde verstreuten religiösen Systeme ebenso. Jacob Needleman beschreibt jenes Wissen in seinem Buch »Vom Sinn des Kosmos« als das Bewusstsein von der Existenz des »Pfades«. Jede Tradition ist im Wesentlichen ein System, das Methoden des »weglosen Weges« aufzeigt. So spricht Yeshua zu den Jüngern, dass er ihnen die Geheimnisse des Reiches Gottes direkt enthüllt, während der Menge der Menschen das Gleichnis als Wegweiser dienen muss. Doch selbst den Jüngern scheinen Yeshuas direkte Ausführungen oftmals noch sehr dunkel. Das geheime, dennoch immer offenbare Wissen führt zu einer Auslese unter den Suchenden, die entsprechend ihrer Einsichtsfähigkeit und Kraft dem Gemeinten mehr oder weniger nahe kommen. Insofern können religiöse Wege nie vollkommen »demokratisch« sein. Solche Auslese bildet ebenfalls eine natürliche Schranke gegen jedes bloß intellektuelle Wissen, denn dieses führt allein niemals zur Kraft, und ohne die Entwicklung spiritueller Kraft ist der Weg nicht zu bewältigen. Die Kraft ist ein Ausfluss des Ursprungs, des Quells, auf den hin alle Überlieferung zielt. Sie basiert nicht auf höherer Moral, eher lässt sie diese als organischen Ausfluss des inneren Wesens erscheinen.

Wir sehen, dass sich die verschiedenen Wege der Überlieferung auf dasselbe Ziel zubewegen. Der Buddhist spricht von *compassion* (Mitgefühl), der Hinduist von *Bhakti* (Verehrung) und der Christ von *Barmherzigkeit*. Alle drei Begriffe verweisen auf die Grundformen der Liebe. Und doch gibt es eine Unverwechselbarkeit der einzelnen Traditionen. Sie können und sollten nicht beliebig vermischt werden. Konkret gesprochen: Die Gleichnisse Yeshuas spiegeln einen geistigen Prozess, dessen einzelne Stufen ich gemeistert haben muss, um der Erkenntnis Yeshuas vom Reich Gottes teilhaftig werden zu können. Dass vielleicht anschaulichste Beispiel eines solchen gestuften Weges bildet das allbekannte Vaterunser, das in seiner aramäischen Version erst erkennen lässt, wie detailliert und universell zugleich solch spiritueller Prozess geordnet ist.

Im Fremden das Eigene wiederentdecken!

Hat man sich entschieden, den durch das Vaterunser vorgezeichneten Weg zu beschreiten, so bedarf es der Führung, entweder durch einen inneren oder einen äußeren Meister, manchmal auch beider, und sogar das persönliche Versagen muss hier als Teil des Pfades verstanden werden, ähnlich wie bei Yeshuas Ankündigung von Petrus' Verleugnung seines Meisters.

Die tibetisch-buddhistische Tradition mit ihren 108.000 Niederwerfungen, ihren Visualisierungen verschiedener Mandalas und Identifizierungen mit spezifischen Aspekten einer Gottheit führt durch ganz andere geistige Landschaften als schon der Zen, dem die leere Wand als Projektionsfläche genügt. In der Frage der Tradition muss sich jeder entscheiden, und, wie zuvor erwähnt, trägt hier nur die Wahl des Herzens. Allein dieses ist vielleicht im Stande, die Wandlungen und Auflösungen einer normalen Identität zu verkraften, ohne unbedingt immer verstehen zu müssen.

Für viele Menschen bedarf es zum Inne-Werden christlicher Spiritualität der Anleihen aus anderen religiösen Systemen. Dieses Ansinnen ist im ureigensten Interesse des einzelnen Christen und vollkommen legitim. Dass sogar die Kirche inzwischen nicht wenigen ihrer Glaubensbrüder und -schwestern in dieser Hinsicht freie Bahn gegeben hat, spricht für ihre Einsichtsfähigkeit. Der Zen-Weg ist für manchen offiziellen Christen inzwischen eine legitime Möglichkeit, ja Notwendigkeit geworden!

Findet christliche Spiritualität auf diese Weise in den großen Kreis der Weltreligionen zurück, so hat sie gleichzeitig, dank ihrer Verbindung mit der westlichen Aufklärung in Wissenschaft und Gesellschaft, etwas Zentrales zurückzugeben: den gegen jede elitäre Guru- und Schülerschaft gerichteten Erfahrungsschatz »*Jeder Mensch ist ein Mystiker!*« Jeder Mensch trägt das große Geheimnis der Gottesebenbildlichkeit in sich, und sein Leben, welch krumme Pfade er auch immer beschreitet, ist ein steter Ausdruck jenes Geheimnisses, selbst wenn es sich nicht um ein im herkömmlichen Sinn »religiöses« Leben handelt. Das moderne Ich in seiner scheinbaren Zerrissenheit, Führungslosigkeit und Gottabgewandtheit ist nicht minder Teil dieses Geheimnisses; ja es vervollständigt erst jenen mystischen Weg, den es verlassen und verleugnet zu haben scheint. Dieses Ich-Bewusstsein weiß um die Kostbarkeit wie um die Hybris individueller Identität, und es ist nicht bereit, die Einmaligkeit solcher Identität auf einem der zahlreichen Altäre falscher Frömmigkeit und religiöser Ideologien zu opfern.

Die verschlungenen Pfade des modernen Ich

Diesen labyrinthischen Pfad hat die moderne europäische Literatur von Joyce bis Kafka ebenso poetisch wie nuanciert beschrieben. Persönliche wie mythologische Vorstellungen, Alltag und Transzendenz kreuzen sich auf ihm in manchmal kurioser, manchmal bedrückender Weise. Solcher Pfad, auf dem sich der Einzelne – wie die Hauptfiguren in Becketts Theaterstück »Warten auf Godot« – manchmal von jedem Sinn verlassen fühlt, erweist sich doch als zutiefst sinnvoll und auf ein großes Ziel hin organisiert. Das gebrochene europäische

Bewusstsein, das so viele Illusionen verloren hat, von so vielen Ideologien enttäuscht wurde, geschüttelt im Entsetzen von Gulag und Auschwitz, verödet im Markt- und Technikrausch, hat, so scheint mir, ein Entwicklungsstadium erreicht, in dem es reif ist, sich einem mystischen Bewusstsein zu nähern.

Es ist reif geworden, gerade auch für die Paradoxien einer Spiritualität, die in tiefere Schichten vordringt. Die Einheit der Realität von Welt und Nichtwelt, *Samsara* und *Nirvana,* wie es der Zen beschreibt, ist in den letzten hundert Jahren in Europa ein durchgängiges Thema gewesen – von der Politik bis zur Theologie und Psychologie. Gerade dadurch hat sich ein fruchtbarer Boden für spirituelle Wahrnehmung auch im atheistischen Menschen gebildet, der nur darauf wartet, erschlossen zu werden. Da uns fast alle »sicheren« Begriffe und Vorstellungen über Welt, Religion, Fortschritt und so weiter verdächtig geworden sind, gleichen wir Becketts wartenden Gestalten – vielleicht mit dem einen feinen Unterschied: Wir ahnen, dass auch noch das Warten Programm ist, an dem wir überflüssigerweise festhalten.

Der moderne Christ ist den genannten Erfahrungen ebenso ausgesetzt gewesen wie jeder andere; seine Identität ist, wenn wir so wollen, um die alle Dimensionen sprengende Erfahrung der westlichen Neuzeit angereichert. Dies kann sein Christusbild ebenso wenig unberührt gelassen haben wie die Begegnung mit den außereuropäischen Religionen. Seine Identität könnte identitätsloser, sein Charakter offener geworden sein. Wo dies geschehen ist, etwa in den christlichen Solidaritätsgemeinschaften Südamerikas im Rahmen der Befreiungstheologie, hat er dem Osten ein Geschenk zu geben, dessen sich dieser vielleicht noch nicht bewusst ist: radikale geistige Emanzipation von allen Systemen, die das Ich durch neue positivistische oder fundamentalistische Ideologien aufzublähen oder zu vernichten sucht.

Die ökologische Krise ist eine Chance

Die ökologische Krise auf diesem Planeten hat für uns alle sichtbar gemacht, wie stark sich die Handlungen jedes Einzelnen auf das

Ganze auswirken. Unsere kleine Welt, in der wir mehr oder minder verantwortungsbewusste Konsumentscheidungen treffen und schonenden oder zerstörerischen Umgang mit den Gütern der Natur pflegen, ist mit der großen Welt, der Biosphäre unseres Planeten, auf das engste verflochten. Insofern ist es wohl zutreffend, von einer allgemeinen Bewusstseinskrise zu sprechen, jedoch birgt diese Krise ein großes spirituelles Potenzial. Viele Umweltaktivisten machen jedoch den Fehler, die Krise nur auf der materiellen, äußerlichen Ebene zu verstehen. Wir müssen uns aber darüber hinaus bewusst machen, dass sich in der Umweltzerstörung *die geistliche Krise des westlichen Menschen* ausdrückt – gemäß der spiegelbildlichen Entsprechung von Innen und Außen, Mikrokosmos und Makrokosmos. Der materiell denkende Umweltschützer ist oft noch zu sehr auf das Negative, auf den Kampf *gegen* Zerstörung und Unachtsamkeit fixiert. Daher vermag er die zentrale mystische Einsicht (noch) nicht ins Auge zu fassen, nämlich: unsere aller ebenso komplexe wie wunderbar einfache ewige Einbettung in das Ganze (THEOS). Der nachmoderne, aus der Kirche ins Freie getretene Christ könnte diesen geistigen Schritt vollziehen. Durch seine Vertrautheit mit dem Mythos von Kreuz und Auferstehung ist er wie wenige andere in der Lage, auch in der scheinbaren Gottverlassenheit den Umschlag von Verzweiflung in Hoffnung zu erahnen, den unsere Zeit so bitter nötig hat. Ein neuer Typ des christlichen Mystikers könnte heranwachsen, der allem falschen hehren Beigeschmack entkleidet ist, mit dem die Theologie die Mystik gern umgeben und damit zugleich auch unschädlich gemacht hat. So wie Joseph Beuys vom allgemeinen Künstlertum in jedem Menschen sprach, ist es an der Zeit, vom allgemeinen Mystiker in uns zu sprechen. Vielleicht hat uns erst das Leiden an unserer Zeit, der Durchgang durch die »dunkle Nacht der Seele« dafür reif gemacht.

Die Spiritualität der Zukunft

»Seid Vorübergehende«, heißt es im gnostischen Thomasevangelium. Die Reinigung oder vielmehr Desillusionierung, die dieser Satz beinhaltet und die dem europäischen Christen in seiner

Geschichte widerfahren ist, ist zu gleicher Zeit seine stärkste, fruchtbarste Mitgift im Dialog der Religionen. Ihre Auswirkungen, insbesondere hinsichtlich einer spirituellen Renaissance des abendländischen Menschen, werden im neuen Jahrtausend offenkundig werden.

Die Weiterentwicklung eines stagnierenden gesellschaftlichen demokratischen Prozesses über die ökonomische und soziale Ebene hinaus wird nur unter Einbezug der spirituellen Erfahrungen möglich sein, die uns das 20. Jahrhundert als noch zu hebende Erbschaft hinterlassen hat. Dies wird umso dringlicher sein, als die kollektiv unbewusst gewordene Enttäuschung über den andauernden Ausschluss aus dem biblischen Paradies sich zur allgemeinen atheistischen Neurose entwickelt hat. Diese Neurose ist es, die uns seit vierhundert Jahren nicht mehr erlaubt, über den Tellerrand eines hochgezüchteten kritischen Intellekts zu schauen. Ein flacher, von jeder spirituellen Tiefe abgekoppelter Fortschrittsbegriff hat dazu geführt, dass bis heute ein Weltbild dominiert, das aus einer Mischung von primitivem Wirtschaftsdarwinismus und High Tech besteht. Die Stagnation des politischen Systems Demokratie rührt aus der bislang unangefochtenen Behauptung, dass demokratisches Denken und Handeln öffentlichen Charakter habe, die innere spirituelle Entwicklung des Einzelnen dagegen seine private Angelegenheit sei. Diesen Widersinn, an dem das nachmoderne Europa geistig zutiefst leidet, wieder aufzulösen, ist die zentrale Aufgabe eines westlichen spirituellen Weges.

Das Ende des zweiten Jahrtausends hat uns gezeigt, dass Gleichheit und Freiheit Wegweiser in die Hölle sind, so sie nicht an Yeshuas Fußwaschung beim letzten Abendmahl anzuknüpfen vermögen. Aber auch soziales, mitfühlendes, dienendes Handeln überzeugt nur auf der Basis einer mystischen Schau der Welt, die den immer vollkommenen Zusammenhang allen menschlichen Tun und Lassens erahnt hat. Keine noch so kluge Morallehre führt ansonsten dorthin.

Östliche Wege und westliches Denken

Jesus sprach: Die Pharisäer und Schriftgelehrten haben genommen die Schlüssel der Erkenntnis; sie haben sie versteckt. Sie sind nicht hineingegangen, und die, welche hineingehen wollten, haben sie nicht gelassen. Ihr aber, seid klug wie die Schlangen und ohne Falsch wie die Tauben!

(Thomasevangelium)

Eines der fatalen Vorurteile des Westens gegenüber östlicher spiritueller Erfahrung gilt dem Modell des Kreislaufs. Der Irrtum beginnt mit dem Wort »Modell«, womit angedeutet wird, dass es sich bloß um eine Idee, ja vielleicht nur um »Vorstellungen« handle. Im Westen haben wir den Begriff der Selbsterkenntnis ja ausschließlich philosophisch spekulativ oder psychologisch verwendet. Dabei ist uns entgangen, dass es den frühen Meistern des Ostens, den Rishis, nicht darauf ankam, Theorien und Begriffe über die Wirklichkeit zu bilden. Ihnen war einzig und allein an durch Erfahrung überprüfbaren Einsichten gelegen.[10] Die verschiedenen Ausprägungen des Yogas, des Tantras und der Atemlehren stellen hoch differenzierte Methoden zur Schulung

10 Vgl. dazu die Reden Ramana Maharshis, des großen südindischen Heiligen, der einzig auf der grundlegenden Frage »Wer bin ich?« beharrte, um zur Verwirklichung zu gelangen. Seine »Lehre« vom Nicht-Zwei (Advaita) ähnelt in vielem den Aussagen der Zen-Meister Japans und Chinas.

von Geist und Körper dar. Statt logische Systeme über Welt, Gott und Mensch aufzustellen, ging es dem Osten immer um die direkte Schau der Wahrheit. Interessanterweise ist es gerade Platon, der Begründer der abendländischen Philosophie, der feststellt, dass seine Einsichten einem plötzlichen Feuerfunken in der Seele zu verdanken seien, über deren Herkunft er nie gesprochen habe, noch je sprechen werde. Mit anderen Worten: Über den Ursprung seiner Schau, aus der sich Bände von Schriften über die unterschiedlichsten Themen ableiteten, die den Grundstock der abendländischen Philosophie bilden, wissen wir nichts! Damit sind zwei Dinge nahe liegend. Zum einen: Der Ausgangspunkt von Platons geistigem Wirken stellt eine Erleuchtung dar, eine unmittelbare Einsicht in die Wirklichkeit; und zweitens: Darüber darf und kann eigentlich niemand sprechen, der nicht eine ähnliche Initiation erlebt hat, da das Wort in dieser Hinsicht verfälschend wirkt.

Man vergleiche hiermit die lange Überlegung des Buddha nach seiner Erleuchtung unter dem Bodhibaum, ob seine Offenbarung überhaupt mitteilbar sei. Als er dies schon zu verneinen gedachte, so die Legende, versammelten sich die Götter, um ihn inständig zu bitten, die empfangene Lehre zum Heil der Menschen weiterzugeben! Diese Lehre handelt vom Kreislauf endloser Wiedergeburt, die aus dem ichhaften Begehren erwächst, dem damit verbundenen Leiden sowie dem Weg in die Befreiung. Die Lehre von der Wiederkehr der Dinge und Situationen ist uralt; nie zuvor aber wurde sie auf ein so komplexes Niveau gehoben wie in der buddhistischen Sicht. Ihre Aussagen über Körper und Seele sind von einer Ausgefeiltheit und Tiefe, die den Rahmen westlicher Logik und Tiefenpsychologie bei weitem überschreiten. Erst mit Aufkommen der transpersonalen Psychologie, die sich stark an die Erfahrungen und Systeme des Buddhismus angelehnt hat (vgl. die Werke Ken Wilbers), beginnt der spirituelle Westen sich dem östlichen Niveau anzunähern.

Die ewige Wiederkehr

Die Wiederkehr des ewig Gleichen lehrte auch Friedrich Nietzsche. Er wies dabei auf ein bewahrendes Element in der Psyche des Menschen hin, das ihn daran hindert, die Ebene scheinbarer Sicherheiten zu verlassen. Der im Stammhirn verankerte Überlebensreflex setzt für die meisten Menschen und deren Gesellschaftssysteme eine eherne Grenze, die zu übertreten individuellem wie kollektivem Selbstmord gleichzukommen scheint. Einzig die Religionen gewähren Einblicke in mögliche Auswege. Sie haben jedoch solche Lichtblicke immer wieder im Interesse von persönlichem Machterhalt und kirchlichem Dogma verdunkelt.

Die Kreislauflehre ist von fundamentaler Bedeutung, da sie in ihrem negativen Aspekt auf eine genetische Falle hinweist. Nur eine *religio* vom weglosen Weg vermag ihr zu entgehen: durch den Sprung in eine Transzendenz, die jenseits unserer Sicherheitsvorschriften existiert. So wie unsere Verhaltensmuster unsere Reaktionen bestimmen und damit unsere Sicht der Welt in endlose Kreisläufe zwingen, ebenso wirkt diese geistige Schwerkraft, besser Trägheit, auf unseren Umgang mit den religiösen Lehren. Im Dickicht der Wiederholungen und Interpretationen geht der Blick für das Wesentliche verloren: Dass Gott = THEOS eben reine Präsenz meint. Sogar die Behauptung, es gebe einen Weg und ein Ziel, lässt fälschlicherweise den Gedanken geistigen, persönlichen Eigentums aufkommen, absurderweise gerade da, wo gar nichts besessen werden kann. Ein Zen-Spruch lautet daher: »There is no goal, only realization – Da ist kein Ziel, nur Gewahrwerden.«

Das Symbol des Rades weist auf mindestens drei Grundtatsachen der menschlichen Existenz hin. Einmal ist da das Beharren auf Gewohnheiten, die ständige Wiederholung des Bewährten als Mittel zum Überleben. Zweitens der stete Wechsel einer Situation und drittens die auf- und absteigenden Bewegungen in diesem Wechsel. Letztere verwandeln den statischen Kreis in eine auseinander gezogene dynamische Spirale. In diesem Zeichen tritt uns das Gesetz der um einen offenen Mittelpunkt schwingenden Evolution besonders plastisch entgegen. Für jeden Abendländer, der gewohnt ist, in Ziel- und Zukunftsvisionen zu denken, enthält es die frohe Botschaft einer organischen, rhythmischen Sichtweise: Der höchste und der tiefste Punkt dieser Schwingung bedingen einander und sind aufeinander bezogen. Für den freien Christen ist dies ein anschauliches Bild der Integration von Höhe und Tiefe, das bei näherer Betrachtung das Modell eines feindlichen Gegeneinander von Himmel und Hölle ersetzen sollte.

Auch der Osten kann vom Westen lernen

In den Gleichnissen Yeshuas zeigt sich bezeichnenderweise, dass Begriffe wie »hoch« und »tief« nicht räumlich zu verstehen sind, vielmehr rein innerlich. Im Bild vom Samenkorn in der Erde beispielsweise, welches den großen Baum schon in sich trägt (Mk 4, 26), ist die Raumanschauung genau umgekehrt: Die Tiefe (das Innen) trägt und beinhaltet die Größe, die Weite der Form (des Außen).[11] In der Auseinandersetzung mit anderen religiösen Anschauungen liegt also oftmals eine große Chance, festsitzende Vorstellungsweisen der eigenen Kultur aufzulockern oder gar aufzulösen. Jeder, der stark mit seiner Religion verwachsen ist, weiß andererseits, wie schmerzhaft das ist, werden doch solche »eingefleischten« Denksysteme leicht zu einem kuschligen spirituellen Zuhause, das man nur ungern wieder verlässt. Auch hochfliegende Gedankengänge können so mühelos vereinnahmt werden – und dürfen dann als exotische Ausstattungsstücke dieses Zuhause dekorieren, ohne es jemals wirklich in Frage zu stellen.

Keine religiöse Wirklichkeit lässt sich durch ein abstrahierendes Bewusstsein beweisen. Da sie im Kern ausschließlich metaphysischer Art ist, bedarf es anderer Formen der Wahrnehmung, um ihr gerecht zu werden. Der östliche Weg bietet uns solche an, wie zum Beispiel die Meditation des Zen oder die Bewusstseinserforschung anhand von Yantras und Mantras. Sie beruhen nicht auf bloßem Glauben (hier im Sinne von Meinen, Denken, Hoffen), sondern auf Erfahrung, auf Versuch und Irrtum. Die Lehre vom Kreislauf ist demgemäß als eine grundlegende Grammatik menschlichen Verhaltens in Ursache und Wirkung zu verstehen; und zwar unabhängig von den jeweiligen gesellschaftlichen Bedingungen.

11 »Das Kleine ist klein nicht, und groß nicht das Große«, dichtete einst Bert Brecht in seinem Lied »Die Moldau« und verwies dabei in poetischer Form auf den paradoxen Charakter aller Wirklichkeit.

Dennoch ist die Zeit nie nur der Lieferant für die Gewänder, hinter denen sich die immer gleichen Shakespeare'schen Dramen abspielen; sie eröffnet infolge ihrer jeweils unterschiedlichen geistigen und technischen Entwicklungsniveaus neue spirituelle Räume, die für Einzelne und für die Gesellschaft von eminenter Bedeutung sind. Geschichtliche Perspektiven ändern nichts an der Evidenz der geschauten Wahrheit, sie geben der spirituellen Tradition jedoch eine Dynamik vor, die ihr erlaubt, auf der Höhe der Zeit zu bleiben, ohne das Wesen der Offenbarung dem modischen Zeitgeist preisgeben zu müssen. Um ein Beispiel zu erwähnen: In der Begegnung mit dem Westen wird der östliche Buddhist mit dem Thema der Gleichberechtigung der Frau in einer neuen, konkreten Weise konfrontiert. Dadurch kann er eine in seiner Tradition bislang nur theoretisch vertretene Einsicht endlich zur Praxis kommen lassen. Das bricht kulturspezifische Engstirnigkeiten auf und schafft frische Perspektiven für bis dahin unterbelichtete Seiten der eigenen Tradition. Sie bleibt somit selber im Werden, im Prozess, und muss sich immer wieder als relativ erkennen.

Die blinden Flecken der buddhistischen Tradition ändern natürlich nichts an der Gültigkeit der Erleuchtung des Buddhas. Diese bleibt als eine Realisation der Ganzheit des Seins jedem seiner Detailaspekte unbedingt überlegen. Um es konkret zu sagen: Auch Buddha »wusste« um die Gleichheit von Frau und Mann, doch hat er ihr zu dem speziellen Zeitpunkt seines historischen Wirkens nur zögerlich, mit viel Bedenken nachgegeben. Die Konflikte und Überschneidungen zwischen absoluter und relativer Wahrheit muten daher nicht nur dem rückschauenden Betrachter oftmals höchst problematisch an.

Der Kreis – ein universelles Symbol

Zurück zum Symbol des Kreislaufs, veranschaulicht im Bild des Rades als Inbegriff östlicher Wegführung. Das Zeichen ist universal, im keltischen Christentum taucht es als Kreislinie um das Kreuz auf – die Sonne und ihren Lauf entlang des Horizontes andeutend. Gleichermaßen sind damit die kosmischen Rhythmen angezeigt,

Aufgänge wie Untergänge, Abnehmendes und Zunehmendes, ebenso die Kreisbewegungen auf mikrokosmischer Ebene: Elektronen und Neutronen, die um den Atomkern schwingen. Scheinbar nichts Neues also; beziehen wir aber das Symbol direkt auf unsere eigenen inneren Prozesse, auf den unablässigen Strom von Gedanken, auf das Gewoge unserer Gefühlswelten, so erkennen wir das Gefängnis, dem wir tagtäglich ausgeliefert sind. Die endlose, wiederkehrende Litanei unserer inneren Monologe, Wünsche und Begierden hält unsere Vorstellung von der Welt in eisernem Griff. Entfliehen wir diesem zufällig, so geraten wir schnell ins Staunen oder Erschrecken, klare Anzeichen dafür, dass wir für Bruchteile von Sekunden aus dem Sicherheitskäfig herausgefunden haben. Denn sofort wird die Wirklichkeit größer, unberechenbarer und spannender. Zumeist endet dieser Ausflug ins Freie abrupt, und wir finden uns wieder im gewohnten Alltag.

Genau an diesem Punkt setzt die esoterische = innere Lehre an. Ausgehend von den beiden Prinzipien Rhythmus und Entsprechung baut sich im östlichen Yoga wie in der Meditation *(Vipassana)* ein subtiles System psychophysischer Wirkungen auf, die sich im Atem widerspiegeln. Die »Esoterik« beruht also in erster Linie auf einer verfeinerten Wahrnehmung des Körper-Seele-Geist-Bezugs; das englische Wort *»body-mind«* trifft den Sachverhalt präzise. Das Wiederauffinden dieser versteckten Geisteskraft des Körpers durch Stille, bewussten Atem und offene Wahrnehmung ist für alle, die in solchen Bezügen zu leben suchen, der Anfang der »Arbeit«. Ein kleines Beispiel: Stoppe ich für einen Moment meinen Atem, fällt sofort mein Denken wie bei einem Stromausfall weg. Ich stehe buchstäblich im Dunklen, im Leeren. Eigentlich geschieht dies jedes Mal in organischer Weise, wenn der Ausatem von selber gehen und gehen und gehen darf, bis zu seinem eigenen letzten Ausklang. Eine wunderbare natürliche Weise der Hingabe, die leider bei den meisten kaum stattfindet, da dem Ausatem selten die Freiheit gegeben wird, sich bis in solche Tiefe zu entwickeln.

Dieses Wissen um den Atem und die verschiedenen subtilen Schichten des Körpers ist in der westlichen Naturwissenschaft ebenso vernachlässigt worden wie im Kirchenchristentum. Wo die einen Informationen in nicht mehr fassbarer Masse liefern, produzieren die anderen einen zwanghaften Glauben ohne jede sinnliche Grundlage. So reichen sich zwei widersprüchliche Tendenzen westlicher Aufklärung schließlich die Hände, um unter dem Kreuz des Fortschritts zwar neue Weltbilder zu produzieren, aber kein wirkliches Selbst-Verständnis.

Den Glauben loslassen, die Wahrheit finden!

Der religiöse Pfad aber meint gerade Selbstaufdeckung; nur dadurch ist der Zusammenhang des Einzelnen mit dem Kosmos und dem THEOS erfahr- und erfühlbar. Gedanken reichen dabei nur an den äußeren Rand, zudem bleiben sie in ihren Absichten und Vorstellungen oftmals höchst beliebig. Der erste Satz des Gebetes der Christenheit lautet also, gemäß der aramäischen Version, die Yeshua gesprochen hat: »ABWÛN *d'bashmaja – Atmung der Welten, SchöpferIn des schimmernden Klanges, alles, was sich bewegt, erschaffst du im Licht.«* Die innere Strömung christlicher Erkenntnis hat um diese Einheit von Körper und Geist im Atem gewusst; was davon übrig geblieben ist, wurde einer pietistischen Verinnerlichung oder einer historischen bibelkritischen Aufklärung geopfert, die den kosmischen Zusammenhang von Person und Welt im und am eigenen Leibe nicht mehr ins Erleben zu bringen vermochte.

Der freie Christ sitzt hier buchstäblich auf dem Trockenen; auch die Bibellektüre hilft ihm nicht weiter, solange er jene Sprache nicht mit einem anderen, schon immer in ihm pulsierenden Bewusstsein in Verbindung bringen kann. Er muss, um wieder »in Fahrt zu kommen«, ein zentrales Tabu brechen: Er soll seinen Glauben, soweit dieser sich vornehmlich auf Gedanken und Dogmen stützt, loslassen, beiseite legen. Denn wie will er ohne die Verbindung zu seiner innersten Lebendigkeit, die sich im Rhythmus des Atems ausdrückt, aus dem Labyrinth seiner Einbildungen herausfinden, die ihn wie feindliche Truppen gnadenlos umzingeln? Gewahrsein, nicht zu verwechseln mit Gedankentätigkeit, kann sich nicht ohne die offene

Hinwendung zum eigenen Lebensfluss entwickeln. Insofern sind sowohl das Zen-Sitzen als auch dynamische ekstatische Meditationen, wie sie die Sufis kennen, zwei Weisen der Erlösung für den zwischen Glauben und Geschichte eingezwängten Christen. Die göttliche Freiheit von allen Sinnen im puren Dasein des Sitzens ist ein herrlich »atheistisches« Mittel, um aus der Sackgasse einer falschen Ernsthaftigkeit, der Kreuzbeladenheit des postmodernen Christen herauszufinden. Eine ähnliche Wirkung kann aber auch die vollkommene Schamlosigkeit im rasenden Tanz oder im zwerchfellerschütternden Gelächter erzielen. Shivas kosmischer Tanz von Zerstörung und Wiederauferstehung der Welten ist keineswegs bloßer Mythos, keine ferne östliche Saga, sie ist der Rhythmus unserer Existenz, das Gleiten zwischen Leben und Tod, erfahrbar in jedem Moment meines bewussten Lebens.

Der Geschmack einer natürlichen Heiligkeit, einer Frische und Weite, die damit unversehens verbunden ist, führt uns womöglich direkter auf die Herzgestalt abendländischen Glaubens, eben Jesus Christus, zu als die meisten schon im Vorfeld toten oder auch nur überbrillanten Auslegungen des Evangeliums. Die kosmische Grundgegebenheit einer alles durchflutenden Lebendigkeit, von den Galaxien bis zu unserem Atemrhythmus, ist im Westen schlichtweg als Aberglaube über Bord geworfen worden. Heute erst entdecken christliche Grenzgänger, dank der noch vorhandenen östlichen Tradition und eigener Intuition, diese Zusammenhänge wieder neu. Sie finden sie abgebildet in simplen Symbolen wie dem Kreis, dem Yin-Yang-Symbol oder auch der Spirale. Das heißt, sie schaffen erste, ungewohnte, beunruhigende, alternative Verbindungen. Auf der Basis körperlich-psychischer Vorgänge tritt dem christlichen Menschen, der sich zu öffnen fähig ist, seine eigene ursprüngliche Natur unvermutet und mit großer Wucht entgegen, gemäß dem Satz Yeshuas: *»Ich bin gekommen, ein Feuer anzuzünden auf Erden, was wollte ich lieber, als dass es schon brennen würde«* (vgl. Lk 12, 49).

Die Vorstellung der Moderne, Evolution als einen bloß in eine Richtung zielenden Pfeil in die Zukunft zu verstehen, zeugt von einer grotesken Verstiegenheit des Zeitgeistes, der die einfache Wahrheit der Rückseite des Kreises nicht mehr zu erkennen vermag:

die Tatsache, dass sich alles Äußere wie Innere an seiner äußersten Grenze unvermittelt ins Gegenteil umkehrt.

Westlicher Machbarkeitswahn

Der Archetyp des Kreises als Bild der rhythmischen Erneuerung, der Schwingung zwischen höchstem und tiefstem Punkt, zwischen Fülle und Leere beginnt im körperlichen Bereich und steigt auf bis zu den höchsten Denk- und Intuitionsprozessen. Indem sich unsere westliche Vorstellung von der Machbarkeit der Realität zu einem Punkt entwickelt hat, in der die natürliche Evolution nun scheinbar vom Menschen übernommen werden kann, dringt die Möglichkeit technischer Handhabung direkt ins spirituelle Herz vor. Nichts aber ist für das geistliche Wachstum tödlicher als die Vorstellung, alles selber machen zu können. Der uralte europäische Reflex gegen eine vorgestellte väterliche Autorität im Himmel (dargestellt etwa im Mythos von Prometheus) wirkt sich noch nachträglich verheerend aus, da er von einem dem Menschen überlegenen und mächtigeren Gegenüber ausgeht. Die Entzauberung von Welt und Überwelt ist die fast reflexhafte Antwort der modernen Wissenschaft auf diese »metaphysische Kränkung«.

Wiederum zeigt uns der Kreis die Unsinnigkeit eines solchen Handlungsautomatismus. Wer Gott als ein (wenn auch erhabenes, jenseitiges) »Ding« betrachtet, hat nur die Wahl, gegen ihn zu rebellieren, sich ihm durch Gehorsam anzupassen oder ihn durch kritische Analyse zu zerstören. Doch wo kein Außen ist, muss auch nichts verehrt oder zerstört werden. Hier stoßen wir auf ein zentrales Gesetz. Spirituelle große Tradition handelt eben nicht von Ideen und Theorien, sie spricht aus einem direkten Gewahrsein heraus; ihre Gedanken sind nicht gedacht, sondern geschaut, und diese Schau bezieht den Leib organisch mit ein.

Die Quantenphysik hat uns gezeigt, dass schon die bloße Hinwendung des Beobachters zu seinem Objekt ein spezifisches Verhalten bei diesem auslöst. Das Beobachtete ist also niemals unabhängig vom Beobachter. Wenn ich diese Einheit zwischen Beobachter und Objekt wirklich innerlich nachvollziehe, nähere ich mich einer spirituellen Tiefenökologie, die das Andere (Natur, Mensch, Ding) als Teil meiner selbst erkennt. Wo dies geschieht, bin ich aus dem Rahmen von Konzepten und Hypothesen herausgesprungen, und eine Ahnung eines neuen, nämlich heiligen Denkens durchdringt mich bis in meinen Körper hinein – ganz im Sinne von Novalis, der sagte, dass »alles Äußere ein in den Geheimniszustand gehobenes Inneres sei«.

Jenseits aller Theorien ist Stille

Für den Christen bedeutet dies einen großen Durchbruch, weg von der Vorstellung eines persönlichen Gottes, da diese auch bei stärkstem Glauben sehr leicht in der Verehrung einer Kraft außerhalb von mir stecken bleibt. Die Grundaussage der Mystik »Wo ich bin, ist Gott nicht, beziehungsweise wo Gott ist, bin ich nicht« verwendet dieselbe Negativsprache, in die auch die Erfahrung des Nicht-Zwei der indischen Advaita-Lehre gefasst ist. Was den heutigen spirituell Suchenden unter anderem gerade im Buddhismus des Zen so anzieht, ist die Verweigerung des Buddha, sich auf irgendwelche metaphysischen Spekulationen hinsichtlich Gott, Körper, Seele und so weiter einzulassen; dies bedeutet nicht die Negierung Gottes (THEOS), aber doch aller Gottes*begriffe,* somit jeder Theologie.

Was sich uns als buddhistische Psychologie und Philosophie darstellt, am komplexesten vielleicht im Mahamudra des Nagarjuna, ist ein systematisches Ausschlussverfahren, das uns die prinzipielle Leere alles Existierenden in der Welt vor Augen führt. Die Quintessenz solcher Methodik ist das Koan des Zen-Meisters.

Der östliche Weg erstaunt durch seine Radikalität von Denken und Praxis. Beide fordern den westlichen Christen heraus, gegen den mechanistischen Strom des Tuns und Denkens eine Stille zu setzen, die die Voraussetzung dafür bietet, ein »heiliges Schauen« zu erfahren und im Körper zu spüren. Jedes Erleben solcher Art löst meine übliche beurteilende, manipulierende und zumeist extrem einseitige Sichtweise ein Stück weit auf: Ich erkenne mein Eingebundensein in das Ganze, ja mein Verlorensein in ihm, jetzt und immer. Und diese Erfahrung kommt als ein großer Schock, der mich aber unter Umständen in die Lage versetzt, die Gleichnisse, Metaphern, Parabeln und Paradoxien der heiligen Schriften überall auf der Welt in neuer existenzieller Weise zu verstehen.

Als Beispiel verweise ich auf einen Satz Yeshuas, der das wunderbar erläutert. Er sagt: »*Bist du mit einem anderen im Streit, so verschiebe dein Gebet, bis du wieder mit ihm in Frieden gekommen bist*« (vgl. Mt 5, 22–24). Yeshua setzt also die Notwendigkeit des Friedens, die Aussöhnung der Zwei, des Zwistes, der dualistischen Verblendung nicht nur höher als das Gebet, er weist sogar darauf hin, dass erst dann das Gebet authentisch wird (da ansonsten mein Ich im Hader verbleibt und mein Gebet zerstört). Vielleicht sollte man sagen, dass das handelnde Verzeihen, zu dem er uns auffordert, in seiner Essenz das Gebet (als eine Form des Nichttuns) vorwegnimmt, so dass ich wieder im Lot bin, das heißt im ununterbrochenen Strom des Ganzen eingebettet.

Das tödliche Dilemma des Abendlands

Das technische Denken, das seit Beginn des 20. Jahrhunderts massiv in Körper und Seele des westlichen Menschen eindringt, zerstört in seiner Ausschließlichkeit die spirituelle Wahrnehmungskraft des Individuums. Es macht dieses zunehmend unfähig, sprich unsensibel für den »Geruch« des Heiligen, wie es C. G. Jung einmal sehr schön ausdrückte. Die viel zitierte Unumgänglichkeit technischer Innovation erweist sich im Kern als eine dogmatische Ablehnung höherer spiritueller Bewusstseinszustände, die auf unverarbeiteten kollektiven geschichtlichen Erfahrungen mit dem Kirchenchristentum beruht.

Wie Ken Wilber in seiner Systematik der verschiedenen Ebenen des Bewusstseins herausgearbeitet hat, hat sich die abendländische Aufklärung in ein Konzept einseitig horizontaler Entwicklung verstrickt, das er nicht zu Unrecht als Flachlandevolutionismus entlarvt. Solche Einstellung beruht im Wesentlichen darauf, dass sie ein Innen der Dinge, ein Bewusstsein nicht kennt oder vielmehr nur den höheren Entwicklungsstufen zugesteht. Eine derartige Sicht bleibt konsequent am Außen der Dinge und Situationen haften. Das

Außen der Erscheinungen, ihre Form ist jedoch Oberfläche, die in bestimmter Weise mit ihrer Tiefenstruktur (= dem Bewusstsein) in Verbindung steht. Mit anderen Worten: Alle Formen sind Oberflächen eines tieferen Bewusstseins.

Die Stagnation der spirituellen Entwicklung im Westen beruht tragischerweise darauf, dass die einzig umfassende religiöse Quelle, über die das Abendland verfügt, eben das Christentum, in seiner doppelten Abwehr von Wissenschaft und Mystik in ein schwerwiegendes Dilemma geraten ist. Diesem können, wie mir scheint, nur mehr der schöpferische Einzelne oder kleine Gemeinschaften entkommen.

Was der Christ »nur« glauben kann, ja muss, ist dem Jünger des Buddha mittels einer durch die Jahrtausende reichenden Kette direkter Initiationen vom Meister auf den Schüler, durch Übung, Schweigen, Visualisierung und Koan immer noch direkt zugänglich: die Kraft und das Schauen. »Wir sind wie Fische oder Wellen im großen universellen Bewusstsein« – das ist die ursprüngliche Vision von *religio,* von Wiedererinnerung. Und so ging Yeshua los, Menschen zu fischen, um sie diese Tatsache mit Leib und Seele erleben zu lassen; er ließ sie, anders gesagt, wieder und wieder teilhaben an seiner Heilkraft, an seiner Schau, auf dass auch sie sehen könnten, was er ununterbrochen schaute und spürte: Dass nichts außer, genauer gesagt alles nur in der Lichtkraft des THEOS existiert. In der Erstarrung dieses Evangeliums der Freude zur bloßen Theologie, in der Verabsolutierung Yeshuas zum Einzigen, erstarb die frohe Botschaft vom Licht, das in jedem von uns in einem Nu, wie der Mystiker sagt, zum Aufscheinen kommt.

Wer zur Quelle will, muss gegen den Strom schwimmen

Der spirituelle Weg führt »zurück« zum Ursprung; wer ihn gehen will, muss wie die Lachse gegen den Strom zu schwimmen lernen, muss loslassen von dem, was er für normal und richtig befindet, was Eltern und Gesellschaft ihm erzählen, was die Freunde meinen. Auch diese Botschaft findet sich im Archetyp des Kreises: Ab einem bestimmten Moment wird mein Vorwärtsgehen ein Rückwärtslaufen, als wolle ich die eigene Spur wieder aufrollen, so dass zum Schluss selbst von der Kreislinie kein Abdruck mehr übrig bleibt. Der Kreis hat aufgehört zu existieren, ich stehe frei im weiten Raum. Diese Bewegung des Zurück hat nichts mit Rückschritt zu tun; sie bedeutet vielmehr das Tilgen aller Gewohnheitsmuster, aller Geschichten, die mich stündlich, minütlich daran hindern zu sehen, was wirklich ist.

In exakt dieser Situation befindet sich jeder freie Christ, der sich aus dem Bann von Tradition, Theologie und Dogma befreien will, um zum Geschmack des Anfänglichen zurückzufinden. Auf diesem Weg ist er nicht allein, auf diesem Weg braucht er neben persönlichem Mut und Durchhaltevermögen vielerlei Hilfe. Doch einer Erinnerung bedarf es vor allem anderem: Dass das Licht der Erleuchtung, der Befreiung, diese Liebesflamme, die die Menschen zu Yeshua strömen ließ, dass dieses brennende Herz in ihm selber schlägt, dem Suchendem, seit Anbeginn seines Lebens. So heißt das Koan des Anfangs und Endes für uns Christen: Alles, wonach du dich sehnst, es ist schon da; entspanne, atme, lächle, empfange! Wie in Yeshuas Satz: »*Siehe die Lilien auf dem Felde ...*« (vgl. Mt 6, 28). Vergiss Sünde, Schuld, Angst, vergiss sogar das Wort »Gott«, setze dich, atme tief aus und ein, sei willkommen! Der Rückweg sollte also mit so wenig Gepäck wie möglich angetreten werden, mit so wenig Biografie wie nötig, mehr noch: Er sollte mit der Frische eines Morgens begonnen werden, da die Luft erfüllt ist mit dem Duft eines Unerhörten, eines Erregenden, einer Ahnung, dass noch etwas von dem auf mich wartet, woran ich mich kaum zu erinnern traue.

Das Wort wird zum Zündfunken

Nichts ist schwerer zu überwinden als schlechte Anfänge und starke Gewohnheiten; beide fesseln mit einem Gefühl von Lust und Verhängnis. Die Anleitungen zum Weg aus der Falle sind in Yeshuas Gleichnissen präzise gegeben. Wer aber wollte noch mit einer Sprache ringen, die ihm so unendlich fern anmutet? Oder wer wollte noch zu einer Sprache zurückkehren, die ihn jahrelang gequält hat, die hinter jedem lieben Gott eher ein Ungeheuer vermuten ließ als alles andere? Eine Sprache, die kaum etwas von jenem kosmischen Glanz ahnen ließ, in die die Worte Yeshuas gekleidet waren. Wo das Wort daher nicht zum Funken wird, der das Unsichtbare erhellt, bleibt nur meine ureigene Erinnerung an Augenblicke, die wie Lichtblitze in mein Leben einschlugen: vielleicht beim Anblick einer Landschaft, in den Augen eines anderen Menschen, in der Zufälligkeit eines plötzlichen Einfalls ... Kann ich einen solchen Moment tief genug fassen, dann halte ich ein Stück des Ariadnefadens in der Hand, den auf- und einzurollen mein Geschenk und meine Aufgabe ist. Er weist mir den Weg aus dem Labyrinth zurück in das Licht der Erkenntnis dessen, was ich wirklich bin. Es ist zunächst ein Weg ins Ungewisse. Dieser Anfang mag nicht ausschließlich mit dem Namen Jesus Christus verknüpft sein; indem der Name aber zum Angelhaken wird, der mich ergreift und zu meiner innersten Wirklichkeit empor zieht, kann er eine wichtige Funktion erfüllen. Auch die Jünger vor 2000 Jahren wussten nicht, wem sie gegenüberstanden, sie hatten nur ihr Gefühl, ihre Intuition, die mit einem Male aufblitzte und die sie immer weiter vorwärts trug, bis hin zu jener Stunde, in der Petrus seinem geliebten Meister bedenkenlos ins Wasser entgegensprang – er, ein Nichtschwimmer!

Eine symbolische Sprache wird nur dann fruchtbar, wenn sie an eigene Lebenserfahrungen des Lesers anknüpfen kann; so dürfen, ja müssen diese am Anfang der Umkehr im Brennpunkt der Aufmerksamkeit stehen. Hier setzt die Meditation ein. Mein Erleben von Helle, Lichtheit und Aufblühen bildet den einen Magnetpol, an dem der andere Pol, die mystische Geschichte, der heilige Text anschließen kann. *»Ihr seid das Salz der Erde«* (vgl. Mt 5, 13), spricht Yeshua; und jeder, der sich diesem Satz länger hingibt, wird erleben, wie er in seinem Grunde geschüttelt wird. Plötzlich wird sein Unglaube offenbar, seine Angst vor solcher Erhöhung, sein Entsetzen vor möglichen Konsequenzen. Kurzum, er bekommt seine Verwandtschaft mit dem »ungläubigen Thomas« gespiegelt, seine Pseudoreligiosität, seine Feigheit, sein Verschanzen hinter Normalität. Mit diesem »unchristlichen« Tumult hat sein Abenteuer schon begonnen. Der Weg hat gerufen, er ist ins Netz geraten. Alles ist in Ordnung – auch das innere Zittern!

Der Tanz in die Erleuchtung

Eine frühe amerikanische, christliche Gruppierung, die Shaker, zeichneten sich dadurch aus, dass ein wesentlicher Teil ihrer Liturgie aus Zittern und Schütteln bestand. Der so in Bewegung gebrachte Körper öffnete seine Zellen, und die Energie konnte frei strömen. Ein ekstatisches Ergriffensein stellte sich ein. Der Leib wies den Weg aus der Ich-Befangenheit ins Freie. Mit ähnlichen Methoden arbeitete ein moderner östlicher Meister, Osho, um seine Jünger zu einer Erfahrung der Freude und Selbstvergessenheit zu führen. Wir kennen das ebenso von den Drehtänzen der Sufis, deren bewegende Imitation des großen kosmischen Sternenreigens ein mystisches Verschmelzen anvisierte.

Auch das Erschrecken führt manchmal schockartig zu solchen Erfahrungen des Schmelzens oder Zuckens, die mich erkennen lassen, dass meine seelisch-geistige Verwurzelung im Körper nie endgültiger, sondern vorübergehender Natur ist. Spätestens im Tod ist diese Bindung aufgehoben. Solche Momente der Selbstvergessenheit tauchen im Leben jedes Menschen auf; sie lassen ihn unmittelbar eine andere, unsichtbare und doch ganz konkrete Dimension des Staunens, der Freude und auch der Angst erleben. Augenblicke dieser Art sind häufiger, als sich die meisten eingestehen mögen, nur werden sie allzu leicht vergessen, oder ihnen wird keine weitreichendere Bedeutung zugestanden. Doch sind sie geradewegs die Pforten zu einer umfassenderen Wahrnehmung.

Dass ein Jemand sich zu erinnern vermag, ist dabei das besondere Wunder. Es gibt also einen Zeugen in uns, der gesehen hat, einer, der mit unserem Alltags-Ich nur sehr lose verwandt, jedoch nicht identisch ist. Der Osten nennt diese Gestalt den Zeugen. Wir könnten ihn in unseren gewohnten Begriffen auch das Gewissen, die innere Stimme, das höhere Selbst oder den Beobachter nennen. Ich bevorzuge den Begriff des Zeugen, weil darin seine doppelte Wesensqualität zum Ausdruck kommt: Teilnehmender zu sein und doch frei von allen Identitätszwängen. Der Zeuge ist weder ein kalter Beobachter noch mein mahnendes, moralisches Gewissen; er ist ein höheres Prinzip der Integration oder anders ausgedrückt: Er ist ein Ausdruck des umfassenden Liebesbewusstseins des Menschen. Er sitzt nicht in meinem Kopf, sondern in der Tiefe meines leeren Herzens.

Das Ego – Erzbösewicht des Ostens

Das Thema des Ego, des quasi instinktiven Sicherheits- und Aggressionstriebes, steht im Zentrum jeder Religion, jeder spirituellen Lehre. Eine Lektion, die viele Religionen allerdings nicht zu lernen bereit sind, heißt: Ich kann den Teufel nicht mit dem Beelzebub austreiben, ohne allergrößten Schaden anzurichten. Die Fundamentalisten aller religiösen Richtungen waren in dieser Hinsicht oft genug grauenhaft erfolgreich.

Im Gegensatz zum Zeugen ist das kleine Ich bei Moralisten wie auch in alternativen esoterischen Kreisen häufig zum eigentlichen Bösen gestempelt worden. Was dem Christen sein Teufel, nämlich die ihn stets wie ein Schatten begleitende Sünde, ist dem östlichen Frommen das Ego, der Sündenbock schlechthin, auf den man kontinuierlich einschlagen kann, nur um zu erleben, dass er wie ein Stehaufmännchen gleich wieder hinter der nächsten Ecke hervorlugen wird.

Dabei beginnen gerade im Osten viele Mythen mit dem sich selbst bebrütenden Gott, dessen Hunger nach dem »Eigenen« den Kosmos hervorbringt. Ist das verzehrende Feuer der Leidenschaft, in dem der Osten den Ursprung der *Maya* sieht[12], wirklich schlecht, falsch oder gar unrein, wo es doch dem Schoß des THEOS selbst entspringt? Es gibt, wie der Mythos andeutet, eine Leidenschaft des

12 Auch der Osten – gerade das hinduistische Indien – kennt extreme Dualismen, doch hat gerade der Tantrismus Tibets (im Zusammenhang mit der buddhistischen Mahayana-Lehre) wie das indische Tantra, das durch Osho eine große, auf die Moderne zugeschnittene Erneuerung erfahren hat, einen ausgefeilten Weg entwickelt, um das Feuer der Leidenschaft in die Gelassenheit des Buddha einzuschmelzen – jenseits aller traditionellen Weltverachtung, an der die indischen Religionen so reich sind.

Lebendigen für das Lebendigsein, aus der die höchsten Träume und tiefsten Sehnsüchte quellen, organisch und unbezwingbar, einem eigenen Rhythmus und Willen gehorchend. Die westliche Entsprechung zu dieser Anschauung findet sich in der Genesis, in dem Satz JAHWES: »*Und Gott sah an alles, was er gemacht hatte, und siehe da, es war sehr gut*« (vgl. 1. Mose 1, 31). Die Essenz dieser Leidenschaft, dieser Gutheit oder Ungeteiltheit des Ganzen, wird im Abendland durch den Namen Jesus Christus repräsentiert. Erst heute beginnen wir umfänglicher zu verstehen, wie sehr dieser Name für uns alle steht. Wir alle sind Träger und Ausdruck einer Leidenschaft, eines alles schmelzenden Feuers, welches nicht zu löschen ist. Dies zeigen uns die Geschichten der Heiligen und der großen Sünder zu jeder Zeit und an jedem Ort. Ohne die Leidenschaft des Herzens kann das Ich nicht über sich selbst hinauswachsen; ohne die leuchtende Stille im Herzen dieser Leidenschaft allerdings wird der Mensch wieder und wieder zum bloßen Objekt seiner ureigenen Passionen.

Zwei Erlösungswege, ein Ziel

Jeder Psychologe weiß, wie wichtig für eine gute Identität das Nein-Sagen des heranwachsenden Kindes ist. Dieses Nein formt seine Grenze zur Umwelt und fördert gleichzeitig seine notwendige Unabhängigkeit. Beim Erwachsenen, und besonders beim spirituell suchenden Menschen, ist das geistliche Wachstum gleichbedeutend mit dem Wieder-Einrollen des Fadens, der uns mit der Quelle verbindet. Ich kann nur gegen die Schwerkraft des noch verdunkelten kollektiven Bewusstseins nach oben steigen, wenn ich von einem großen, inneren, schon immer geahnten Ja ergriffen bin. Einem Ja, das sich immer weniger vor einzelnen Situationen und Schicksalsschlägen, ja nicht einmal vor dem Tod fürchtet, da es seinem brennenden Wunsch nach mehr Leben nirgends auszuweichen vermag.

Dies führt uns zu einer entscheidenden Einsicht: Ich kann mein Ich weder willkürlich vermehren noch verlieren. Ich kann nur entscheiden loszulassen, die Kontrolle frei zu geben, dann erst mag mir etwas »ganz anderes« widerfahren. Vorher geschieht immer nur das Alte, nämlich das, was der Osten Karma nennt – meine Gewohnheiten und bekannten Muster. Im bewussten Loslassen treffe ich auf eine Geistesgegenwart, auf die Anwesenheit eines Geistes, der nicht meiner ist, der aber auch nicht außerhalb von mir ist. Eine der wichtigsten Eigenschaften solcher Geistesgegenwart heißt Gelassenheit. Indem ich anerkenne, dass ich der Welt in keiner Weise zu entkommen vermag, kann ich zu entspannen beginnen, und diese Entspannung ist der erste Schritt aus der scheinbar unüberwindlichen Falle. Als der Buddha nach Jahren der Suche und der Askese unter dem Bodhibaum zur Ruhe kam, tauchte in seiner Erinnerung das Bild des kleinen Jungen auf, der im Hofe seines Vaters selbstvergessen spielte. Und urplötzlich setzte die große Verwandlung ein. Während der Buddha aller Welthaftigkeit endgültig im Schweigen entsagt, gibt sich der erhöhte (= gekreuzigte) Christus dieser bis zum Äußersten hin. Beide Erlöser erscheinen wie zwei Parallelen, die sich irgendwo in der Unendlichkeit unbedingt treffen werden.

Christus ist unser Bruder

Ein protestantischer Sektenaufklärer machte nach intensivem Studium der Bücher eines östlichen Weisen diesem den Vorwurf, dass er sich über das Christentum geäußert habe, obwohl er kein Christ sei. Die Antwort des Weisen lautete: »Ich trinke aus derselben Quelle wie Yeshua, ich brauche keine Vermittler, schon gar keine Kirchen und Theologen.« Die Anschuldigung des Sektenaufklärers wirft jedenfalls eine interessante Frage auf. Was macht mich denn nun zum Christen? Ist es mein kirchlicher Taufschein? Reicht das Bibellesen, oder muss ich die Inhalte des Glaubensbekenntnisses glauben? Ist Christus das Privateigentum der katholischen und seit dem 16. Jahrhundert auch der protestantischen Kirche? Und muss mein Glaube dem theologischen Sachverstand hinreichend erscheinen? Der östliche Meister, von dem ich sprach, hat solchen Fragen von vornherein den Boden entzogen, mit der knappen Antwort: »Ich schöpfe aus derselben Quelle, Christus ist mein Bruder.«

Wir im Westen neigen zu Biografie und zu kritischer Geschichtsschreibung und verankern einen Lebenslauf so auf scheinbar verlässliche Weise in Raum und Zeit. Wie wenig man bezüglich der so genannten großen Geschichte in der Hand hat, zeigt sich an den immer wiederkehrenden Debatten nach Katastrophen, Bürgerkriegen, Aufständen oder Revolutionen. Aus solchen Vorgängen kann man lernen, dass sich alle Parteien aus dem Geschehenen nur diejenigen Geschichten ausgewählt und zurechtgebogen haben, die ihnen die besten Argumente für ihr oftmals grauenhaftes Tun und Lassen lieferten. Dennoch, wir haben Geschichte und wir machen Geschichte. Menschen verfolgen die Spur, die Menschen gelegt haben, oder glauben dies zumindest.

Auch die Einwohner von Nazareth glaubten, den Zimmermann Jesus gut zu kennen und ihn für anmaßend oder sogar für verrückt halten zu dürfen. So konnte Yeshua sagen: »*Ein Prophet gilt nirgendwo weniger als in seiner Vaterstadt*« (vgl. Mt 13, 57). Man kannte ja seinen Lebenslauf, er war somit identifiziert. Die ersten Jünger, die auf ihn stießen, kannten ihn weniger gut, stattdessen war ihnen etwas widerfahren, das selbst traditionsbewusste, reife Familienväter so weit brachte, dass sie alles stehen und liegen ließen, um diesem biografisch Unbekannten zu folgen. Was also machte sie zu seinen Schülern, wo sie doch seine normale Biografie nicht kannten, die Geschichte eines möglicherweise unehelichen Zimmermannssohnes? Die Bibel gibt eine klare Antwort: Yeshua sprach aus innerer (göttlicher) Vollmacht. Zurückgekehrt aus der Wüste – nach seiner Taufe –, aus der Mayawelt des Teufels, war er angefüllt mit Kraft. Diese spürbare, mächtige Ausstrahlung hatte die Jünger unwiderruflich angezogen. Nicht seine persönliche Geschichte, allein die Kraft wirkte.

Für den Osten ist Biografie in spiritueller Hinsicht nur als Trainingsfeld von Interesse. Der Guru ist aus seiner Geschichte herausgetreten; er gehört einer anderen Wirklichkeit an, obwohl er, wie alle anderen, den menschlichen Notwendigkeiten des Essens und Trinkens und so weiter nachgeht. Allerdings auch hier oft in völlig ungewohnter Weise. Wie erstaunlich in dieser Hinsicht, dass Yeshua Wein trank und mit den einfachen Leuten Feste feierte. Doch all das sind letztlich Äußerlichkeiten; seine Wirklichkeit ist von einer Dimension durchdrungen, die der Schüler nicht kennt, bestenfalls ahnt. Deutlicher: Der Schüler kann den Meister nur schauen, sofern sich ihm dieser selbst zu erkennen gibt.

Die Sehnsucht führt uns zum Meister

Es gibt allerdings einen Weg, den Meister aus eigenem Antrieb kennen zu lernen: die Triebkraft der Sehnsucht! Maria Magdalena ist hierfür das große Beispiel. Ihre Hingabe ist so mächtig, dass sie ihn, laut Evangelium, sogar als Erste nach seiner Auferstehung sehen beziehungsweise schauen darf. Dabei erkennt sie ihn ja anfangs nicht, ebenso wenig wie die Jünger von Emmaus. In beiden Fällen ist es jedoch ihre Sehnsucht, die sie zum Meister führt, die sie bei seinem Anruf »sehend« macht. Jedoch, so wollen wir festhalten, sprechen wir hier nicht von Religion; wir tasten uns an eine Wirklichkeit, an eine Erfahrung der Kraft heran, die direkt kommuniziert wird, die so offenkundig ist, dass sie als wiederkehrender Vorgang von Initiation in eine umfassendere Ebene von Licht und Erkenntnis im Osten (wie auch im Westen) seit Jahrtausenden bezeugt ist.

Der Einwurf, dass es ja soundso viele Scharlatane gebe, zählt letztendlich wenig; schon Yeshua wies darauf hin, und die Pharisäer betrachteten ihn als eben solchen! Die Realität der *religio* ist die des Sprungs, nicht der logischen Annäherung. Es ist leicht, an einen Jesus zu glauben, den mir meine Umwelt seit 2000 Jahren vorgekaut hat; es ist für manche heutzutage noch leichter, gerade auf einen solchen zu verzichten, dank moderner Aufklärung oder einer gesunden Skepsis. Es ist schon nicht mehr so leicht, sich klarzumachen, was es bedeutet, wenn und dass es Menschen gibt, die in der Hierarchie des Bewusstseins einer höheren Dimension angehören. Vieles verschwimmt, wenn ich einem solchen Menschen, sofern ich seine Wirklichkeit ahne, direkt gegenüberstehe. Was werde ich da tun, mit meiner soliden Biografie und meinem kritischen Geist? Wahrscheinlich gar nichts, da mir womöglich nichts einfallen wird, es sei denn, ich spüre mein Herz; wobei der Teufel bemerken würde, dass auch dieses irren könne.

Die Wahl des Herzens

In diesen Situationen soll ich natürlich meinen kritischen Verstand gebrauchen, mein Urteilsvermögen einsetzen; es reicht für das entscheidende Quäntchen jedoch nicht aus. Nur die Stimme meines Herzens führt auf diesem schmalen Grat weiter, und je reiner ich diese Stimme zu hören vermag, desto besser. Und gerade dann mag sich der Verstand umso heftiger zur Wehr setzen, da er um seine lang gepflegte Rationalität zu Recht zu fürchten beginnt. Die Erfahrung zeigt jedoch, dass mir zumeist eines sofort entgegenströmt, wenn ich die Öffnung des Herzens wage: große Freude beziehungsweise Erleichterung und häufig ein spürbares Eintreten in eine andere Sphäre von Klarheit und Hingabe. In einem solchen Augenblick verstehe ich spontan: Das Ich ist das Vergessen Gottes, genauer gesagt meiner innersten Göttlichkeit, es ist die Einsamkeit im Paradies. Doch ohne dieses Ich wären wir nicht zu dieser Einsicht gelangt, die uns dann half, eben jenes Ich zu transzendieren. Die Erfahrung des übermäßig aufgeblasenen und zugleich leeren Ego ermöglichte uns, wieder zu spüren, was uns fehlt und wer wir wirklich sind.

Auch die scheinbare Gottesferne, in der sich Atheismus und Materialismus des 20. Jahrhunderts gefielen, erweist sich nun im Rückblick als notwendige Stufe auf dem Rückweg zu Gott. Noch immer machen es eine banale Konsumwirklichkeit und der Spott der Medien dem erwachten Menschen außerordentlich schwer, dieses Geschenk allein für sich selbst in aller Tiefe und Weite gelten zu lassen – geschweige denn, es an andere weiterzugeben. Doch die Gehässigkeit, die eine Medienöffentlichkeit den meisten Formen echter Spiritualität entgegenwirft, weist spiegelbildlich auf eine tief sitzende kollektive Enttäuschung mit Vergangenheit (Kirche) wie Gegenwart (Wissenschaft und Technik) hin. Allein die unmäßige Anhäufung von Materie, vom Kinderspielzeug bis zum Atommüll, verweist auf das gigantische Loch eines übergroßen Hungers, der täglich neu gestillt werden will.

Wann bin ich ein Christ?

Kehren wir zu der Ausgangsfrage zurück: Wann bin ich ein Christ? Wenn ich der Kirche oder dem Neuen Testament glaube, die sich beide auf Yeshua berufen? Oder wenn ich eine Erfahrung à la Paulus mache, dessen Erlebnis im Grunde dem der anderen Jünger gleicht. Diese kannten zwar, im Gegensatz zu Paulus, Yeshua persönlich, erkannten ihn aber in seiner vollen Wirklichkeit erst nach seinem Tode. Oder kann ich gar aus der gleichen namenlosen Quelle schöpfen, die Yeshua begnadete, ohne mich um seinen Namen zu kümmern? Bin ich nicht auch dann noch gemäß der Definition des Marcions in der Wahrheit Christi? Geht es, um die Frage noch zuzuspitzen, um die Nachfolge Yeshuas oder um die Nachfolge meiner eigenen Gottesoffenbarung? Viele haben sich für Letzteres entschieden, da sie keine Verbindung mehr zu der Person des Religionsstifters herstellen konnten. Jeder, der sich Christ nennt, sollte jedoch zumindest akzeptieren, dass auch die tiefste Christusschau ein Namenloses, ein Unsagbares birgt, dessen wahres Wesen das Wort höchstens streifen kann. Name deutet Gestalt an; die Gestalt Yeshuas leuchtet in den vielen Beschreibungen der Evangelien als das personifizierte Antlitz der Liebe – so wie der Buddha das Antlitz das Schweigens verkörpert.

Das Licht bleibt die unmittelbarste Erfahrung wie die Metapher von Milde und Feuer, von Lebendigkeit und Stille, von Streben in die Höhe und Ausbreitung in die Weite, von Helligkeit und Schatten, von Wunder und Selbstverständlichkeit. Solcher Strahlkraft, wo sie einmal in aller Dichte erlebt wurde, kann sich niemand entziehen. Sie schmilzt in ihrer unerbittlichen Milde die Mauer des Ichs, der Gottvergessenheit, wie Schnee, der von der Sonne aufgeleckt wird.

Die wunderbaren Gesänge und Dichtungen der Sufis sind diesem Vorgang gewidmet. Sie haben ihm im Bild des Liebenden (Mensch) Ausdruck gegeben, der den Geliebten (Gott) sucht und findet. Entsprechend kommt das Verhältnis von Meister und Schüler im Osten einem Wiedererkennen der großen Liebe gleich, einer Liebesgemeinschaft bis in den Tod. Alles andere ist dieser Verbindung nur zu- und beigeordnet. Und so ist natürlich auch das Abendmahl eine Liebesgebärde, die in der Fußwaschung der Jünger durch Yeshua eine ungeahnte Steigerung der östlichen Guru-Schüler-Gemeinschaft aufzeigt.

Die Wiederentdeckung unserer ursprünglichen Gutheit

Anders als ein Lehrer, der dem Schüler etwas gibt, nämlich Gedanken, Ideen, Lernstoff, tut der Guru das Gegenteil, er nimmt seinen Jüngern etwas weg, entledigt sie all ihrer Äußerlichkeiten, aller Dinge, Situationen, Gedanken, Gefühle, bis das leere, reine Herz erscheint, das zur großen, einzigen Liebe fähig ist. Dieses Leerwerden des Schülers auf sein ursprüngliches Wesen hin ist eine Reinigung von ebenso schmerzlicher wie beglückender Art – ein Abstreifen der vielen Identitäten und Vorstellungen, die unser Ich ausmachen und auf das wir im Westen so stolz sind.

Yeshuas Gleichnisse, seine Seligpreisungen in der Bergpredigt sind konkrete Anleitungen auf diesem Weg zu einer ursprünglichen Gutheit, die nichts mit angestrengter Moral zu tun hat, sondern allein damit, aufzuhören, sich selbst zu verdammen und zu bestrafen. Wer sich entspannt und Geist und Körper schätzen lernt, der wird mit dem grundlegenden Gutsein in sich selbst in Berührung kommen. Jeder, der die Meditation nicht als Pein oder als Askese begreift, vielmehr als ein Platz-Finden in der Mitte der Welt, in Achtsamkeit und Zufriedenheit, ist schon angekommen! Die Erde ist unser Thron, und die Wachsamkeit unseres Sitzens schenkt uns mit der Zeit einen Geschmack für das Einfache: den Ton des fallenden Regens, den Gesang der Vögel, das Flirren der Blätter im Wind, die Kontinuität unseres Lebens im fließenden Auf und Ab des Atems. In dieser Weise bringt uns das Sitzen den großen Rausch der Nüchternheit, eine Glückseligkeit der Verbundenheit, die wir mit allen Sinnen aufnehmen, die aber weit darüber hinausgeht und unser Herz umso mehr in Schwingung bringt, je stiller der Geist wird.

Es ist das Glück des Weg-Seins, der Abwesenheit unseres mentalen und emotionalen Gewoges. Plötzlich bin ich da, nichts bedarf mehr der Anstrengung, ICH BIN ganz Ohr, und alles ist mir zutiefst verwandt. In solchen Augenblicken erfahre ich die Welt und mich in natürlichem Einklang, und ich weiß wieder, dass das Natürliche und das Heilige eines sind.

Das Wort von der Nachfolge Christi hat viele Christen unter ein Joch gespannt, an ein Kreuz gebunden, das sie oftmals zutiefst gedemütigt und ihrer spontanen Regungen beraubt hat. Es hat sie mit Angst und Schrecken erfüllt, oder mit einer aufgeblasenen Moral und falschem Stolz; es hat ihren Körper unansehnlich und armselig werden lassen und die Magie des Lebendigen um sie herum zum Erlöschen gebracht. Es hat sie, kurz gesagt, in ihrem spirituellen Mark getroffen. Sie mussten im Geist zu Kreuze kriechen. Dies ist die schlimmste Wunde, die das Kirchenchristentum seinen Mitgliedern zugefügt hat.

Tai Chi und Hara

Wiederum bietet der Osten dem Christen hier eine wesentliche Hilfe an, da er die Einheit von Körper und Geist längst verstanden und praktisch erfahrbar gemacht hat. Im Begriff des *Hara* findet sich ein direkter leiblicher Ansatz für eine Konzentration der natürlichen spirituellen Energie im unteren Bauchraum. Der Fluss dieser Kraft in Verbindung zum Zentrum setzt mit der Zeit eine subtile Strahlung frei, die jeder Übende kennt. Er ist dann stärker angereichert mit jener ätherischen *Chi*-Kraft, die sowohl den Körper als auch den näheren Umraum wie ein Fluidum umgibt, welches gleichzeitig tragend wie ausstrahlend wirkt. Dieses so genannte Fluidum ist das Produkt einer unsichtbaren Verwandlung der vegetativen Körperenergie in eine geistigere Form, die wir spirituell nennen können. Sie basiert auf erhöhter Wahrnehmungsfähigkeit und einer sich allmählich steigernden Energiemenge. Ich erlebe mich im und vom Umfeld getragen, und meine Gelöstheit spiegelt sich in einer erhöhten Ausstrahlung wider. Die Schönheit der Bewegungsabfolge, beispielsweise im *Tai Chi* oder im *Aikido* (einer Kampfkunsttechnik), beruht auf dem Wechselspiel von Zentrum und Peripherie (der Glieder), das auf den Prinzipien von Harmonie, Stille und Kraft basiert.

Viele von der eigenen Tradition enttäuschte Christen haben über den Weg des Körpers zu einer gänzlich neu gestimmten, spirituellen wie sinnlichen Lebensform gefunden, zu einer Art Tanz des Lebens. Viele berichten von der verwandelnden Kraft solcher Übungen, die Raum schaffen für neue Anschauungen, speziell für den in allen Evangelien wiederholten Hinweis auf die heilenden Kräfte des Glaubens.

Das Rad der Geschichte

Das Abendland ist, wie ich schon festgestellt habe, von Geschichte fasziniert. Das Getümmel der Schlachten, die heroischen Biografien, Auf- und Untergänge großer Reiche, Zerstörung und Wiederkehr von Staaten und Nationen sind sein Schrecken und seine Lust; die sozialdarwinistische Fratze der Welt übt auf uns eine magische Anziehung aus: Geschichte als großes Panorama und Drama vom Töten und Sterben. Den geistigen Osten dagegen hat Geschichte seit jeher weniger interessiert. Im buddhistischen Rad des Karma, der Wiederkehr, ist alles ausgesagt, was Geschichte zumeist heißt: Gier, Ignoranz, Hass, die endlose Wiederkehr menschlicher Leidenschaften und Gewohnheiten. Ebenso scheint die Geschichte Yeshuas, seine kurze, uns so wenig bekannte Lebensspanne von drei Jahren, das Drama der menschlichen Geschichte im Kleinen abzubilden. Eine Parallele, auf die viele gelehrte, christliche Interpreten besonders stolz sind: Der ans Kreuz genagelte Mensch ist zum Abbild des höchsten Schreckens menschlicher Geschichte geworden!

In einer eigentümlich verdrehten Weise ist so das Kreuz selbst zum Idol geworden, das sich im Karfreitag als höchstem Feiertag der Protestanten ebenso wiederfindet wie in den Osterprozessionen der hochkatholischen Länder Spanien und Italien. Die Frage des Ostens scheint mir berechtigt: Was machen die Christen da? Feiern sie das ewig gleiche Resultat aller Geschichte, ihr Dauerkarma, den Tod? Und haben sie dementsprechend die Auferstehung ins große Jenseits der Endzeit verbannt? Ist Yeshuas Leben zur Drohgebärde schlechthin geworden? Sollte uns die Schattenseite der so interessanten Welt- und Menschengeschichte, ihr Schwelgen in Triumph und Untergang, durch die Dornenkrone ewig ins Haupt und Fleisch gepresst werden? Sind wir nun, nach Auschwitz und Hiroshima, von der Magie des Geschichtlichen endlich befreit? Gibt es noch immer nichts Interessanteres als das Leiden des entfernten Nachbarn?

Ein Blick auf die Mattscheibe hier und heute macht uns klar: Alle Augen sind weiterhin fixiert auf die Nachrichten vom Kreuzesalltag des endlosen Quälens und Sterbens. Wie seltsam; sind wir doch andererseits dieses Leidenskreuzes und -mannes wirklich überdrüssig geworden. Jedenfalls gilt dies für die westliche, atheistische Elite. Dagegen verweist die christliche Theologie mit strengem Finger und trauriger Miene, aber im unterschwelligen Gefühl des Triumphes auf den Gekreuzigten: »Haben wir nicht Recht? Wer will uns diese Wahrheit widerlegen? Darin sind wir, das Christentum, dem Osten mit all seinen mythologischen Modellen doch haushoch überlegen. Unser Leidensmann ist wirklicher als deren Gerede von Maya!«

Alles Lebendige ist vernetzt

Fürwahr hat der Osten das Leiden letztlich immer als illusorisch begriffen[13], dennoch beginnt Buddhas Lehre von der Befreiung mit der Tatsache des Leidens. Hier setzt er an, aber er endet hier nicht. Zum Zweiten enthüllt er sogleich den Kern des Leidens: Ignoranz, also Unwissenheit, die schiere Verblendung über den unlösbaren, schmerzlichen Zusammenhang allen Lebens, das auf dem Prinzip von Ursache und Wirkung beruht. Mein noch so geringes Tun, nicht nur im direkten Handeln, sondern ebenfalls in meinen unausgesprochenen Gedanken und Gefühlen, strahlt ja in das gesamte Universum des Lebendigen aus! Erst heute, mit Hilfe von Nuklearphysik und Tiefenökologie, bekommen wir von wissenschaftlicher Seite die faktische Bestätigung dieser ungeheuerlichen Vernetzung aller Materie, allen Geistes, die noch im subatomaren Bereich weiterschwingt. Während uns auf den Mattscheiben weiterhin ein Neandertalerbewusstsein entgegenflimmert, schimmert uns von den Rändern unseres geschichtsfixierten Denkens das neualte Weltbild

13 Eine Parallele zu dieser östlichen Einsicht bietet im Christlichen der »Hymnus Christi« aus den Johannesapokryphen mit solchen Sätzen wie »Würdest du das Leiden kennen, das Nichtleiden würdest du haben«. Siehe E. Hennecke/W. Schneemelcher: Neutestamentliche Apokryphen, Band 3, Tübingen 1964.

eines unteilbaren Ganzen entgegen, wie es uns die Mythologien aller Zeiten geschildert hatten.

Die Frage nun lautet: Können wir die Evangelien aus dieser tiefenökologischen Perspektive heraus endlich bewusst neu lesen? Können wir die genialen Einsichten der buddhistischen Psychologie, die subtile Vernetzung menschlichen Handelns und Leidens und ihre ewige Wiederkehr in der gewohnheitsmäßigen Achtlosigkeit – können wir all das in den Geschichten Yeshuas und in seinem Leben wiederfinden? Um endlich zu einer anderen, ebenso schlichten wie universellen Einsicht zurückzufinden, über die Zwanghaftigkeit von Geschichte und ihrem Weg des Kreuzes? Können wir uns von der melodramatischen Vorstellung lösen, dass irgendein Gott das Leben seines Sohnes als Opfer für die Schwachsinnigkeiten der Menschheit eingefordert hätte?

Können wir uns stattdessen den ganz anderen, den nuancenreicheren Tönen zuwenden, etwa denen der Seligpreisungen – nun erkannt und erschaut aus der jahrtausendealten Erfahrung der Seher und Rishis des Ostens, der großen Zen-Meister und hinduistischen Weisen, wie Ramana Maharshi oder der Mystiker des Westens. Sie alle haben ja unermüdlich darauf hingewiesen, dass Wirklichkeit nicht in Geschichte und Religion aufgespalten werden kann, dass Achtsamkeit keine Frage moralischer Überlegenheit ist, sondern eines anderen, energetisch-geistigen Verständnisses von Wirklichkeit. Die Wirklichkeit, die diese Weisen meinen, entfaltete sich in steter Schwingung zwischen polaren Gegensätzen. Deren Oberfläche ist Bewegung und deren Tiefe Schweigen, ihr Wesen aber ist Liebe, die in der Leere eines offenen Herzens gründet.

Der »Nächste«, das bin ich selbst!

Könnten wir solche Sicht durch Übung, wie die Wissenschaft im Experiment, nachvollziehen, so ließen sich vielleicht auch die Worte Yeshuas in einem neuen Licht begreifen, einem Licht, das der Osten über die Zeiten hinweg gehegt hat und an dem teilzuhaben uns von abendländischer Geschichtsbesessenheit erlösen würde. Wir kämen vielleicht zu der Erkenntnis, dass die Kernzonen des Neuen Testaments – Bergpredigt, Gleichnisse, Heilungen und Seligpreisungen – mit den großen Weisheiten des Ostens engstens verwandt sind. Und doch würden wir das Einzigartige verstehen, das jenen Menschen, Yeshua, ausmachte und seinem Leben wie seiner Botschaft den unverwechselbaren Charakter gab, den man christlich nennt. Die Strahlkraft dieser Botschaft ist im Grundsatz der Nächstenliebe zentriert.

Leider ist dieser Satz »*Liebe deinen Nächsten wie dich selbst*« in der christlichen Theologie zumeist dualistisch gesehen worden, als Verweis auf den anderen, dem ich aus Liebe oder vielmehr aus moralischem Impuls zu Hilfe eilen möge. Doch erst unter dem Blickwinkel des östlichen TAT TVAM ASI (Das bist du!) zeigt sich die Radikalität der Botschaft Yeshuas, die sich etwa im Gleichnis vom barmherzigen Samariter ausdrückt: »Begreife, dass du da liegst, du, der Menschensohn, begreife, dass du gerade an dir selber vorbeigehst.« Die östliche Erfahrung besagt, dass im Geflecht des Lebens, im Zuge der vielen Reinkarnationen des Einzelnen, genauer, seiner Strukturen, Gewohnheitsmuster, seiner Vorlieben und Abneigungen, jeder mit dem anderen schon in einem innigen Verhältnis gestanden hat: als Mutter, Vater, Schwester oder Bruder. In letzter Konsequenz führt diese Einsicht zu der großen Wahrheit des Ostens, des *Atman = Brahman,* der Erkenntnis eben, dass Selbst und Gottheit eines sind und immer waren: »Der da liegt im Dreck, in der Verwundung, bist du selbst, du menschgewordene, göttliche Gestalt.«

Der Westen hat sein Augenmerk weniger auf das Ganze als auf das Individuelle gelegt, entsprechend betont die westliche Psychologie die Individuation, die Ausreifung der Person. Im klassischen Buber'schen Ich-Du-Modell stellt sich die Einheit der Wirklichkeit als stete Begegnung des einzelnen Menschen mit Ähnlichem, doch Unerkanntem dar. Eins und eins macht hierbei nicht zwei, sondern drei, verweist also auf ein Neues und Unbekanntes, eine höhere Ganzheit. Viele Mythen der Welt bauen auf diesem Ansatz der scheinbaren Gegensätze auf. Zwei voneinander Abgetrennte (Individuen) stehen einander feindlich gegenüber, weil sie ihren gemeinsamen Nenner nicht mehr wahrnehmen können. Die Vorstellung, dass wir voneinander getrennte Wesen sind, hat aber auch den Grundsatz der Nächstenliebe seiner kosmischen Einheitserfahrung beraubt und an seine Stelle eine ethische Forderung gesetzt, die die meisten zu Recht nur für begrenzt erfüllbar halten.

Stellen wir unser Licht nicht mehr unter den Scheffel!

Wenn Yeshua vom Glauben spricht, wenn er auffordert, an ihn zu glauben, heißt dies also: Vertrauet auf die Wirklichkeit des Menschensohnes in euch, die an mir jetzt hier sichtbar wird. Yeshua verweist, wie er unzählige Male betont, letztlich nicht auf sich selbst, sondern auf den Ursprung: ABWÛN. In diesem ist er unbedingt eins mit dem Vater (ABBA), wie es im Johannesevangelium heißt.[14] So bedeutet sein Hinweis auf die Nächstenliebe also die Umkehr jeder normalen perspektivischen Weltsicht: »Ich zeige dir, was du bist, jetzt schon, wenn auch verhüllt. Stelle dein Licht nicht mehr unter den Scheffel, du Gesegneter des Herrn (THEOS).« Diese ekstatische Erfahrung machten seine Jünger mitten im Leben, durch seinen Tod, der ihn sichtbarer und greifbarer werden ließ denn je.

Der Atheist sei hier wieder an die moderne Physik erinnert, die ihn darauf hinweist, dass Unsichtbarkeit kein Mangel an Wirklichkeit bedeutet, sondern eher umgekehrt! Hier schließt sich der Kreis zwischen West und Ost, und die anfangs verwirrende Verwobenheit von Einheit und Vielheit in den Erscheinungen des Lebens zeigt sich in erster Linie als ein sprachliches Problem. Die Logik des Verstandes vermag die Paradoxie der geistigen Wirklichkeit nur unvollständig zu fassen, im Unterschied zur Vielschichtigkeit von Symbol und Mythos oder der direkten Schau der Mystik.

14 Diese Einheit schließt den Gegensatz nicht aus, sondern ein: »*Der Vater ist größer als ich*« (Joh 14, 28 ff.), denn jedes Ich, das vom Absoluten spricht, redet noch aus einem Selbst-Bewusstsein. In dieser Sprechweise bleibt es in einer Distanz; erst wo diese erlischt, ist Einsicht, besser gesagt Nicht-Zwei. Der östliche Meister sagt dem entsprechend: »Die Schau der Wahrheit ist Schweigen; sie ist jenseits von Bewusstsein und Sprache.«

Eine Theologie des Kreuzes, wie sie die Kirche fast 1600 Jahre gelehrt hat, sitzt uns wie Blei in den Knochen – mit einer Schwere, die uns die Spontaneität und Frische und insbesondere die grundlose Freude nur noch schwer erfassen lässt: die frohe Botschaft von der ewigen Auferstehung des Lebens! Den meisten (auch den Gläubigen) erscheint sie wie ein ferner Mythos, der immer noch Jahr für Jahr zu Ostern in Erinnerung gerufen wird, ohne doch auf eine wirkliche Resonanz der Zuhörenden zu stoßen. Der Quell ursprünglicher Gutheit scheint im Gewirr von Meinung, Vorstellung und Theologie für immer verschüttet.

Buddha lernte, dass eine zu weit getriebene Askese zum Zerrbild der Wirklichkeit gerät und das Ich unterschwellig zu immer neuen Erwartungshöhen treibt, bis hin zum physischen Tod. Gutheit aber liegt nicht irgendwo draußen, ist nicht durch Anstrengung zu erreichen; nur ein immer tieferes Gelassen-Werden, eine leidenschaftliche Gelassenheit führt uns zu den ewig frischen Anfängen unseres Selbst zurück. Unsere Sehnsucht drängt uns zur Freiheit, aber niemand außer dem Verstand fordert, dass auf diesem Weg irgendetwas auf einmal und für immer geschafft sein muss. Hier gilt: Der Weg ist das Ziel! Der spirituelle Pfad erscheint vor allem da als Fron, wo er als Verlustgeschäft betrachtet wird. Gehe ich ihn vom Herzen her – und das ist die einzige Möglichkeit, denn kein Wille reicht so weit –, so erkenne ich, dass alle meine starren Maßstäbe von Grund auf umgewertet werden. Weil es vom Grund her geschieht, öffnen sich Türen und Energien, mit denen ich sonst nie gerechnet hätte, ja, die mir nie in den Sinn gekommen wären.

Der schmale Pfad des Still-Werdens

Für manche bringt schon das Fasten ein solches Erleben. Kann ich meinen Hunger in den ersten zwei, drei Tagen im Zaum halten, tut sich anschließend oftmals eine Leichtigkeit und Freude auf, die mir vorher unvorstellbar schien. Solche psychophysischen Reinigungen schwemmen die Barrieren zwischen mir (meinen Konzepten) und der Welt hinweg. Selbst beim Jogger von nebenan läuft die Sehnsucht ständig als Begleiter mit, als Traum von Fitness, von Gesundheit, vom guten Gefühl. Wir haben jedoch fast alle eine heimliche Sucht. Wir lieben das Drama und hassen dessen scheinbares Gegenteil, das Einfache, das wir mit Langeweile verwechseln. Die breite Straße des Dramas zu verlassen, scheint dem eigenen Common Sense absurd. Der schmale Pfad aber heißt Still-Werden, Vereinfachung; nicht die erzwungene, sondern die öffnende Stille ist gemeint. Nichts reinigt mehr von selbst als das Hineingleiten in eine solche Stille. Nichts klärt die Sinne stärker, sensibilisiert sie für das Ungehörte, Ungesagte und Unsagbare, als die Beruhigung des inneren Dauermonologs und der allmähliche Verzicht auf das selbst verursachte Leiden. Die Kehrseite des Schweigens ist eine vermehrte Wachheit und Aufmerksamkeit im Hier und Jetzt. Die begrenzende Ich-Fixierung verschwindet zugunsten eines offeneren, panoramischen Bewusstseins, das ein größeres Panorama zu überblicken vermag. Körperlich wird es als höhere Vibration spürbar.

Der tibetische Lama Chögyam Trungpa, der Jahre seines Lebens in den USA verbrachte, machte die erstaunliche Feststellung, dass sehr viele Menschen im Westen keine echte Wertschätzung für sich selbst besäßen, trotz aller Leistungen und angestrengter Selbstaufwertung. Sein Rat lautete: »Habe keine Angst vor dem, was du im Wesen bist: ein Kind Gottes, offene Weite; mache dich nicht fälschlich klein, daraus entspringen alle Übel dieser Welt: Hass, falscher Stolz und Sucht!« Reinigung bedeutet also, mit Hilfe von Vereinfachung zu seiner eigenen Würde zurückzufinden. Einfachheit lässt eine Ahnung davon aufschimmern, dass wir begonnen haben in der Wahrheit zu leben, denn die Wahrheit ist konkret und sinnlich. Wir beginnen zu spüren, dass diese leise Ungeheuerlichkeit kein frommer Spruch ist, keine spezielle Tugend, die nur qualifizierten Geistern vorbehalten ist, vielmehr die allgemeinste Basis wirklichen Lebens. In jedem solcher Augenblicke der Wahrheit beginnt der Weg des Menschen, nicht mehr jener des Schauspielers, des Bankiers, des Journalisten, des Beamten, obwohl ich diese Rollen als Rollen durchaus beibehalten kann.

Wir alle haben das Zeug zum Heiligen

Ich höre schon den entsetzten Einwurf aller Lebenslustigen: Sollen wir womöglich alle zu Heiligen werden? Die Antwort kann nur Ja heißen, da unsere innerste Bewusstseinsstruktur uns auf diesen Pfad führt. Glücklicherweise wissen inzwischen schon sehr viele Menschen, dass das Klischee vom blutleeren Heiligen nichts als eine pietätvolle Einbildung unseres kleinkarierten Verstandes ist, der sich nicht vorstellen kann, dass jenseits von ihm Welten, Möglichkeiten und Daseinsweisen liegen, die 1000-mal abenteuerlicher sind als all seine Unternehmungen. Das Wort »heilig« steht für nichts anderes als für die allergrößte Freude und Glückseligkeit im Leben. Bis es so weit ist, geht jeder seine eigenen Wege und verfügt über alle Zeit. Nur unter dieser Voraussetzung macht Heiligung Sinn. Anders ausgedrückt: Nur das voll gelebte Leben macht reif für den Weg der *religio*.

Wir haben Angst, unser Ich zu verlieren; zu Recht, könnte uns doch sein Verlust in den Wahnsinn treiben. Unsere geheimste Sehnsucht jedoch lockt uns über dieses Ich hinaus, zu Recht, denn wir spüren, es ist nur ein Organisator von Realität, nicht sie selbst. Unsere alltägliche Enttäuschung flüstert uns Resignation und Anpassung ein, unser Ahnen, Denken und Hoffen verweist uns auf Größeres. Wo der Meister, ob innen oder außen, in Erscheinung tritt, weiß ich, dass ich verloren bin, was mich gleichermaßen entsetzt wie unendlich beglückt! Am meisten entsetzt mich wohl diese Beglückung eines »anderen Ich«, dessen Stimme ich nur mit stärkstem Widerwillen vernehme, da sie mich, aus meiner normalen Perspektive gesehen, tatsächlich in große Gefahr bringt. Ich erkenne hier nämlich erstmals ungeschminkt, dass der spirituelle Pfad ein Weg ohne Wiederkehr ist. *»Lass die Toten die Toten begraben und komm«*, sagt Yeshua (Lk 9, 60). Ein größerer Affront gegen jegliche Tradition wäre kaum vorstellbar. Wer wollte solch eine Reise ohne einen Meister antreten, der um die Gefahren und ihre Überwindung weiß, ist er ihn doch zuvor selbst gegangen.

Die Frage für die Christen im Westen muss also lauten: »Was macht Yeshua zu unserem Meister?« Der angelernte Kirchenglaube? Meine Vorstellung von ihm, mein Denken, mein Wollen?

Reicht das? Selten! Schon ein Blick in christliche Gemeinden, Pfarrersstuben und Theologieseminare genügt, um zu spüren, dass das Wesentliche oftmals fehlt, die Aura der unmittelbaren Erfahrung des Göttlichen. Weder findet sich dort die Ausstrahlung spiritueller Kraft noch die Authentizität einer Erfahrung, die das Unbedingte zum Grund hat. Wo eines von beiden oder beides fehlt, kann ich nur hoffen oder glauben, dass ... Ist mir jedoch ein Erleben zuteil geworden, das mir mein innerstes Wesen aufzuschließen vermochte, so habe ich den Ruf Yeshuas vernommen, wie immer ich das Ereignis auch benennen werde. Es zu vertiefen, bedarf es jener Riten der Öffnung, von denen wir zuvor gesprochen haben.

Religiöse Traditionen sind nicht austauschbar

Der Dalai Lama verweist nicht von ungefähr fast penetrant darauf, wie wichtig es ist, sich auf dem Wege einer Tradition anzuvertrauen, die über das Wissen um die einzelnen Schritte und Stufen verfügt. Da jede Religion hier ganz eigene Pfade gehen muss, ist jedes willkürliche Hin- und Herspringen von Nachteil, ja gefährlich. Die Formen und Methoden sind nicht einfach austauschbar, obwohl sie sich oft ähneln mögen. Der äußerliche Polytheismus des Hinduismus zeigt ganz andere rituelle Gesichter als ein christlicher Monotheismus, der wiederum keineswegs die radikale Gottesferne des Islam spiegelt, von einem buddhistischen Nicht-Selbst-Denken einmal ganz zu schweigen. Überraschenderweise sind sich dennoch die mystischen Unterströmungen aller exoterischen Religionen über bestimmte Grundtatsachen einig, so dass die Literatur der Mystiker, bei aller Unterschiedlichkeit des Erlebens, doch erstaunliche Ähnlichkeiten aufweist.

Wo der innere oder äußere Meister auftritt, bin ich gesegnet, bin ich durchflutet von Glückseligkeit und Liebe, und ich bin damit in entscheidender Weise über mein Ich hinausgetragen.

Solche Erfahrungen sind nicht mehr rückgängig zu machen und erweisen den Glauben als alles andere, denn als bloßes frommes Wunschdenken.

Yeshuas Umgang mit seinen Jüngerinnen und Jüngern zeigt ihn als überragenden Meister, der sie auf Schritt und Tritt ihrer Befangenheiten überführt, ihrer Eitelkeiten und Ängste, ihres Unglaubens, und der sie ständig in existenzieller Weise unterrichtet: Angefangen mit der unmittelbaren Deutung seiner Gleichnisse über besondere Heilverfahren bis zur direkten Schau, am Berg Tabor zum Beispiel. Schließlich weiht er sie in der erleuchtenden Auferstehungsbegegnung für 40 Tage in die großen Geheimnisse des Reiches Gottes ein. Er gleicht in seiner Wegführung allen großen Meistern des Ostens; äußerlich als Nomade umherziehend, ohne festen Wohnsitz (»mein Haupt hat keinen Ort, sich zu legen«, sagt er); ohne Besitz, umgeben von Schülern mit sehr begrenzten Einsichten, umringt von den großen Massen bei seinen Predigten in den Städten und Dörfern, allein gelassen in seinen Einsamkeiten mit Gott. Ein geradezu klassisches Bild östlichen Meistertums, das uns die Bibel da zeigt. Wie haben die einfachen Fischersleute, die Yeshua zu sich rief, die Spreu der falschen Gurus vom Weizen des richtigen getrennt? Haben sie ihn getestet? Davon ist nichts zu lesen. Es heißt lapidar: *»Alsbald verließen sie ihre Netze und folgten ihm nach«* (vgl. Mt 4, 20). Etwas Unbezwingliches hatte sie gerufen. Glücklicherweise war gerade kein jüdischer Sektenbeauftragter zugegen.

Echte und falsche Meister

Auch Yeshua verweist auf die Scharlatane und sich als den Einzigen. Da jeder echte Meister einzigartig ist, stimmt die Aussage, obwohl sie einem bloß logischen Gehirn abstrus anmuten muss. »Man sieht nur mit dem Herzen gut«, sagt Saint-Exupéry im »Kleinen Prinzen«. Aus dieser Perspektive schauten die Jüngerinnen und Jünger, und ihre Angehörigen werden Flüche ausgestoßen haben. Das ist heute nicht anders als damals. In einer von uns westlichen Menschen immer mehr gefährdeten Welt suchen wir absurderweise zumindest für unser Innenleben Sicherheit, ohne zu begreifen, dass dies auf herkömmlichen Wegen nicht zu erreichen ist. Eine sichere Identität wurzelt viel tiefer. Der lebendige Guru zeigt uns den Spiegel, in dem wir die Grimassen und Lücken unseres Lebens erkennen, und er schenkt uns gleichzeitig uneingeschränkt seine Liebe. Er öffnet den Schüler auf diese doppelte Weise, um ihn zum großen Ja zu befähigen.

Wie können wir Yeshua als lebendigen Meister nach 2000 Jahren, nach unendlichem, oft unfruchtbarem Bibelstudium, heute wiederfinden? Das ist eine Grund- und Überlebensfrage für ein Christentum im dritten Jahrtausend. Es gibt Menschen, denen offenkundig Christuserfahrungen zuteil geworden sind. Mutter Theresa sah in den Gesichtern der Ärmsten Christi Antlitz; Joseph Beuys sprach vom Wärmestrom, der uns mangelt; Ernesto Cardenal fand Yeshua in den banalen Sehnsüchten der Leute. Der übereinstimmende Nenner all dieser Aussagen ist der Geruch der Liebe, der schöpferische, individuelle Zugang zu dieser sich in unzähligen Gesichtern des Lebens offenbarenden Liebe. Im Moment des freien Liebens treffen wir das leere Herz Christi in uns, wir sind Seines Geistes.[15]

Darüber hinaus gibt es inzwischen genügend lebende, östliche Meister im Westen, von denen manche diese Liebesqualität in besonderer Weise ausstrahlen. Sehr wohl mögen bekannte oder unbekannte westliche Gurus zu finden sein, deren Herzströme mit denen Christi aufs Innigste verknüpft sind. »*Wer suchet, der wird findet*«, heißt es. Die Suche zu beginnen, mit all ihren Wenn und Aber, Irrtümern und Glückseligkeiten, ist die Entscheidung jedes Einzelnen, damals wie heute.

15 Vgl. Paulus, 1. Kor 12, 31–13 und 1. Kor 13, dieser große christliche Hymnus auf die Liebe *(Agape)*.

Tao, Leere oder das Reich Gottes

Jesus sprach: Wer das All erkennt und sich selbst verfehlt, verfehlt den ganzen Ort.

(Thomasevangelium)

Wie kann man über etwas sprechen, das schon immer da ist, doch nicht »gesehen«, nicht als Objekt beschrieben werden kann? Etwas, das weder eine Tatsache im wissenschaftlichen Sinne ist, noch eine Idee oder ein Konzept im Verständnis der Philosophie, das aber gleichzeitig alles Lebendige und Unbelebte ständig nährt, umgibt und durchdringt? Um diese Frage kreist die Religion seit Anbeginn, und dies ist und bleibt das unaufhebbare Dilemma einer Theo-Logie, die im Sinne traditioneller Natur und Geisteswissenschaften einen *Logos* behauptet, also etwas Logisches, Sinnhaftes, dessen Essenz jedoch das *Numen,* das völlig Unbekannte, das Unaussprechliche ist. Dieser Widerspruch haftet jeder Theologie unauflöslich an, und wo sie mehr sein will als der Fingerzeig zum Mond, rutscht sie unweigerlich in den Bereich von Ideen, Analysen und Spekulationen, das heißt in die immer vergängliche Welt von Raum und Zeit, die sich uns durch die Sprache öffnet.

Es bieten sich zwei Lösungswege für dieses Dilemma an, die ebenfalls schon seit frühester Zeit begangen wurden: den der Form und den der Leere. Der Westen hat sich, auf Grund seines Schaffensdrangs, an Ersteren gehalten, der buddhistische Osten eher an

Letzteren; dennoch gibt es stetig Übergänge und Vermischungen. Die westliche Frage und Suche gilt dem Gesicht, der Gestalt des Unaussprechlichen in der Welt. Der Umriss scheint uns Halt zu geben in der Frage nach der Wirklichkeit, und der jüdische Gott war die umfassendste und beeindruckendste Gestalt, die dem abendländischen Menschen gegenüber getreten ist. Erst die Aufklärung vermochte dieses jahrtausendealte Überbild in relativ kurzer Zeit aufzulösen beziehungsweise bis zur Karikatur zu verunstalten. Heute existiert das jüdisch-christliche Urbild vom unberechenbaren Gott in den Himmeln und den demütigen Menschen unten auf der Erde praktisch nicht mehr. Das Unten hat dem Oben gekündigt. Je mehr Gott verschwindet, desto stärker macht sich in allen drei monotheistischen Religionen der Hang zum Fundamentalismus breit, welcher die logische aus Angst geborene Reaktion auf diese atheistische Entwicklung ist. Ein Gott, der in der äußeren Welt verschwinden und von den Menschen verneint werden kann, bleibt ein Äußerlicher, letztlich ein Idol, trotz allen Bilderverbots.

Gott ist nicht »außen«

In einer verwissenschaftlichten Zivilisation, die das »Außen« nur noch als zu manipulierende Materie und in keiner Weise mehr als Träger göttlicher Kräfte zu verstehen weiß, wird die Kluft zwischen Ich und Welt nun unüberwindlich. In funktionierenden Religionen konnte sie wenigstens noch teilweise oder scheinbar durch Symbol und Ritual überwunden werden. Dem Außen, dem anderen – ob Tier, Pflanze, oder Landschaft – wird in einer spirituell ausgehöhlten Gesellschaft gleichzeitig der Respekt entzogen und jeglicher Eigenwert abgesprochen; es ist nur noch jederzeit abrufbereites Nutzmaterial. Auch der Mensch bleibt dem Menschen notwendig äußerlich, ein gefährliches Zwitterwesen zwischen Naturspezies und Genklon, das der Züchtung und Zähmung bedarf.

Die Botschaft, die Yeshua seinen Anhängern und Zuhörern brachte, hatte mit beiden Versionen, der monotheistischen wie der atheistisch-biotechnischen, wenig zu tun. Sein entscheidender Satz heißt: »*Gott ist Geist*« (Joh 4, 24). Du kannst Ihn nur vom Geiste aus erreichen. Dieser existiert nicht im Außen, genauer, der Geist kennt kein Außen, er ist reines Bewusstsein. Yeshua steht in keinem Fremdverhältnis mehr zu Dingen, Situationen, Menschen, am wenigsten zu Gott (THEOS). Dieser ist auch kein bloßes Gegenüber, mit dem man in einen Dialog treten könnte, wie noch Moses mit JAHWE; in seiner Anrede geht Yeshua über alle Zwiesprache hinaus. Das Göttliche ist ihm reine Beziehungskraft und Beziehungsfähigkeit, in dem weder Entfremdung noch Veräußerlichung möglich sind.

Sein Bewusstsein umfasst die viel zitierten Lilien auf den Feldern ebenso wie Engelhierarchien und den Teufel als die *eine* ungebrochene Wirklichkeit. Christus ist die sichtbar gewordene, doch nicht auslotbare Tiefe des MENSCHEN, der vom göttlichen Geist und Duft durchdrungen ist. So verbirgt sich auch hinter dem Dreifaltigkeitsdogma der Kirche eine tiefere Wahrheit: Sie spiegelt die wechselseitige Durchdringung und Wesenseinheit von Gott (THEOS), Mensch und Liebe (Agape), wie sie sich in Yeshuas Leben beispielhaft manifestiert. Wir treffen ihn nirgends mehr im Äußerlichen an, egal, was eine historisch-kritische Forschung noch zu Tage bringen wird. Nicht deswegen, weil er tot ist, sondern weil wir, wie die Jünger auch, erst durch den Schock seines »Todes« ins rechte Verhältnis zu ihm und uns gesetzt worden sind: nämlich als im Wesen schon Auferstandene – hier und jetzt und von Ewigkeit zu Ewigkeit. Dies zu erkennen ist die entscheidende Aufgabe des Christen. Yeshua transformierte in seiner Offenbarung das traditionelle jüdische Gottesbild so radikal, dass es zweitausend Jahre brauchte, um diese Verwandlung in ihrem vollem Umfang zu begreifen.

Nicht verlassen, selbst im Tod

Bei Yeshua steht dem »Innen« kein Gegenpol »Außen« im Sinne eines Objektes oder Objekthaften mehr gegenüber. Letzteres ist nur ein weißer Fleck auf der Landkarte meines eigenen Wesens, der darauf wartet, entdeckt und in seinem innersten Zusammenhang mit mir erkannt zu werden. Jede Einsicht, die wir durch unsere Beziehungen zu Menschen und Mitgeschöpfen gewinnen, bringt uns dem Ziel näher, das ganze Gewebe[16] des Lebendigen zu begreifen. Genau darin besteht auch die Rückverbindung zum Ursprung, die *religio*. Mein Leben reicht daher buchstäblich vom Urknall bis zur Erleuchtung! Den Kirchen gelingt es nur selten, diesen Schritt zu vollziehen, da sie Yeshua weitgehend an Geschichte und Dogma abgetreten haben. Unter diesem Blickwinkel müssen die Gefühle für ihn mehr oder minder zwiespältig bleiben, seine Gestalt für uns fremd, der Glaube an ihn nicht viel mehr als ein Lippenbekenntnis. Yeshua spricht nicht wie Abraham oder Mose zu einem Mächtigem, zu einem anderen. Wenn er ABBA sagt, so scheint es in sein eigenes innerstes Herz gesprochen; da ist kein (äußerer) Himmel mehr.

Zweitausend Jahre hat der normale Christ zu einem entfernten Gott gebetet oder zu einem etwas näheren Christus. Die Verbindung wurde getragen durch Hoffnung, Glaube, Buße und dem tiefen Wunsch nach Erlösung von der Welt. Aber bei so vielen blieb der Geschmack der Fremdheit und das Gefühl von Kleinheit und Ausgeliefertsein an ferne Gottesmächte. Die Zeit scheint gekommen, da die christliche Seele von einem solchen Äußersten herumschwenken soll zur Wahrnehmung des innersten Herzens des Selbst. Als Yeshua am Kreuz hing in der ungeheuren Einsamkeit, blieb sein Verhältnis zum THEOS ein innerstes, das in dem paradox anmutenden Schrei kulminiert *»Mein Gott, mein Gott, warum hast du mich verlassen?«* (vgl. Mk 15, 34). Diese Worte sind der Beginn eines Psalms, der mit einer großen Lobeshymne auf Gott ausklingt! Er war nicht wirklich verlassen, war auch im letzten Moment in keine Entfremdung gefallen, sondern in die Mitte von allem: in das große Schweigen. Wenn des Menschen Fähigkeit, sich ein Bildnis zu machen, schon in den Zehn Geboten als Gefahr angesprochen wird[17], da sie von der Unmittelbarkeit der Einen Wirklichkeit ablenkt, so ist Yeshuas An-

16 Man vergleiche damit die taoistische Einsicht: »Der Mensch richtet sich nach der Erde/die Erde richtet sich nach dem Himmel/der Himmel richtet sich nach dem Sinn/der Sinn richtet sich nach sich selber.« Aus dem »Taote-king«, zitiert nach der Übersetzung von Richard Wilhelm, S. 65, Eugen Diederichs Verlag, 1989. Alle weiteren Zitate ebenda.

ruf ABBA die radikalste Aufhebung aller Bildermacherei. Groß und einzig ruht sein Herz im allseitigen Schweigen des THEOS.

Das Sterben Yeshuas zeigt sich als eine Stufenfolge immer tieferer umfassenderer Öffnungen, die in den Evangelien mit einem jeweils entsprechenden Ausspruch des Gekreuzigten charakterisiert werden. Hierin bezeugen sie eine Entbindung des Lebens Yeshuas in den Tod hinein, die von der letzten menschlichen Klage bis zur großen Ergebung in das kosmische Schweigen reicht.

Die transplantierte Liebesbotschaft

Auf dieses Sterben scheint es keine Antwort vom »Jenseits« zu geben, woraus viele Bibelinterpreten auf das Scheitern der Botschaft Yeshuas schlossen. Doch die östliche Erfahrung sieht das Schweigen Gottes nicht als Abwesenheit, sondern als höchste Präsenz der Kraft. Yeshuas Eingehen in diese Kraft ist gleichzeitig der Beginn seiner Auferstehung, die Einbindung des Todes in das ungebrochene Bewusstsein des »Großen Lebens«. Yeshuas Tod stellte die Einlösung aller jüdischen Hoffnungen und Sehnsüchte dar, allerdings in vollkommen anderer Weise, als die offizielle Theologie es sich vorstellte, die ja lange genug vom kommenden Messias gesprochen hatte. Aber welche Kirche oder Priesterschaft würde schon ihrer freiwilligen Selbstaufhebung zustimmen? Auch der neue, aus dem Schoß des jüdischen Glaubens heraustreibende Spross einer christlichen Gemeinde vermochte dieser Herausforderung nicht standzuhalten. So musste in einer komplizierten theologischen Transplantation Jesus Christus im Laufe der Zeit wieder in den

17 Siehe das bemerkenswerte Vorwort von Thomas Merton zu Ernesto Cardenals Buch »Von der Liebe«, Hammer, 1972, S. 7: »Die Heiligen waren befähigt, durch die vielen Masken der Liebe hindurch zu schauen, und fanden in der Tat nichts Reales dahinter. Sie entdeckten nur ein Gesicht in den vielen Gesichtern der Menschen: Das Antlitz der Liebe.«
Leonard Cohen, ein berühmter Liedermacher der 1960er Jahre, formulierte in einem Song einen ähnlichen Gedanken: »If you're not feeling holy you're lonely and lost.« Das legt den Finger auf die Wunde des modernen, atheistischen Menschen.

Himmel weggerückt werden. Er verkam zum geistigen Zentauren, halb Mensch halb Gott, dem die Einzigartigkeit seiner Botschaft – die vollkommene Innigkeit von Mensch und THEOS – herausoperiert worden war. Entsprechend verlor sich bei der heranwachsenden Christenheit die pfingstliche Ekstase des Geistes sehr bald im Alltagsbetrieb einer zur Staatskirche hochgerüsteten Religion. Nur vereinzelt wurde jenes geistliche Feuer im mystischen Strom des Christentums weitergetragen, Bruchstücke gingen in Liturgie und Gebet ein. An manchen Stellen schimmerte, wie blitzende Splitter am Boden verstreut, die grundlegende östliche Erfahrung durch: Dass nichts ist außer THEOS und dass in dieser Nichtigkeit des Menschen höchste Freiheit und Glückseligkeit liegen. Nur der Sohn weiß, wer der Vater ist (vgl. Lk 10, 22).

Wer im Alltagsleben von mystischer Erfahrung hört oder liest, setzt diese entweder zu hoch oder zu tief an, sie scheint dem gewöhnlichen Bewusstsein so fern, dass die Maßstäbe zu versagen drohen. An dieser falschen Wahrnehmung scheitert häufig genug der Kontakt zu den Schriften und den Menschen, die davon berichten: Was in der Bibel noch als heilig gilt, mutet uns, aus Freundes Mund gesprochen, schon eher blasphemisch oder bloß überspannt an. Warum? Weil wir kein Gewahrsein für unsere eigene Gotteserfahrung entwickelt haben. Meister Eckehart ja, der heilige Franziskus natürlich, aber wir? So banal, wie unser Alltag ist! Wie kämen wir dazu? Genauso wie jene Heiligen auch! Denn sie atmeten die gleiche irdische Atmosphäre, die der Menschheit zu allen Zeiten die spirituelle Nahrung zuträgt, wie wir.

Wie wir Yeshuas Spur aufnehmen können

Diese Sphäre, dieser leere Raum ist derselbe, in dem die Bäume stehen, die Tiere leben, andere Menschen gehen, meine Gedanken wandern, meine Gefühle tanzen, meine Freuden und Schmerzen sich zeigen. Er hört nicht an meiner Hautgrenze auf, dort findet nur der Übergang in ein dichteres Medium statt; der Atem geht weiter, die Geräusche und Eindrücke pflanzen sich in mich hinein fort … Indem wir zum Beispiel den Raum nicht mehr über die Augen wahrnehmen, sondern ihn eher als ein Schwingungsfeld über unser Herz erfühlen, sind wir leichter in der Lage, uns abseits von Verstand und Logik als Teil des großen göttlichen Energiefelds zu begreifen. Hier haben wir Yeshuas Spur aufgenommen, die, wie wir sofort spüren, anderen Gesetzmäßigkeiten folgt. Was über das Denken nur schwer zugänglich ist, legt ein Empfindungsprozess uns unmittelbar nahe: die Einheit des Feldes, das mich und alles andere umschließt und durchflutet. Voraussetzung für solche Wahrnehmung ist Wachheit, Stille und Unvoreingenommenheit.

Wer an hochgestochene Philosophien über den Gottesbegriff gewöhnt ist, vergisst allzu leicht, dass gerade Einfachheit und Unvoreingenommenheit die Ausgangspunkte für höchste mystische Einsichten sind. Doch das Selbstverständliche ist leider für unser intellektuell überfrachtetes Denken nur schwer nachvollziehbar. Eher kann die Kunst eine Ahnung davon vermitteln, zum Beispiel dieses kurze japanische Gedicht:

Das Rauschen des Wassers spricht,
was ich denke.

Können wir Christus so sehen, seine Gleichnisse so verstehen wie ein Gedicht? Wem dies im Ansatz gelingt, der hat vielleicht eine geistige Revolution vollzogen und Yeshua mit den großen Geistern des Ostens versöhnt. An entscheidender Stelle übersetzt N. Douglas-Klotz in seinem aramäischen Vaterunser den mit so viel niederdrückender Moral befrachteten Satz »*Vergib uns unsere Schuld*« mit: »Nimm unsere enttäuschten Hoffnungen, wie wir die der anderen umarmen mit Leere«. Und in einem Kommentar fügt er hinzu: »Das Gebet versichert uns noch einmal, dass unser ursprünglicher Zustand klar und unbelastet ist, und dass unsere einfachen Verbindungen zur Schöpfung darauf beruhen, dass wir uns mit jedem Atemzug, den wir tun, gegenseitig freilassen.« Der frei gewordene Christ kann nichts Wichtigeres tun, als sich solche Gnade der Freilassung neu und neu zu schenken. Er wird dadurch schließlich zu ahnen beginnen, dass es eben diese »Öffnung« war, weswegen die Menschen zu Yeshua strömten, diese unerhörte Unmittelbarkeit, mit der sie sich selber zurückgegeben wurden.

Barmherzigkeit ist wie Wasser

Stärker noch und allemal heiterer als der indische Buddhismus hat der chinesische Taoismus im Bild vom fließenden Wasser dies ursprüngliche Geschenk des Lebens an die Lebenden zum Ausdruck gebracht. Heiligkeit ist der natürliche Ausdruck eines solchen organischen Flusses. Sie hat am allerwenigsten mit Askese, Strafandrohung und Opfer zu tun. Während in den archaischen Religionen wie denen Griechenlands den Göttern Opfer gebracht wurden und noch die traditionelle christliche Theologie beider Konfessionen vom Opfertod des Heilands spricht, weist Yeshua selbst in eine ganz andere Richtung: *»Barmherzigkeit will ich, nicht Opfer«* (vgl. Mt 12, 7). Mit diesem Satz ist ein Sprung getan, so weit aus aller Opfertheologie heraus, dass es erstaunen muss, wie sehr die alte Knebelung mittels der Drohung von Opfer und Sühne für die meisten Christen noch heute zu »funktionieren« scheint. Man kann wohl kaum tiefer in den organischen Strom des Lebens eintauchen als mit diesem Wort, das jeder Kreuzestheologie in alle Ewigkeit den Boden entzieht!

Die Liebe opfert nicht, sie ist pure Hingabe, darin besteht ihre einzigartige Freiheit. Kein Geruch des Perversen, des Zwanghaften haftet daran. Wie schwer fällt es uns, einen Menschen zu verstehen, dem nichts mehr, selbst der Teufel nicht, fremd ist, dessen geistiger Ort nicht mehr durch Ausgrenzung bestimmt ist, der sich also stets im Einklang mit dem Ganzen (THEOS) bewegt!

Barmherzigkeit, nicht Opfer. Das heißt, der freie Fluss der Liebe soll dich leiten, die Spontaneität des Herzens. Fürchte keinen zwingenden Gott, ein solcher wäre ein Widerspruch in sich. Nur der Mensch zwingt, drückt sich und andere. Nur der nicht wissende Mensch steht sich selbst im Wege und hasst sich dafür, wie er ist, und bastelt sich aus seinem inneren Zwiespalt heraus Verzweiflungsgötzen. Yeshua spricht von ABBA, und sein Gebet endet im Aramäischen mit der wunderbaren Zeile: »Aus dir kommt das Lied, das alles verschönert und sich von Zeitalter zu Zeitalter erneuert.« Dieses kosmische Lied ist er selbst, er ist das Gebet des Universums. Die Schwingung, in der der Menschensohn steht, in der letztlich also wir alle stehen, ist zu verstehen als ein Gesang, der uns mehr und mehr ergreift, bis wir nur noch Klang und dann tiefste Stille sind.

Hier bietet sich zum Vergleich das Bild des *Purusha* an, des archetypischen Menschen der Veden. Dieser bezeichnet die Urform des Menschen, aus dem die Welt in ihrer Vielfalt geformt wird. Im Kern ist der *Purusha* ein Ausdruck des unzerstörbaren *Atman*, des Selbst. Wie der Leib Christi in der katholischen Liturgie gibt er der vordergründigen Welt Substanz durch sein Blut und sein Fleisch, durch seine Verbindung mit der Materie. Le Saux deutet den *Purusha* in seinem Buch »Die Spiritualität der Upanischaden« gemäß dem frühen Denken der Brahmanen und Rishis als das Gestalt gewordene allseitige Verbindungsgeflecht des Kosmos und so auch Christus als ein Mysterium reiner Beziehung; er ist kein Einzelwesen, sondern der Archetyp des Verbundenseins auf allen Ebenen.

Das Tao des Mitgefühls

Barmherzigkeit kommt von unten, sie macht sich selbst nicht größer als den Wehrlosen, dem sie zugute kommt. Sie schöpft aus der gleichen Tiefe wie seine Ohnmacht, seine Preisgegebenheit. Aus diesem Grunde heraus wird sie tragend. Yeshuas Mitgefühl wird nicht von oben herab gegeben, es schaut auf das Leid nicht aus einer distanzierten Vogelperspektive, sondern taucht mitten hinein in die Tiefe und ist gerade dadurch in der Lage, das Herz zu öffnen – im Schmerz wie in der Freude. Darin ähnelt es dem Tao. Von diesem heißt es, es sei unscheinbar, halte sich im Niedrigen auf, so wie Wasser, das überall nach unten strebt. Es trägt und umfängt alles von unten her. Auch Yeshuas Botschaft der Vergebung beruht auf dem Prinzip des Weichen, Fließenden, der »Anpassung« an das Gegebene, nicht dem Widerstand: »Selig sind die Barmherzigen, die Friedfertigen, die Schwachen ... Selig die Armen, deren Atem auf das Eine ausgerichtet ist und eine leuchtende Sphäre schafft«, heißt es in der Neuübersetzung des aramäischen Urtextes durch Douglas-Klotz.

Wieder deutet sich das natürliche Gesetz an, auf dem barmherziges Handeln beruht: Es hat nichts mit einer ethischen Correctness zu tun, zu der wir uns erst zwingen müssten; es kommt eben aus dem

Mit-Sein, von unten, vom Quell aller Dinge. Daher sagt Yeshua: *»Kommt her zu mir, die ihr mühselig und beladen seid, ich will euch erquicken«* (Mt 11, 28). Er ist nicht einer der großen Gesetzestyrannen, die das Volk mit Moral überlasten und klein machen.

Anders als beim Buddhismus, der die meisten Menschen zu Recht durch die Radikalität von Denken, meditativer Praxis und psychologischer Analyse fasziniert, tritt der Christ in die Begegnung mit Yeshua über die Weihnachtsgeschichte ein – die Legende vom unschuldigen Kind und seinen den historischen Mächten ausgelieferten Eltern, die ja bekanntlich sogar nach Ägypten fliehen müssen. Es gibt eine andere Gestalt, deren Leben in einem frappierenden Gegensatz zu dieser Armutslegende steht, nämlich die des großen Weisen Apollonius, der etwa zur gleichen Zeit wie Yeshua lebte. Er war berühmt für sein esoterisches Wissen, ein Eingeweihter in alle damals bekannten Mysterien, Berater von mehreren römischen Kaisern, deren Cäsarenwahn er zu zügeln trachtete. Mit fast hundert Jahren starb er in Ephesus, der Stadt, in der zur gleichen Zeit der ebenfalls hochbetagte Evangelist Johannes seinen Abschied vom Leben nahm. Vielleicht haben sich die beiden sogar noch kennen gelernt. Apollonius' Genie vermochte sich gegen die dunklen, historischen Mächte nicht lange zu behaupten. Er kam von oben, begabt mit Weisheit und esoterischen Kräften. Christi Leben verlief dagegen fast vollständig im Schatten der Öffentlichkeit. Schon die Kürze seines Wirkens, nur drei Jahre, scheinen sein Wirken dazu zu verdammen, als Fußnote der Geschichte zu enden. Doch in der Sage beugen die östlichen Weisen, von weit hergekommen, ihr Haupt vor dem Kind, das von Herodes zwecks Tötung gesucht wird.

Eine Spiritualität von unten

So schimmert in der Christuslegende das Motiv des Unten sofort durch, eines Unten, das aus einer völlig anderen Mächtigkeit geboren ist als jede andere Macht! Uns Heutige mutet dieses Motiv natürlich sentimental an, aber nur deswegen, weil wir den wunderbaren Grund nicht mehr auszuloten vermögen. Handelt es doch von der ewigen Wiederkehr der Unschuld, die jenseits allen Wissens steht, der Einsicht des Narren näher als der des Weisen. Einzig die kindliche Weisheit des Lao-tse rührt hieran, der sagen konnte: »Die Dinge werden durch Verringerung vermehrt, Schwachheit ist die Wirkung des Sinns.« Yeshua zeigt uns, dass nur ein Gesetz wirklich existiert: die Liebe *(Agape)*. Es zu benennen, heißt aber schon, es zu verfälschen, es mit den üblichen Klischees und Vorstellungen zu beladen. Dass die Liebe die Grundkraft des Universums sei, ebenso organisch und unauffällig wie Wasser, das alles umschließt und durchströmt und das dauernd zum untersten Niveau drängt, scheint keine rationalistische Kultur je wirklich begreifen zu können.

Wann immer Yeshua in seinen Reden und Gleichnissen an diesen Punkt rührt, zum Beispiel in der Frage, für wen der Sabbat da sei, hört man die Gelehrten buchstäblich aufstöhnen vor Wut. Das ist ihnen zu billig, sie können solche Simplizität nicht greifen, so wie sie Yeshua selbst lange Zeit nicht fassen, nicht verhaften vermochten – er gleitet ihnen schlichtweg wie Wasser durch die Hände! Ihre harte, logische Geistesschulung läuft ins Leere. Wenn er also vom Glauben spricht, so können wir ahnen, dass er einen Vorgang meint, der so selbstverständlich wie Atmen, Gehen oder Ausruhen sein muss, so natürlich wie der Flug der Vögel oder wie der Sinn, von dem Lao-tse schreibt: »Der Sinn ist immer strömend. Aber er läuft in seinem Wirken doch nie über.«[18]

War Yeshua »zu einfach«?

Solcher Glaube wächst ebenso spontan und ausdauernd wie Gras. In seinen Gleichnissen vom Reich Gottes spricht Yeshua von jenem als Samenkorn, also als etwas so Unscheinbarem, doch zugleich Grundlegendem, dass ohne es die Welt gar nicht vorstellbar wäre. Allzu einfach kommt uns dies manchmal vor, ebenso wie Yeshuas Leben für viele seiner Zeitgenossen, gemessen an ihren Vorstellungen vom Messias, skandalös unspektakulär war. Sie vermissten revolutionäre politische Veränderungen. Yeshua aß und trank, er

18 Siehe Alan Watts: Der Lauf des Wassers. Eine Einführung in den Taoismus, Suhrkamp, 1976.

feierte, er war mit den einfachen Leuten, er wanderte umher; kein bloßer Asket, auch kein weltbekannter Weiser wie Apollonius, kein donnernder Moses. Aber seinem ganzen Wesen muss der Duft einer Güte entströmt sein, die sich wie fließendes Wasser unaufhaltsam den Weg bahnte – nach unten zu den Ärmsten. Das Wunder des Menschen Yeshua liegt vielleicht in dieser Güte beschlossen, dieser alles aufschmelzenden Lichtheit, die aus der Dunkelheit und in die Dunkelheit leuchtet, die gänzlich unerwartet daherkommt und sich doch so selbstverständlich ausbreitet wie das Lächeln des Wiedererkennens. Die, die Christus folgten, insbesondere die Frauen, erfuhren sich als aus dieser unnennbaren Güte geboren und von ihr getragen. Das Wort »Glaube« ist dafür schon zu viel.

Diese Weise des Herzens ist, wie mir scheint, der neue Geruch, mit dem das Christentum geboren wurde, der heute noch wahrgenommen werden kann. Dadurch ist es von der Klarheit »der buddhistischen Leere« als einer anderen Qualität derselben Wahrheit bezeichnend unterschieden. Der Zen liebt das Zeremonielle in seiner japanischen Variante oder das Handfeste in seinem chinesischen Ursprung. Die Koans beider Traditionen bevorzugen den für einen Moment aufblitzenden erkennenden Geist, der das »Objektive« einer Situation erfasst. Die Stimme der Güte dagegen berührt das Persönliche, aber in seiner überpersönlichen Qualität, darin ruht sein voller, manchmal schmerzlich süßer Klang.

Da Yeshua mit dem Leben ging, hat man ihm gerade das zum Vorwurf gemacht: Er feiert, also ist er ein Säufer; er freut sich an Frauen, womöglich ist er ein Hurenbock; er isst mit dem Abschaum – ein potenzieller Verbrecher also; er hält sich nicht an religiöse Regeln, ein Gottesverächter. Lao-tse sagt: »Wer sich nicht selbst behauptet, steht dem Sinn nahe. Er ist frei von Tadel.«[19] Die Theologen seiner Zeit aber bekritteln Yeshua ununterbrochen, gerade weil er im Strom schwimmt, weil er sich der Logik des Moments gemäß bewegt. An seiner Bewegung wird deutlich, wie unnatürlich jede andere dagegen ist, wie mechanisch, wie verkopft sie abläuft. Was Yeshuas

19 Alle folgenden Zitate aus dem »Tao-te-king« in der Übersetzung von Richard Wilhelm

Feinden so unbedingt gegen den Strich geht, ist seine Unwillkürlichkeit, die ihre eigene ständige Willkür entlarvt, wie klug sie auch getarnt sein mag. Doch läuft Letztere ausnahmslos auf Zwang und Gewalt hinaus – auf die so genannte Realität. Yeshuas Unmittelbarkeit mutet dieser Willkür zugleich lau und anarchistisch an: Wie kann man die Welt nicht in die Hände nehmen und nach bestem Wissen und Gewissen einrichten! Dieser Grundsatz allen herrschaftsbezogenen Denkens vermag ein anderes »Gesetz« überhaupt nicht zu begreifen – es würde ihm seine Daseinsberechtigung rauben.

Das Reich Gottes – nur negativ zu beschreiben

Wir leben in den Abgründen unserer Wünsche und Vorstellungen, als sei es das Normalste in der Welt. Wir fühlen uns zumeist nicht besonders gut und hangeln uns durch den Tag. So vegetieren wir oftmals mehr, als dass wir wirklich leben. Wir sind ohne Leidenschaft, aber voller Ressentiments und Zwänge. Yeshua dagegen kommt und spricht sie aus, die Eine große Wirklichkeit, die Eine Passion, um deren Willen er sich unter die Menschen begibt: Er muss sie benennen, sonst würde ihm keiner glauben, obwohl sie unsagbar ist, kein »Ding«, das man analysieren und argumentativ benutzen könnte. So nennt er sie Reich Gottes! In Dutzenden von Gleichnissen beschreibt er eine Offenbarung, die eigentlich nur dem verständlich sein kann, dem sie selbst widerfahren ist. Er versucht, wie alle Erleuchteten, das Unmögliche.

Zwei Qualitäten zeichnen das so genannte Reich Gottes aus und machen es damit zu einem Paradox: Es existiert und es ist gleichzeitig unsichtbar. Es ist nicht von dieser Welt, also leer von allen Eigenschaften, die wir kennen, und doch mitten unter und in uns. Es ist den Kindern, Armen, Schwachen, Friedfertigen leichter zugänglich als allen anderen (den Reichen, den Starken, den Klugen). Wodurch zeichnen sich Erstere überhaupt aus? Die Antwort ist: durch das, was sie nicht haben. Kinder haben noch nicht die Schlauheit des Erwachsenen, sie leben spontaner; die im Geiste Offenen sind nicht mit all den sicherheitsorientierten Vorurteilen und Zweifeln belastet; die Schwachen und Friedfertigen fügen der Welt wenig hinzu, was sie noch mehr befrachten würde: keinen Ruhm, keine Ehre, keine dieser historischen Eroberungen und Großtaten, von denen die Bücher schwärmen.

Das Reich Gottes zeichnet sich somit durch die *Abwesenheit* all dieser Dinge aus; umso mehr ist es erfüllt von einem Einzigen: vom Licht!

Eigenschaften und Besonderheiten erkennt man vor allem daran, dass sie Schatten werfen. So glänzend sie auch sein mögen, ziehen sie Dunkelheit unmittelbar nach sich; wo sie aufscheinen, verdunkeln sie gleichzeitig. Wir alle wissen um das notwendige Wechselspiel von Licht und Schatten. Nur wenige wissen dagegen aus eigener Erfahrung um jenen Geschmack der Selbstverständlichkeit des Seins, des Lebendigen, welches mich jetzt und hier trägt – in einer Weise, dass darin kein Schatten von Zweifel, Angst oder Gier verbleibt. Da ist reine Präsenz, und in dieser bin ich für den Augenblick ohne Makel. Alles ist gut, ist von jener Frische und Einmaligkeit, die die Bibel dem Schöpfungsakt zuspricht – vibrierend von Licht und Kraft wie der Reflex der Sonnenstrahlen auf den Tautropfen in der Frühe eines beginnenden Tages. Und ich sehe und bin Teil des Ganzen, ich *bin* und schaue zugleich dieses Reich Gottes, ohne jedoch irgendetwas davon zu *haben*. Ich bin darin ohne jede Meinung, ohne Urteil, jedoch wach und verbunden. Wem diese Erfahrung einmal zuteil geworden ist, wird sie so leicht nicht mehr vergessen; er wird vielmehr (im Nachhinein) überrascht sein von der »Schlichtheit« der Atmosphäre. Ihr haftet nichts demonstrativ Religiöses an, eben weil alles an ihr auf natürliche Weise heilig ist.

Nichttun als Weg

Solche Momente sind zeitlos – sie scheinen eine Ewigkeit zu währen, und jeder Ort bietet sich als ihr Schoß an. Sie sind nicht aus dem Stoff der Welt gemacht und erscheinen dennoch im vertrauten Gewand. Einige von uns kennen also das Reich Gottes; ja, bei näherem Hinsehen sind es weit mehr, als wir gedacht hätten. Leider empfinden sich die meisten dabei nur als passiv; er »widerfuhr« ihnen, und gleich danach standen sie wieder im nebeligen Alltag. Pech gehabt?

Wir haben uns angewöhnt zu denken, dass das Reich Gottes nur über uns kommen kann! Ganz plötzlich, unvorhergesehen. Du kannst nichts tun, das sagen auch die östlichen Meister. Doch sie fügen, wie Yeshua, hinzu: »Du kannst dich bereit machen, du kannst lernen, loszulassen, damit sich deine inneren Türen öffnen. Du kannst dich im Loslassen üben. Das ist die einfachste, aber auch schwierigste aller Aufgaben. Das Loslassen bereitet dich für jene Kraft vor, die Friede genannt wird oder Liebe; bei Lao-tse heißt sie Nichttun. Du wirst jene Energie (das Reich Gottes) nicht länger als ein paar Sekunden ertragen können, sofern dein Organismus auf das Aushalten einer solchen Spannung nicht eingestellt ist. Sie wird dir unerträglich erscheinen, zu leicht, zu voll, sie wird dich vielleicht verrückt machen, weil sie einfach all deine Vorstellungen sprengt. Das Reich Gottes ist von orgasmischer Qualität! Du kennst dieses Gefühl, wenn du einmal in tiefer Öffnung mit einer Frau/mit einem Mann geschlafen hast; die sexuelle Energie lässt dich in den siebten Himmel aufsteigen, du weißt dann, dass dein Körper 1000-mal fähiger ist als dein kleiner Verstand, jene Glückseligkeit zu empfangen. Der Verstand klebt an seinen Vorstellungen und Gelüsten wie die Fliege am Honigtopf und ist ewig zu voll, zu überfressen, um noch Platz für das unerhört Neue zu haben. Dein Leib dagegen speichert die Konvulsionen des Universums und die tiefste Stille im Zentrum des Wirbelsturms. Und durch ihn beginnst du vielleicht die Leidenschaft eines Menschen wie Yeshua zu ahnen.«

In den Augen der normalen Menschen ist so einer ein Verrückter, der weder Maß noch Ziel kennt; der bringt alles durcheinander: Ordnung, Gesetz, Kultur, Anstand. (Wie ja auch jedem Liebenden nahe gelegt wird, baldmöglichst wieder auf den Teppich, auf den so genannten Boden der Wirklichkeit zurückzukommen, sprich in die Alltagsmiseren seiner Umwelt.) Das Reich Gottes, welches jeder in seinem Körper und Geist trägt, kann die normale Welt nicht dulden – man muss Ihn für diese Wahrheit kreuzigen und mit Ihm alle, die so ähnlich denken, fühlen und handeln.

Indische Speisen für die Hungernden des Westens

Yeshua hatte das »Pech«, seine Botschaft in einer monotheistischen Gesellschaft zu predigen; eine solche duldet die Erfüllung noch weniger als andere. Der Mensch steht hier immer irgendwie in Konkurrenz zu Gott, ihn muss daher die Strafe von Ewigkeit her bedrohen. In Indien wäre Christus wohl ein hoch geehrter Erleuchteter geworden, gleich Buddha, und kein Nagel hätte seine Haut geritzt. So muss er wohl von dort aus wiederentdeckt werden, und der abendländische Christ darf lernen, über die Wasser seines ureigenen, monotheistischen Unglaubens zu gehen, um den THEOS *in* sich und *als* sich selbst anzutreffen.

Wenn sich aber schon die Jünger, die täglich mit Yeshua Umgang pflegten, als so unerleuchtet erwiesen, so voller Dunkelheiten und Ignoranz, wie steht es dann mit uns heutigen Lesern seiner Taten, nach zweitausend Jahren? Ich glaube, solche Zweifel, den Faktor »Zeit« betreffend, sollten uns nicht entmutigen. Unser Körper gleicht jenen der Aposteln, und das Reich Gottes, welches außer der Zeit ist, ist uns in jedem Augenblick näher als unser eigenes Herz. Wir wissen, dass nichts den lebendigen Geist so sehr abtöten kann wie Religion.

Doch hat der starke Exodus östlicher, geistlicher Lehrer dem spirituell hungernden Westen ein großes Geschenk gebracht. Die großen indischen Lehrer trafen dabei teilweise auf individuell gut vorbereitete Menschen, die nur darauf gewartet zu haben schienen, die empfangenen Botschaften aufzunehmen und im Sinne westlicher Denktraditionen weiterzuentwickeln. Vorbereitet waren sie unter anderem durch eine humanistische wie transpersonale Psychologie, die sich traute, offen von menschlichen Gipfelerfahrungen als Leitlinien für ein modernes spirituelles Leben zu sprechen. Vorbereitet waren sie auch durch die Jung'sche Archetypenlehre, die die Träume und das kollektive Unbewusste in den Mittelpunkt ihrer Forschung gestellt hatte. So war der Boden für einen neuen Bewusstseinssprung gelegt.

Ein leeres Herz ist aufnahmefähig für das Licht

Anders als in früheren Zeiten, in denen esoterische Geheimlehren die spirituelle Entwicklung vorantreiben sollten, gilt das Augenmerk heute der Leiblichkeit des Einzelnen und ihrer Wechselwirkung mit Psyche und Gesellschaft. Die westlichen Vorübungen mit einer körperorientierten Psychotherapie sind in dieser Hinsicht von nicht zu unterschätzender Bedeutung gewesen, erlaubten sie doch eine organische Vision des Religiösen, die frei ist von alten Schuldbegriffen und alten Anthropomorphismen, wie sie noch eine marxistische Utopie vorsah. Vom Leib her ist das Reich Gottes nach einem Jahrhundert der fundamentalen Zerstörungen und Verwerfungen neu zu entdecken, in einer diesen Tatsachen gemäßen Sprach- und Ausdrucksweise. So stehen wir buchstäblich im leeren Raum, und unsere spirituellen Suchbewegungen sind der mühselige Versuch einer Gratwanderung zwischen wissenschaftlichem Skeptizismus und überholten religiösen Fundamentalismen. Der Buddhismus schafft hier nicht von ungefähr den geeigneten geistigen Boden, indem er von der Wirklichkeit der *Shunyata,* der großen Leere in allen Dingen, Eigenschaften und Situationen spricht; einer Leere, die ihre schöpferische Potenz offen hält und uns jederzeit als Quelle von Einsicht und Inspiration durchdringt.

So orientiert sich alle spirituelle Suche immer wieder an dieser Leere, die vielleicht nach Hiroshima, Auschwitz und Umweltzerstörung der angemessenste, allgemeine geistige Bezugspunkt ist. Jede religiöse, auch philosophische Tradition muss meiner Ansicht nach dieses östliche Nadelöhr passieren; das gilt nicht zuletzt für jeden Christen.

Yeshua lehrte in seinem großen Gebet, dass das Reich Gottes plötzlich kommt, »wenn unsere Arme sich unvermittelt ausbreiten, um die ganze Schöpfung zu umarmen« (aramäisches Vaterunser). Hier taucht das Bild einer Energie auf, die unvermutet aus der Leere, dem offenen Moment erscheint, frisch und unbezwingbar, aus einer Leichtigkeit geboren, die jenseits unserer Vorstellungen und Ideologien liegt, und doch von der ganzen Kraft und Schönheit der Schöpfung erfüllt ist. *Shunyata,* die Leere, verneint nicht die

Gravitation, das große Gesetz alles Irdischen, doch sie verbindet sich mit ihr in einer Weise, die die Schwerkraft geradezu zum Vollender des von ihr angestrebten Bewusstseins macht. Ebenso wie in den östlichen Kampfkünsten der Gegner durch seine eigene Kraft zu Fall kommt, breitet sich die Energie des leeren Herzens unwiderstehlich mit Hilfe der Erdkraft aus, wie die tiefenökologische Erfahrung zeigt.

Der barmherzige Samariter und die Ethik der Einheit

In allen Religionen der Welt steckt ein jahrtausendealtes Element der falschen Askese, der Schöpfungsverneinung, der Frauenverachtung, die nur durch Barmherzigkeit des Menschen mit sich selbst aufgehoben werden kann; also: »Liebe deinen Nächsten wie dich selbst!« Die alte Opfermentalität ist ja an und für sich von einem richtigen »ökologischen« Grundgedanken ausgegangen: Dass nämlich dort, wo etwas weggenommen, sprich getötet, verzehrt wird, ein Ausgleich gegeben werden muss – ein Äquivalent für das Verbrauchte. Diese Ehrfurcht vor dem Gesetz des Nehmens und Gebens hat aber den Menschen fast automatisch in einen Widerspruch zum LEBEN, das heißt zum THEOS gebracht, da er das einzige zur Selbstbewusstheit befähigte Lebewesen ist. Solch einem Wesen muss die Tötung anderen Lebens zwangsläufig schuldhaft erscheinen, solange es sich nicht der Ewigkeit und der Identität aller Schöpfung bewusst ist. Die Aborigines beispielsweise, die nach eigenen Angaben seit hunderttausend Jahren auf dem australischen Kontinent wandern, haben – entsprechend jenen beiden Prinzipien, Ewigkeit und Identität – eine Kultur entwickelt, die bei minimaler materieller Bedürftigkeit eine maximale geistige Erfüllung im Kontakt mit der Umwelt hergestellt hat. Diese Kultur erlaubte es ihnen, die wechselseitige Abhängigkeit als Ergänzung zu begreifen und sie kulturell voll auszudrücken, so dass kein Schuldrest übrig bleibt, der durch Askese oder Aggression gelöscht werden müsste.

Monotheistische Religionen, die immer ein Oben und ein Unten kennen – Gott und Mensch –, sind dieser Falle der Angst stets ausgeliefert. Erst in Christi Wort von der Barmherzigkeit löst sich die angstbesetzte asketische Verkrampfung und schmilzt durch ein Liebesbewusstsein, das die Erkenntnis des TAT TVAM ASI = »Das bist du« widerspiegelt. Yeshuas Geschichte vom barmherzigen Samariter ist, ebenso wie das buddhistische Ideal der *compassion*, ein Ausdruck spontaner Einsicht in die Verschwisterung allen Lebens.

Eine Religion, die nicht mehr mit der Angst vor dem Tod spielen muss, die ihren Mitgliedern hilft, den Übergang vom Sichtbaren ins Unsichtbare schon hier und jetzt gefühlsmäßig nachzuvollziehen, kann Barmherzigkeit = *compassion* als den Duft der Existenz verströmen.

Jenseits der Beschleunigungsgier

Die moderne Industriegesellschaft ist eine reine Beschleunigungszivilisation. Anders als die Jäger und Ackerbauern, ja noch die Nomaden, die der Erde in jeder Weise verpflichtet waren, sind wir Modernen seit 500 Jahren »on the run«. In unsere Ideologie umgemünzt spricht man von Entdeckung. Jede neue Entdeckung bedeutete unmittelbar die Degradierung des gefundenen Raumes, die Ausbeutung seiner Ressourcen, seiner Kulturen, und dies mit steigender Geschwindigkeit. Der Kolonialismus zeichnet sich durch gewaltige Raumvernichtung in immer kürzeren Zeiteinheiten aus. Globalisierung ist das vorläufig letzte Stichwort einer kompletten Degradierung der natürlichen wie zivilisierten Räume zugunsten abstrakter, einzig an ökonomische Kriterien gebundene Maßstäbe.

Unsere Beschleunigungsgier hat einen Grad erreicht, bei dem nicht mehr nur Orte, Landschaften und frühe Kulturen untergehen, sondern wir selbst nur noch auf Abruf da sind; jederzeit überholbar, austauschbar durch »schnellere Generationen« und bessere Maschinen. Globalisierung ist eine Reise in die Leere der Zeit, ins Nirgendwo, in virtuelle Welten, die sich jenseits der Schwerkraft im vollkommen Beliebigen bewegen. (Präsident Bushs Aufruf zur Besiedelung von Mond und Mars ist eine konsequente Weiterführung des Impulses »Go West«, nun in die Leere des Weltalls). Hier, an diesem äußersten Fluchtpunkt, hat eine spirituelle Bewusstseinskultur anzusetzen, die der Zeit nicht entfliehen will, weil sie das Reich Gottes, die erfüllte Ewigkeit, immer wieder im irdischen Raum neu zu finden weiß.

Hier ist die Zeit in den Schoß des Raumes zurückgekehrt und wandelt seine Bedeutung von innen her auf subtile Weise. Wandeln heißt nicht zerstören, sondern Integration stets wechselnder Sichtweisen auf höherer Ebene. Wiederum ist Voraussetzung für eine solche offene »Existenz im irdisch-geistigen Raum« die wache liebende Zeugenschaft, die Hingabe aus Leidenschaft für alles Lebendige, das sich für eine Weile in Raumzeit entfalten will. Vielleicht gibt es dafür kein schöneres Bild als das des dickbäuchigen lachenden Zen-Patriarchen, der in der Natur seinen Platz gefunden hat in einer Weise, die ihn mit dieser eins werden lässt. Das westliche Gegenbild dazu ist wohl die Gestalt eines Franziskus von Assisi. In ihnen offenbart sich etwas völlig anderes als der westliche Gedanke einer automatischen Evolution in immer schnellerem Tempo, sozusagen ein rasend gewordener Schöpfungsbericht, den wir zu entziffern suchen.

Gott – Diktator oder liebender Vater?

Hier kommt der Offenbarungseid für alle Christen: Können und wollen wir uns vom Bild eines uralten Schöpfergottes lösen, dessen ewiger Untertan der Mensch als Geschöpf bleiben muss. Wollen wir also ein ewiger Rebell oder Sisyphus bleiben, der umsonst aufbegehrt, ein rastloser Flüchtling auf der Suche nach einem Ausschlupf aus dem Gefängnis des Universums? Der Osten sagt: »Erkenne die *Maya* (Illusionshaftigkeit) solcher Bilder oder philosophischer Gedankenwelten, werde still, halte inne! Denn da ist kein Gott und kein Universum, und da ist auch kein Ich. Da ist nur die große Weite, und auch du bist wesenhaft große Weite. Wie kann man gegen die Leere rebellieren? Verschwende deine Energie nicht an einen Wahn, wache auf!« Als Yeshua von einem jüdischen Meister auf das Reich Gottes angesprochen wird, antwortet er sinngemäß: »Nur wer neugeboren wird, hat Zugang, wer Ohren hat für das Unerhörte und Augen für das Unerwartete.« Der Geist ist unsichtbar, doch manifest in allem Lebendigen als Bewusstsein, Empfindungsfähigkeit und Ausdruckskraft. Der Geist ist die große Weite von Ewigkeit zu Ewigkeit und wiewohl leer, frei von Eigenschaften, also frei von Substanz, quillt aus ihm die Fülle, die Gnade, das Antlitz der Liebe, das Yeshua ABBA nennt.

Wir stoßen von Mal zu Mal auf das Phänomen, dass die großen Erlöser und Erleuchteten der Menschheit eigenartig gesichtslos erscheinen; ihre Gestalt verschwimmt umso mehr, je näher ihr die historische Forschung auf den Leib zu rücken versucht. Es ist wie mit einem geliebten Gesicht, das sich nicht mehr klar vor mir zeigen will. Zu viele Eindrücke, zu viele Vorstellungen speichern solche Wesen, als dass sie auf ein Antlitz festzulegen wären. Hier und da erblicken wir das Inbild des Menschen = Christus für den Bruchteil einer Sekunde – in einer zufälligen Geste vielleicht, einer kleinen Gebärde; wir wissen dann unwiderruflich, dass die Ewigkeit Ereignis geworden ist, uns zugelächelt hat.

Die Zärtlichkeit des Lebendigen

Yeshua befreit uns mit seinem Wort von Gott als Geist endgültig von der Tyrannei eines Übervaters, eines Opfergottes, eines heimlichen Despoten. Solche Vorstellungen erfüllten eine Zeit lang ihren Zweck, da jede Gestalt notwendig ein doppeltes Antlitz haben muss, um vollständig zu sein! Noch C. G. Jung dachte so, als er den jüdischen Gott JAHWE in seinem Buch über Hiob als seiner selbst unbewusst beschrieb. Wir können das Ganze nur in Gegensätzen vorstellen. Jeder als persönlich gedachte Gott muss daher den Menschen bedrücken, da er in dualistischen Gut-Böse-Kategorien denkt und vergisst, dass sich die größten Gegensätze stets in einer höheren Einheit wiederfinden. So zeigt sich als Trost für den Christen nur ein Angesicht, das Jesu Christi, und auch dieses verschwimmt mit dem Ablauf der Zeiten oder bekommt immer neue Facetten, gleich einer endlosen Übermalung des selben alten Frescos. Während wir aber noch schauen und hören, empfängt uns – wie von Ferne – die Stille, bis wir spüren, sie kommt nicht von außen, sondern von innen und hüllt alles Äußerliche in ihrem unhörbaren Atem ein, bis auch wir ununterschieden sind von ihr.

Nicht umsonst hat es auch im christlichen Kirchenbereich Orte und Orden des reinen Schweigens gegeben: Die Karthäuser beispielsweise, die wussten, dass erst im Stillwerden alles Denken, alles Haften, alle Vorstellung untergeht und nichts übrig bleibt als die große Weite, der Sinn, der sich nicht aussprechen lässt.

Christus hat uns die alten Gottesbilder, die den Menschen über Jahrtausende gequält und zum Aufstand gezwungen haben, vollständig genommen. Wiewohl er von ABBA spricht, ist doch das Wie seines Sprechens einschneidender als das Was. Es ist die pure Zärtlichkeit des Lebendigen, die sich hier ausdrückt; es ist die Weisheit und Frische des Geistes, der unaufhörlich auf seine Umwelt einwirkt, wie ein Wind, der den Sand formt. Organisch zeichnet sich dieser Geist in Formen ein, deren Ähnlichkeit frappierend ist: Das Muster des Windes auf den Wellen drückt sich auch im weichen Sand ab. Es lässt sich in den Linien des Holzes von Bäumen ebenso wiederfinden wie in den unzähligen Gebilden aus Linien und Flechten einer Tierhaut und schließlich noch in den freien oder geometrisierenden Motiven der unterschiedlichen menschlichen Kulturen. Diese Formen müssen als ein Abbild der natürlichen Intelligenz der Schöpfung gesehen werden, die weder eines Schöpfers noch eines »Planes« im Sinne unseres technischen Weltbilds bedarf.

So wenig wie der Atem einen definitiven Anfang und ein eigentliches Ende hat (auch nach dem Tode bleiben erwiesenermaßen feinstoffliche Schwingungen im Raum), so wenig bedarf die sichtbare Wirklichkeit eines Machers oder eines Konzepts. Auch diese sind, wenn es sie denn gibt, noch der Ausdruck des einen Schweigens beziehungsweise der Leere, die alles durchdringt.

Jesus – historisch, aber nicht greifbar

Wir haben uns angewöhnt, an den historischen Jesus zu glauben, und das Christentum war immer stolz darauf, eine »wirkliche« Person vorweisen zu können, nicht nur ein mythologisches Wesen, wie Krishna oder beinahe Lao-tse und andere. Yeshua aber spricht von der erfüllten Zeit und dem Reich Gottes, aus dem er in unsere Wirklichkeit geschickt worden ist. Ein Bote, dessen Reich eigentlich niemand kennt – schon gar nicht die Theologen –, ein Bote, dessen himmlisches Wissen auf taube Ohren stößt, ein Gesetzloser, der mit dem unbedingten Anspruch des innersten Einverständnisses mit Gott auftritt. Wer kann ihn in dieser, seiner Wirklichkeit erkennen? Genau gesprochen: niemand! Will man nicht davon ausgehen, dass er bloß schwindelerregende Behauptungen aufstellt, bleibt nur die Überzeugung des Herzens oder vielmehr eine seltsame Anziehungskraft, die jeden Gedanken an Sicherheit, an Sitte und Tradition wie lose Blätter am Baum beiseite fegt. So geschah es offenbar den Jüngerinnen und Jüngern, und so geschah es noch Paulus in den drei Tagen seiner Umnachtung beziehungsweise »Erleuchtung«.

Lao-tse schreibt über den Berufenen: »Weil er nichts Eigenes will, darum wird sein Eigenes vollendet.« Yeshua bleibt für fast alle – mit Ausnahme vielleicht einiger Frauen – ebenso unerkennbar, und dennoch wirken seine Reden und Taten wie eine Feuersbrunst in den Menschen. Sie führen gleichermaßen zu großem Hass wie tiefer Liebe. Seine Gottesleidenschaft lässt niemanden unberührt, angefangen in seinem Familienkreis, der sich nur noch wundert; seine Worte polarisieren und seine Hände heilen. Beides oftmals im gleichen Moment. Sein Wesen ist unerkannt, seine Gestalt erregt Aufruhr. Er ist kein östlicher Rishi aus den Wäldern; Flamme und Schwert sind die Insignien, die ihm beigeordnet sind, ihm, dem Boten des Reichs Gottes, der das von seinen Jüngern abgeschlagene Ohr eines Soldaten heilt, der von der Liebe Gottes spricht und die Theologen seiner Zeit mit furchtbarsten Sätzen schlägt.

Wenige ahnen um seine Gotteskindschaft, alle sind in seinen Bann gezogen durch die Kraft, die von ihm ausgeht; eine Kraft, die ihn so lange konkret unfassbar sein lässt, wie er die Stunde noch nicht für gekommen hält. Er wirkt in dieser Welt, aber er ist nicht aus ihrem Stoff gemacht, sprich ihren Begierden, Wünschen, Taten und Untaten. Er kommt buchstäblich von einem anderen Stern! Der Osten sagt: Der Meister lebt in einer anderen Dimension, die dem Schüler nicht zugänglich ist, obwohl sie seine ureigene Heimat bedeutet! Nur der Meister besitzt die Kenntnis des Weges, der zur Befreiung führt. Yeshua bezeichnet sich als einen solchen Meister und erkennt sich den Raum der Ewigkeit zu. Sein »Ich bin« hat mit dem historischen Jesus nichts zu tun, es ist die Inkarnation des THEOS, des großen Selbst des Christus, der von göttlicher Gnade überfließt. In der Stunde seiner Erleuchtung, seines dauernden Eintritts in das Reich Gottes heißt es, dass eine Stimme sprach: »*Das ist mein lieber Sohn, an dem ich meine Freude habe*« (Mt 3, 17).

Lao-tse und der gute Hirte

Diese Sätze sind bekannt aus dem ägyptischen Isis-Osiris-Mythos; sie bedeuten die Inthronisation des Sohnes seitens der Mutter. Wieder finden wir zwei scheinbar nicht zusammenpassende Prinzipien nebeneinander gesetzt – den Meister und das Kind, den Wissenden und den Nichtwissenden, das Obere und das Untere! Wie fragil erscheint Yeshua in seiner Gotteskindschaft, deren Essenz die völlige Aufgabe des Eigenwillens ist, und wie mächtig als Meister, der seinen Untergang ebenso wie seine Auferstehung vorhersagt und im großen Zorn den Tempel reinigt vom profanen Handel und Wandel.

Viel ist inzwischen wieder die Rede vom »kosmischen Christus«, doch hängt an dem Wort der Geruch des Pantokrators, des im jüdischen Glauben vorgestellten Weltherrschers, der wiederum von oben her ordnet. Anders das Bild der Gotteskindschaft, das, wenn ich es nicht zu einem weihnachtlichen Rührstück umforme, den innigsten Bezug setzt zu Yeshuas Wort von der Milde, die die Mitte seines Herzens ausmacht. Ähnlich schreibt Lao-tse: »Des Wassers Güte ist es, allen Wesen zu nutzen ohne Streit.« Dieser Satz gemahnt an Yeshuas Selbstbeschreibung vom guten Hirten, der über die Schafe wacht. Was ihn so schwer verständlich erscheinen lässt, ist eben Folgendes: Er handelt nicht strategisch wie wir, er denkt nicht taktisch wie Händler und Politiker und trifft gerade deshalb ins Herz der Situation. Mit einem Seitenblick auf den Taoismus möchte man sagen, er lebt das Wu-Wei, das Prinzip des Nicht-Tuns im Tun. Er ist nicht des Kaisers, er ist Gottes, und diese Kindschaft, diese Urverbindung hält ihn unten, bei den Ausgesetzten, den Frauen, den Entrechteten; sie lässt ihn aber ebenso feiern und tanzen, mit den Leuten sprechen und zuhören – kurz, sie lässt ihn spontan tun, was richtig ist, und so ist dieses Tun von einer Lauterkeit und Stimmigkeit, dass es jederzeit und überall als heilsam und nährend empfunden wird.

Wiederum sagt Lao-tse: »Der Berufene macht sich nicht groß. Darum verbringt er das große Werk.« Das Verborgene in Yeshua, seine Christus-Kraft, äußert sich in dieser Barmherzigkeit, die aus der Liebe von unten her schaut: Es bekümmern ihn die Menschen, die von weit her kommen, ihn zu hören, er speist sie; es erstaunt ihn die Frau, die so »geschickt« um seine geistige Nahrung bittet, er nährt sie spontan; es erbarmen ihn die Jünger, die beim Fischfang leer ausgehen, er füllt ihre Netze. Er tut dies weder als Wundermann noch aus karitativen Motiven, sondern aus der unmittelbaren Verpflichtung des Herzens, die keine Lehre höher stellt als dieses unspektakuläre, hilfreiche Mitsein. Solche selbstlose, spontane *Kommunio* (Gemeinschaft) ist die frohe Botschaft Yeshuas. Alles Kosmische findet bei ihm Ausdruck, Maß und Bestimmung im konkreten Leben. Das Reich Gottes ist also offensichtlich, ist lebendige Mitteilung, und noch am Kreuz geht dieser Strom der Nächstenliebe nicht verloren.[20] Yeshua verlangt keinen abstrakten Glauben, er fordert auf zu springen, loszulassen vom Taktieren, um in das Meer der Gnade fühlbar eintauchen zu können, so selbstverständlich, wie die Strahlen der Sonne die Erde jeden Morgen neu in ihre Lichtflut einhüllen.

Durch den Tod zum Licht

Als Lehrer zeigt er die Gestalt des unbedingten Meisters, eine Gestalt, die nicht nur die Jünger gelegentlich zittern und Angst haben lässt; hier gleicht er dem Schwertkämpfer des Zen, der Schüler wie Gegner herausfordert, ihr Höchstes zu geben, da der weglose Weg ins Reich Gottes schmal ist wie des Messers Schneide. Ein Gang auf Leben und Tod. Wunderbar ausgedrückt findet sich diese

20 Siehe hierzu Henri Le Saux: Die Spiritualität der Upanishaden, Diederichs, 1980, S. 101 ff.: »Der *Purusha* der Upanishaden ist der kosmische, archetypische Mensch, jenes Seinsbewusstsein, das sich schließlich im Menschen vollkommen manifestiert.«

Sichtweise im Hymnus »Hymnus Christi«, einem frühen esoterischen Text, in dem Yeshua als Tänzer spricht. Er enthüllt den Schülern das Geheimnis des großen Tanzes des Lebens, diese Bewegung zwischen aktiv und passiv, Yin und Yang in den Bildern des alltäglichen Lebens. Der Meister hat sich den Tod vollkommen einverleibt, so dass kein Rest bleibt. *»Tod, wo ist dein Stachel?«*, jubelt Paulus. Gerade solche Einverleibung macht die Figur des Meisters so Schrecken erregend, so unberechenbar, sie lässt noch am ehesten jene andere Dimension erahnen, aus dem sein Leben schöpft.

Der Schüler muss sich der dunklen Wahrheit des Meisters stellen, die ihn entsetzt, da sie ihn mit seiner eigenen Todesangst oder genauer gesagt seinem sterblichen Ich-Bewusstsein konfrontiert. Was in den Tagen des Zusammenlebens noch Vorbereitung ist, nur hier und da als Möglichkeit am Horizont kurz aufblitzt, wird mit Yeshuas Kreuzestod unausweichlich: die Sackgasse, in das ihr normales Leben geführt worden ist, der Tod ihrer Hoffnungen und heimlichen Wünsche, ihrer Vorstellungen von Christus als dem ruhmreichen Messias. Der Meister hat sie in die Dunkelheit geführt; dass nur von dort her das Licht kommen kann, wer mag das in einem solchen Moment wirklich glauben? Seine Jünger jedenfalls nicht.

Hoffnung in Zeiten spiritueller Aushöhlung

Die Schatten unserer Gesellschaft werden länger; sie legen ihre Dunkelheit auf jeden, und besonders auf jeden religiösen oder spirituell suchenden Menschen, mithin auch auf jeden Christen, der gerade das Zwielicht der Kirchenräume hinter sich gelassen hat und nun in einer anderen, blendenden Dunkelheit steht. Ob man die herrschende Geisteshaltung Säkularismus, Atheismus oder ganz banal konsumorientierten Materialismus nennt, macht keinen großen Unterschied. Wichtig allein ist das Resultat: die schleichende beziehungsweise offenkundige, umfassende Aushöhlung eines spirituellen Bewusstseins, deutlicher, eines Erahnens von Transzendenz in dieser Welt. Das ökonomische Zweckdenken, das inzwischen ausnahmslos alle Teile der Gesellschaft erfasst hat, rinnt wie ein lähmendes Gift in die innere Bewusstseinsstruktur der Menschen und zerstört die Organe der Empfänglichkeit für jene andere, ureigenste Wirklichkeit, welche Yeshua mit dem Wort vom Reich Gottes umschrieb und Lao-tse als Tao benannte, das nicht zu Benennende!

Die äußeren Zeichen, Organisationsformen und Riten unserer Religion sind zumindest in Europa im Aussterben begriffen; daran ändert auch ein blühender esoterischer Markt nichts. Der freie Christ kann sich auf Religiosität im alten Sinne immer weniger stützen; solche findet sich zumeist nur noch als traditionelle Sonntagsveranstaltung in den Kirchen am Vormittag. Daneben existiert vielleicht noch der karitative Dienst am Nächsten, der wohl ethisch motiviert ist, aber sehr gut auch ohne *religio* auskommt.

In dieser bedrohlichen Situation bleibt dem verwaisten Christen oft nur noch die eigene unsichere Existenz. Draußen bestimmen Zweckdienlichkeiten und Konsum das Denken und Handeln und innen das leer gewordene Herz: das Gefühl, mitten im Morast zu stecken, während seelische Nebel und Kälteschauer über einen hinwegfegen. Ein lähmender, endloser Montag hält den Geist gefangen. In diesem Vakuum hat sich ein großes Feld spiritueller Angebote und Attraktionen breit gemacht, das weder ignoriert noch einfach übernommen werden kann. Man kann, und das tun nicht zu Unrecht sehr viele in dieser Situation, die Angebote dieses Feldes sondieren, sich also auf den mühsamen, oft erschreckend trivialen Weg der Unterscheidung von Spreu und Weizen machen. Man braucht dafür viel Mut, große Wachheit, einen gesunden Menschenverstand und manchmal auch Glück und eine gute Intuition. Nirgends liegen Scharlatanerie und großer Ernst so nahe nebeneinander wie in den esoterischen Gefilden.

Nachkirchen-Christen in der Krise

Der Nachkirchen-Christ wird seine Bedürfnisse hier am wenigsten befriedigt sehen, und das mag manchmal sein Glück sein. Er ist vielleicht mehr als alle anderen darauf angewiesen, sich führen zu lassen und die Spur Christi dort zu finden, wo er sie am wenigsten vermutet. Als Erstes ist da sein Körper und das in ihm gespeicherte

Empfinden des eigenen Ungenügens. Er muss sich damit konfrontieren, dass er von Gefühlen wie Minderwertigkeit, Hochmut und einem latenten Masochismus geradezu durchseucht ist und dass Unglaube und Menschenverachtung an der Wurzel seines Lebensgefühls nagen. Er wird mit Bitterkeit erkennen, dass er um vieles profaner ist, als er dachte, und dass seine heimlichen Begierden auf eine starke Raubtiermentalität schließen lassen. Er wird sich wundern, dass er den Geschmack echter Demut nicht kennt und sein Gott keiner der Liebe, vielmehr der Wut und der Rache ist. Wenn er für sich ist, muss er feststellen, dass sich in seinem Kopf ununterbrochen die monologische Mühle dreht und seine Gebete entsprechend schal klingen. Am meisten wird ihn vielleicht die Erkenntnis erschrecken, wie fern ihm der Name Jesus Christus geworden ist, bloße Buchstaben, über die auch die privaten wie öffentlichen Andachten nicht mehr hinwegtäuschen können. Ein riskanter Blick in den inneren Spiegel wird ihm zu guter Letzt sagen, dass er ein sehr gewöhnlicher Mensch mit minimalen Glaubensresten ist. Von Liebe, geschweige denn Nächstenliebe, kaum eine Spur.

Diese Einsicht könnte ihn ins Lager der Hardwarerealisten und ihrer Programme treiben; sie könnte ihn aber, unter Umständen, auch derart erstaunen, dass bei aller Verunsicherung doch ein Fünkchen Neugier aufblitzt, Neugier über diesen offiziellen Christen, den sein eigener Wunsch nach Klarheit in eine geistige Sackgasse gelockt hat, und der nun einfach nicht weiter weiß. Ein normaler Gläubiger, dem die authentischen Bekenntnisse abhanden gekommen sind und dessen Existenz sich nach Wüste anfühlt: leer, bleiern, trocken, und doch von einem Lichtstreif großer Klarheit durchzogen wie nie zuvor. Ein Buddhist würde sagen: Er hat zum ersten Mal den Boden der Wirklichkeit betreten, ohne wegzulaufen, er hat das *Dharma* berührt[21], und sein Lichtblick war ein Moment des Erwachens. Der Geschmack der Leere bildete die Voraussetzung für jene Nüchternheit, die urteilslos die Situation wahrnahm, wie sie sich zeigte.

21 Siehe Jesu »bitteren« oder genauer gesagt deutlichen Ausspruch zu den Pharisäern: »Ihr kennt weder mich noch meinen Vater; wenn ihr mich kenntet, so kenntet ihr auch meinen Vater« (Joh 8, 19).

Jenseits aller Gewissheiten beginnt das Neue

Es gibt in solchen Augenblicken nichts zu tun, nichts zu verwerfen, nichts zu wollen; man ist von selbst in den Zustand der Meditation der nicht-dualen Wahrnehmung eingetreten, ohne deswegen Christ, Buddhist oder sonst irgendetwas sein zu müssen. Der innere Zeuge ist in den Vordergrund getreten, mein schweigender Begleiter auf dem Weg des Lebens. Am Ende angekommen schimmert ein dauernder Anfang auf. Der freie Noch-Christ sollte gerade nach solcher Schau der Wirklichkeit auf die nahe liegende Frage »Wer beziehungsweise wo ist Christus?« wenn irgend möglich verzichten. Der Zwang, für das Erlebte Worte zu finden, zerstört die Einsicht, die da so unvorhergesehen auftauchte. Jeder Versuch der Identifizierung, noch dazu mit den schal gewordenen Überresten der eigenen Tradition, führt schnurstracks zurück ins Gefängnis des alten Bewusstseins. Sich offen zu halten, der Erfahrung als solcher zu vertrauen, der undefinierten, doch so eindeutigen Botschaft nachzugehen, statt in Panik nach alten Glaubensbekenntnissen zu stöbern, ist der Beginn des weglosen Weges. Er entäußert mich meiner religiösen Gewissheiten, um alle Sinne zu öffnen für das, was jetzt ist. Nur so kann der glaubensüberfrachtete Christ, der ja oft ein heimlicher Rationalist ist, jene Disziplin des Loslassens lernen, die ihn vielleicht befähigt, der Schattenwelt unserer postmodernen Wirklichkeit standzuhalten. Er kann die Leere als einen dynamischen Zustand erspüren, die ihn »sicherer« durch alle weltlichen und spirituellen Gefährdungen trägt als der schönste Glaubensartikel. Sich immer tiefer darin zu verankern, bedeutet gerade für den Christen keine passive Meditation; er gerät vielmehr in einen Zustand objektiver, wacher, barmherziger Weltbegegnung, die sein gekränktes, verletztes, begieriges Ich ebenso heilt, wie es seine Freude und seinen Mut zum Quellen bringt.

Er vermag nun vielleicht die Magie einer Kraft zu spüren, die in dem Maße wächst, wie seine Bedürfnisse geringer werden. Er wird zugänglicher für die Welt, die ihm nicht mehr als Problem, sondern als kreative Herausforderung gegenüber tritt, jenseits der Frage von Gewinn oder Verlust. Irgendwann meldet sich wahrscheinlich die Angststimme des Teufels und fragt: »Wo ist das Christliche?« Traut er sich darauf zu antworten: »Ich weiß es nicht, aber die Dinge fühlen sich richtig an«, so ist er auf dem Weg, der nicht mehr ins Alte zurückführt. Ein bekanntes Zen-Wort sagt: »Am Anfang sind die Berge die Berge, dann sind sie ganz anders, und am Ende sind die Berge wieder Berge.« Wo der Noch-Christ sich auf den kurvenreichen Pfad der Desillusionierung, der Befreiung und des Loslassens einlassen kann, hat er Chancen, echte spirituelle Erfahrung geschenkt zu bekommen und Christi Wort neu und vielleicht erstmals zu verstehen: »*Wer suchet, der wird finden, wer anklopft, dem wird aufgetan*« (Mt 7, 7).

Können wir uns Christus lachend vorstellen?

Nichts ist schlimmer, als die Evangelien im Maßstab eines »normalen« Glaubensverstandes zu lesen, nichts tödlicher, als sie für bloße symbolische oder psychologische Stenogramme zu halten. »Der Weg in die Hölle ist breit und gut gepflastert«, heißt es in der Bibel, und damit ist weniger der menschliche Hang zur Unmoral gemeint als jene Selbstgewissheit der Frommen, die Yeshua so scharfer Kritik unterzog.

So ist das Gehen in der Leere dem Zustand des Traums zu vergleichen, in dem jederzeit alles möglich scheint; nur, dass ich hellwach bin und mich im Fallen noch aufgehoben weiß, geht *Seine* Liebe doch immer unter mir. Vielleicht setze ich hier für dieses Wort einen Namen: Yeshua.

Das Gefühl des Getragenseins ist elementar. Wir kennen es im Westen fast alle zu wenig, obwohl wir einst von unserer Mutter gehalten wurden. Und seit wir selbst mit beiden Beinen auf der Erde stehen, sind wir ständig unmittelbar mit diesem Aufgehobensein verbunden. Viele zentrale Erfahrungen in psychologischen und körpertherapeutischen Gruppen drehen sich um diese existenzielle Situation. Für so manche Christen bedeutet daher der Weg der klassischen Selbsterfahrung einen ersten fundamentalen Schritt in das Erleben leiblicher Ganzheit. Die christliche Theologie, die doch so sehr auf der historischen Existenz Jesu beharrt, hat diesen Menschen auf der anderen Seite so entkörperlicht, dass ein lachender, tanzender, feiernder Yeshua kaum jemandem vorstellbar scheint. Sein Körper zeigt sich vor unserem inneren Auge meistens als angenagelt an das Leidenskreuz, so dass uns schließlich der zerbrochene Leichnam realer anmutet als seine lebendige Existenz. Das deutet eine tiefe, christliche Perversion an: das Nicht-wahrhaben-Wollen des vibrierenden Körpers, der spontanen Lebendigkeit dieses Menschen, der sich vom Geist Gottes durchflutet und allzeit getragen wusste.

Kann ich Christus in der Freude, im Lachen sehen? Diese Frage ist daher grundlegend für den freien Christen. Nur da, wo die heimliche Resignation über die scheinbar verkommene Welt (das Böse) losgelassen wurde, kann jener Geist aufblitzen, aus dessen Tiefen Yeshua schöpfte – die Empfindung innigster Verbundenheit mit der Erde und ihren Geschöpfen, mit Schönheit und Hässlichkeit als zwei Pole desselben Lebensstranges.

Die Wonne des Angenommenseins

Wer einmal in einem Setting klassischer therapeutischer Selbsterfahrung die Wonnen des Angenommenseins wiedergefunden hat, wird diese so leicht nicht mehr vergessen, vermitteln sie doch einen Geschmack des Paradieses auf Erden. Wenn das Wort Gutheit, jenseits von Moralkategorien, irgendeinen Sinn macht, dann hier, in der Wahrheit des Genährtseins durch mein Umfeld. So liegt auf dem spirituellen Pfad des freien Christen die Wiedergewinnung der Leiblichkeit als ein vordringliches Ziel, denn nur sie bringt ihn in Verbindung mit jenen elementaren Kräften, die einen lebendigen Glauben, ein Vertrauen in das Hier und Jetzt der Wirklichkeit speisen: Achtsamkeit, erhöhte Vitalität und Freude am Leben. Dass dieses Leben genügend Anlass zu Trauer, Zorn und so weiter bietet, ist damit nicht verdrängt, sondern – ganz im Gegenteil – auf eine andere, gesündere Basis gestellt. In der wachen, vorurteilslosen Wahrnehmung werde ich mit der Zeit befähigt, alles als Unterstützung meiner Existenz zu verstehen. Gerade auch das, was ich bisher kaum beachtete: das Licht, die Geräusche, ein Lächeln, der Stuhl, auf dem ich sitze, meinen ein- und ausgehenden Atem, die Stille und vieles andere. Bei längerer Übung erkenne ich auch Probleme und Konflikte mit anderen als dunkles Licht, das transformiert werden kann, da ich ihnen weniger Widerstand entgegensetze, zum Beispiel in Form von Angst, Ignoranz oder Vorurteilen. Diese Ausgewogenheit hat ihren Ursprung in jener primären Ebene des Gutseins, die mir im Laufe der Zeit von immer anderen, überraschenden Seiten gespiegelt wird.

Notwendigerweise brauche ich für solche Erfahrung Disziplin. Habe ich den Segen der Disziplin, der vertieften, ungeteilten Achtsamkeit und Offenheit zu genießen begonnen, wird sich mein Verständnis meinen Gefühlen und Gedanken gegenüber vollständig wandeln. Ich sehe sie mehr und mehr wie Wolken am Himmel, die in gewohnten Bahnen vorbeiziehen; natürliche Phänomene am geistigen Horizont meines menschlichen Lebens, welche, wenn ich ihnen übertriebene Aufmerksamkeit schenke, dieses Leben zumeist vermindern und überschatten und die sinnlichen Verbindungen zur Umwelt verstopfen. Das »realistische« Normalbewusstsein lebt im großen Käfig seiner Gefühle und Monologe, die es die Welt nur wie von Ferne her schemenhaft erkennen lassen. Es lebt von Abstraktionen, und selbst wenn es scheinbar gut damit fährt, bleibt es doch in einer eingeschränkten, ich-haften Wirklichkeitswahrnehmung gefangen. Je mehr andere dieses eingeschränkte Bewusstsein teilen, desto mehr nehmen wir es als leidlich lebbare Komfortzone wahr, die wir nur unter größten Ängsten und Widerständen verlassen. Die Wiedergewinnung elementarer Leiblichkeit gehört also zur Basisarbeit eines neuen Christen, um dem tödlichen Teufelskreis von Sünde und Selbsthass zu entgehen und die Gestalt Yeshuas neu zu erspüren.

Heiliger Geist und Kundalini-Kraft

Yeshua hat Gott (THEOS), hat die Göttlichkeit des Lebens offenkundig so stark in seinem Körper verspürt, dass dieser überbordende Strom als Heilkraft unmittelbar von den Menschen empfunden und aufgenommen wurde. Nicht umsonst ist er in der christlichen Frömmigkeit als »Heiland« angesprochen worden. »Tut dergleichen Taten wie ich«, fordert er seine Jüngerinnen und Jünger auf, die jedoch noch nicht im Stande sind, die Springflut des Heiligen Geistes in ihren Leib einzulassen, ohne dabei umzukommen. Es bedarf erst des Schocks über Yeshuas Tod, seiner Auferstehung und der anschließenden subtilen Belehrungen, die ihren Geist wie Körper für die große Offenbarung bereit machen: Pfingsten, die Ausgießung jenes Feuers, das die ganze Welt verändern sollte.

Das Phänomen dieses Lebensgeistes ist in Indien seit Urzeiten unter dem Namen Kundalini bekannt. Große indische Heilige des vergangenen Jahrhunderts wie Sri Aurobindo und Ramana Maharshi haben die Glut dieses Feuers in ihrem Leben bezeugt. Jeder, der auch nur eine Weile systematisch Körperarbeit betrieben hat, weiß, dass es nichts Schwierigeres gibt, als mit erhöhten Energien positiv umzugehen; sie weder sexuell noch sportlich oder emotionell sofort auszuagieren, noch sie zu unterdrücken, sondern solche Spannungen als einen umfassenderen Lebensausdruck generell zur Verfügung zu haben. Das Maß des eigenen Unglaubens kann nirgends leichter getestet werden als in solchen Augenblicken des Überschwangs: Im Hintergrund lauert der Teufel mit der Frage, wann wird das denn wieder alles abwärts gehen? Denn im alltäglichen Leiden ruht die eigentliche Sicherheit meiner Existenz, »viel schlimmer kann es ja eh nicht werden«. Auf diesem Glaubensniveau, das können die meisten Therapeuten bezeugen, beruht das Lebensgefühl sehr vieler Menschen.

Hat der freie Christ einen Zugang zur körperlichen Wurzel eines lebendigen Vertrauens bekommen, ist er dem Geheimnis, das nicht außerhalb von ihm, sondern in ihm wohnt, ein wesentliches Stück näher gerückt. Er ist auf dem Weg der Liebe, und seine Ausstrahlung bezeugt dies. Er ist offener geworden für das Licht, das in ihm brennt, und das Salz, das sein Leben schmackhaft macht; er beginnt zu ahnen, dass auch das Leid (das Kreuz) ihm etwas sagen will, dass es seine Lebendigkeit vertiefen, statt zerstören kann. Christus hört auf, ein nur papierener Glaubensartikel zu sein. Vielleicht ist dies eine der ersten echten, tiefen Freuden: Dass ich Ihn spüren darf, in einer so ganz unerwarteten Weise, die doch meine innerste Gewissheit nur bestärkt: Er ist, was ich ahnte, und doch ist alles in so beglückender Weise anders, frisch und von einer leuchtenden Klarheit.

Einzigartigkeit: Yeshua oder der Fluss der Gnade

Jesus sprach: Wenn sie zu euch sagen, die euch verführen: Siehe, das Reich ist im Himmel, so werden die Vögel des Himmels euch zuvorkommen. Wenn sie zu euch sagen, es ist im Meer, so werden die Fische euch zuvorkommen. Sondern das Reich ist inwendig in euch und außerhalb von euch. Wenn ihr euch erkennt, dann werdet ihr erkannt werden, und ihr werdet erkennen, dass ihr seid die Söhne des lebendigen Vaters. Wenn ihr euch aber nicht erkennt, so seid ihr in Armut, und ihr seid die Armut.

(Thomasevangelium)

Keine Theologie reicht an das Wesen Yeshuas heran, sie umkreist ihn in engeren, weiteren, komplizierteren oder einfacheren Bögen. Sie schenkt Ahnungen und stiftet noch mehr Verwirrung. Sie stellt ein Thema in den Raum, das in Wirklichkeit keines ist, denn ICH BIN, sagt Yeshua, ICH BIN das lebendige Leben, nur wer mich trinkt und isst, wer mich liebt und mit mir leidet, wer mit mir wandert, betet, tanzt, kann mich begreifen. Alle heilige Schrift bleibt daher graue Theorie, leeres Papier, sofern nicht die eigene Inspiration dazutritt. Es bedarf keiner einzigen schriftlichen Überlieferung, um Yeshua zu erkennen, sofern ich das ursprüngliche Empfinden des lebendigen Lebens, seinen Rhythmus, seine Impulse, seine Stille in mir spüre.

Die meisten Christen, so scheint es, haben immer in einer ebenso verständlichen wie unheilvollen Ambivalenz zu der Gestalt Jesu Christi gestanden. Ein Mensch, ein Gott – ja, beides sagt die Theologie, aber zwischen beiden Namen, Jesus beziehungsweise Yeshua und Christus, klafft ein Riss, der die Gläubigen seit Jahrtausenden verschlingt. »Yeshua« scheint zu wenig, »Christus« zu viel. Wohin mit dieser Zwittergestalt? Wie an sie glauben, sie mir vorstellen, geschweige denn sie spüren und erkennen? Ein Mensch, der zu gut ist, um noch Mensch genannt zu werden – also ein Gott, doch ein Gott, der sich kreuzigen lässt! Wohin mit solchen Verrücktheiten im kleinen Alltag?

Wer kann so viel Wirklichkeit ertragen?

Als Yeshua aus der Wüste kommt, aus dem grellen Raum der Versuchung, ist er durchstrahlt von Klarheit und Kraft; eine Sonne, deren Licht wie ein mildes, doch unwiderstehliches Feuer alles in seinen Bann zieht, auf das es trifft. Er predigt nicht wie die Theologen, er spricht aus einer unergründlichen, lodernden Tiefe, die ebenso faszinierend wie erschreckend auf seine Umgebung gewirkt hat. Er lässt niemanden unbeteiligt. In ihm pulsiert eine Mächtigkeit, die von ganz anderer Art ist als der Stoff, aus dem der gewöhnliche Mensch gemacht ist, die dieser dennoch sogleich als seine innerste Sehnsucht und seine größte Angst verspürt. Er ist auf das lebendige Feuer des Lebens gestoßen und wird seine Augen nicht mehr davon abwenden können, während sich gleichzeitig alles in ihm zusammenzieht – in Abwehr, in Furcht, ja in Entsetzen!

Wer kann so viel Wirklichkeit ertragen, so viel Widerspruch: Stille und Intensität, Verzeihen und Anforderung, Wunder und Selbstverständlichkeit, Fülle und Schlichtheit scheinen aus dieser Person ununterbrochen gleichzeitig auszuströmen. »Wenn dieser wirklich aus dem Reich Gottes zu den armen Menschen auf Erden gekommen ist, um die frohe Botschaft vom göttlichen Leben auf Erden zu verbreiten, so ist er ein anderer! Er gehört nicht zu uns.

Wir sind nicht so! Wir wollen auch gar nicht so sein, und doch verzehrt sich unser Herz in Sehnsucht. Er ist uns zu viel, aber wir kommen ihm nicht aus.« Spätestens hier taucht der Gedanke des Mordes auf. Nicht von ungefähr schildert das Lukasevangelium (vgl. Kap. 4), wie gleich am Anfang von Yeshuas öffentlichem Auftreten das Wechselbad existenzieller Empfindungen die Menge der Zuhörer durchschüttelt; nach erstem Staunen versucht sie ihn zu töten. Aber »er geht durch sie hindurch«, heißt es lapidar. Der Lebendige ist nicht so einfach zu töten, seine Kraft hüllt ihn ein und lässt die mordhungrige Menge hinter sich.

Einer muss sterben – Er oder »Ich«!

Kaum eine andere Tradition schildert den Einbruch des lebendigen Menschen in das Gehäuse des Normalen so krass wie das Neue Testament. Yeshuas pure Existenz ist eine derartige Provokation, dass sich das übliche Dasein, die normale Moral wie die religiösen Strukturen in ihren Grundfesten erschüttert sehen. Er ist kein Eroberer, einen solchen könnte man noch verehren oder bloß hassen. Er ist kein Wissender, sonst könnte man ihm applaudieren. Er ist auch kein Verführer, kein Magier, dem man sich einfach hingeben könnte – stattdessen *ein Mensch,* aus dem die große, kosmische Liebe so gefährlich aufblitzt, dass jeder spürt: »Dieser ist ein Namenloser, dieser kommt von einem anderen Stern, dessen Leuchten ich fatalerweise doch selbst in meinem Innersten verspüre. Ich bin in der Falle! Der Ausweg heißt: entweder *ihn* aus dem Weg zu schaffen oder mich selbst.«

Die Antwort sollte schnell erfolgen, und es ist nicht daran zu zweifeln, dass Yeshua schon früh erkannte, was man ihm, dem Unerträglichen, zugedacht hatte: den Tod! Sein bloßes Dasein zwang alle, Farbe zu bekennen: »Will ich das ›größere‹ Leben, das ich in seinem Angesicht als ein Verlangen und eine Furcht in mir selbst verspüre? Oder möchte ich lieber als ›normaler‹, das heißt von Gedanken, Gefühlen, Gelüsten gepeinigter, nach bedingungsloser, blinder Sicherheit strebender, mit allen Vorurteilen behafteter Mensch meine Existenz fristen?« Die Frage stellt sich heute wie vor

2000 Jahren, und im Angesicht jedes wirklichen Meisters wird sie existenziell wichtig. Yeshuas Besonderheit beruht darauf, dass er gerade die Fachleute in Sachen Moral und Ethik in unerbittlicher Schärfe auf ihr Dilemma verwies: Man kann wohl die individuelle Gestalt des Lebens ans Kreuz nageln, man kann aus scheinbar guten, theologischen Gründen einem Mord zustimmen, dennoch wird der Geist immer wieder auferstehen und erneut mit derselben Herausforderung an die Menschen herantreten. Seit Golgatha sind endlos viele Kreuze aufgestellt worden, und es sieht nicht so aus, als ob es damit je ein Ende hätte. Und ein Großteil dieser Monumente des Todes wurde von den Gläubigen und Mächtigen der Religionen aufgestellt: »In diesem Zeichen wirst du siegen«, wie dem römischen Imperator Konstantin träumte, der das Christentum schließlich zur Staatsreligion erhob!

Die Freisetzung der Christus-Kraft

Wir fürchten den Tod, täglich, stündlich, minütlich. Wir fürchten die vielen kleinen Tode, die Niederlagen, den Schmerz des ungestillten Verlangens, die Hindernisse, die unsere Wünsche, Hoffnungen und Pläne immer wieder durchkreuzen. Wir hassen das Leben, das all das jederzeit mit sich bringen kann, und kleben doch an ihm fest wie Fliegen am Honig. Wir hassen jenen Lebendigen, weil er uns unverhüllt ins Gesicht sagt, dass wir mit dieser Taktik keine Chance haben, und es sogar noch wissen – heimlich! Wir hassen es, dass er unsere Kleinheit aufdeckt, unsere Glaubens- und Liebesunfähigkeit; wir spüren die mörderische Wut, die uns angesichts dieser eigenen Zwiespältigkeit überfällt; wir fordern also seinen Tod, der in Wirklichkeit der unsrige ist. Und auch das spüren wir in unseren halbgaren, halblebendigen Körpern, und wir scheinen nicht anders zu können, als in seinem Namen zu sagen: »*Vater, vergib uns unsere Schuld, denn wir wissen nicht, was wir tun*« (vgl. Lk 23, 34).[22]

22 Lukas 23, 34. Jede Psychotherapie zeigt, dass der Schritt zur Selbstverzeihung grundlegend ist, um auch mit der Umwelt in Harmonie zu gelangen.

Schweigen! Wenn wir unten angekommen sind, im Leeren, füllt uns das Schweigen. Es tut gut; es bringt die irrenden Bewegungen zur Ruhe und hält die monologische Gedankenmühle an. Der Täter ist seines Tuns entledigt, und aus dieser Ohnmacht fällt manchmal sein Blick auf die Welt: klar und unverstellt, eigenartigerweise mit der Objektivität, der spürbaren Gewissheit einer Milde und Liebe, die zuvor jenseits aller menschlichen Möglichkeit schien – ICH BIN.[23] In diesem Moment explodiert geräuschlos die Energie jenes *Menschen* Yeshua in uns, als Christusenergie, Gotteskraft, und wir ahnen, dass wir viel mehr als seine Anhänger, seine Untertanen sind: seine Brüder und Schwestern.

Yeshua bezeichnete sich und seine Jüngerinnen und Jünger als Menschenfischer, nicht als Rattenfänger, wie sich die meisten »Normalen« wohl insgeheim selbst verstehen, die Politiker, die Manager, auch die vielen Verkäufer religiösen Seelenheils. Er fischte um des lebendigen, ewigen Wesens willen. Wichtiger vielleicht, als was er sagte, war seine eigene Wirklichkeit: Er war die frohe Botschaft selbst; das brachte ihm die spontane Hingabe der Frauen und das sofort verdrängte Gefühl der meisten Männer, dass er genau das lebte, was sie suchten – die offene Weite, den kühnen Geist und diesen schier unerträglichen Fluss der Liebe. Die frohe Botschaft ist der Lebendige Geist im weichen, kraftvollen Körper, ist jene organische Intelligenz, von der Lao-tse sagte, sie sei der grundlose Grund aller authentischen *religio* – und das Erste, was jede Religion als organisierte Institution zu zerstören sucht, ist eben dieses! Wilhelm Reich schreibt: »Als den Menschen das Paradies, das heißt das lebendige Leben, verloren ging (…), brach der ›Wahrheitssuchende‹ in diese Welt einer zerstörten Menschheit ein; was die Christen als ›Sünde‹ bezeichnen, ist in Wahrheit der Verlust des vollen Kontaktes mit dem eigenen Leben; aus diesem Grunde müssen falsche und unzulängliche Ersatzkontakte hergestellt werden, die das Leben wie Krücken aufrecht halten.«[24]

23 Man vergleiche hierzu die große Erfahrung Ramana Maharshis, der in einer tiefen Todesvision zum Bewusstsein der Unvergänglichkeit seines wahren Wesens gelangte; ein Bewusstsein, welches ihn nie wieder verließ.

24 Siehe Wilhelm Reich: Christusmord, Zweitausendeins 1997, S. 284.

»Lasst die Toten die Toten begraben!«

Ein Mensch wie Yeshua führt uns zu der ursprünglichen, falschen Weichenstellung wieder zurück, auf der Zivilisationen und Kulturen ebenso beruhen wie ihre Kriege und Eroberungen. Das ist die Gnade, die unseren getrübten Augen als über- und unmenschliche Herausforderung erscheint. Insofern die Gnade von unten kommt, wie das Netz für die Fische unvermutet aus der Tiefe des Meeres aufsteigt, haben wir eine Chance, geangelt zu werden wie die ersten Jünger, die keine Ahnung hatten, zu welchen Dimensionen ihr Leben sich weiten sollte.

Wir geraten ins Zittern angesichts solcher Freiheit. Yeshuas Satz *»Lasst die Toten die Toten begraben«* ist ein Schlag ins Gesicht jeder institutionalisierten Religion, die die Verehrung der toten Heiligen zum Hauptinhalt ihrer Riten und Gebete gemacht hat. Die Forderung nach einem radikalen Leben im Hier und Jetzt legt die Axt an die Wurzel traditioneller Gläubigkeit und macht ihren Hass auf jeden Verkünder der offenen Gottesweite verständlich.

Yeshua weiß sich aus tiefster Gewissheit als Sohn des THEOS wie der Menschen! Er spürt den kosmischen Lichtstrom als ununterbrochene Kraftquelle durch seinen Körper fließen, und der Glanz dieser Lichtheit heilt, worauf immer er seine Hand legt. Seine Liebe ist kein bloßes Gefühl, keine Sehnsucht, keine Herzensschwärmerei, keine Moral des Guten, vielmehr der manifeste, sichtbar Heilung bewirkende Fluss jener Kraft; sie pulsiert von selbst, und doch ist er ihrer jederzeit gewahr. Wenn etwas den Aufruf zur großen Freiheit, diesen Schrecken im Herzen der Jünger und in unserem eigenen, lindert, dann ist es die Milde, die aus der untersten Dunkelheit zusammen mit dieser Kraft aufsteigt; leichter als Rauch, doch umfassender, alles tragend. Die Kirche gab ihr den griechischen Namen *Agape,* die göttliche, die entbindende Liebe, im Gegensatz zum *Eros,* dem allzeit bindenden Verlangen.

Fleisch und Blut – das Geheimnis der Eucharistie

Freiheit und Liebe sind bei Yeshua in untrennbarer Weise gekoppelt, und fast die Einzigen, die dies im Herzen verstehen, sind die

Frauen. Ihr Verständnis gibt ihnen den Mut, unter dem Kreuz auszuharren, während die Männer, die späteren Apostel und Weichensteller christlicher Theologie, längst verschwunden sind. Es gibt eine interessante Stelle im Johannesevangelium, die das heimliche Unverständnis, ja den Widerstand vieler Jünger gegen Yeshuas Worte und Taten schlagartig grell beleuchten. Sein Satz *»Wenn ihr nicht mein Fleisch esset und mein Blut trinket, so habt ihr das Leben nicht in euch«* (Joh 6, 53) ist ihnen dermaßen unerträglich, dass sich ein größerer Teil von ihm trennt. Sind seine Worte eine Einladung zum religiösen Kannibalismus uralter Zeiten, als in ritueller Weise das Fleisch des Geopferten gegessen wurde? Yeshua scheint erstaunt über ihre Reaktion und fügt noch hinzu: *»Was werdet ihr erst über meine Auferstehung sagen?«* (vgl. Joh 6, 62). Und dann spricht er das entscheidende Wort: *»Der Geist ist es, der lebendig macht, das Fleisch nützt nichts«* (vgl. Joh 6, 63). Also, keine Einladung zum religiös verbrämten Kannibalismus; stattdessen ein unmissverständlicher Hinweis auf die vollständige Durchsättigung Seines Leibes mit Licht, mit Gotteskraft, mit dem Duft einer Ewigkeit, der alles verwandelt, was mit Ihm in wirkliche, gläubige Berührung kommt. Nichts an dieser Leiblichkeit, an ihrem Ausdruck, ist bloß zufällig; alles vibriert von der Kraft einer universalen Gnade, die mich, wo und wann immer ich sie erkenne und mich ihr öffne, unmittelbar heilt. Aber ich, der zu Heilende, muss den ersten Schritt tun, ich muss mich in die Begegnung wagen, ich muss über meinen Schatten springen; das erst schafft die Chance zur Heilung.

An vielen Stellen wird deutlich, wie tief die Männer ihn missverstehen, ihn fürchten; und auch die Zwölf, die bis zum Ende bei ihm bleiben, sind kaum davon auszunehmen, wie sich später in Gethsemane zeigen wird. Ihre Hingabe an den Meister ist groß, und doch bleibt ein nagender Zweifel, der einen Judas schließlich zum Verrat treibt. »Was soll ich mit diesem nicht erkennbaren Gottesreich anfangen«, wird er fragen. Aus diesem Zweifel hat sich die uralte, mit der Kirche nur in neue Formen gegossene Opfertheologie des Kreuzes entwickelt, die jeden Gläubigen fast automatisch in die geistige Knechtschaft einer Leidensideologie verbannt. Und eben diese Ideologie ist es, die noch heute nach 500-jähriger Aufklärung den wichtigsten Grund zur Verneinung nicht mehr nur kirchlicher, sondern jeglicher spiritueller Wahrheit durch die meisten Atheisten bildet. Die komplementäre Ergänzung dazu ist die totale Idealisierung jenes Mannes zum Gott-Götzen, der sich für die Menschheit aufgeopfert hat. Nichts hat diesen wunderbaren, strahlenden Menschen Yeshua so viele Lichtjahre von uns entfernt wie diese Doppelhelix aus Leidensangst und Verehrungssucht.

Judas und der angekündigte Tod

Yeshua muss schon früh gespürt habe, dass dieses Evangelium vom Menschen als Gottessohn ihm den Tod bringen wird. Was in einem relativ offenen Religionssystem wie dem Hinduismus vielleicht als ein Ausdruck der Wahrheit begrüßt worden wäre, wird in einer monotheistisch-patriarchal geprägten Gesellschaft, die unbewusst Gott, König, Messias und Weltherrscher in eins gesetzt hat, mörderische Konsequenzen haben. Yeshua ist ja gerade insofern der Messias, als an ihm keine Geschichte mehr klebt wie an jedem von uns; das gerade macht es den Biografen so schwer, Handfestes aufzustöbern, beziehungsweise es scheint ihn ins mythologische Jenseits abzudrängen. Der Fluss der Gnade, der aus diesem Menschen strömt und so viele heilt, der sich verschwendet wie Maria, die ihr teures Nardenöl mit Tränen über seine Füße ergießt, beunruhigt seine Gefährten, wie im Fall eben jener Frau, deren Hingabe ihnen buchstäblich zu »teuer« erscheint. Judas kann diese »unkontrollierten« Bewegungen als Erster nicht mehr verkraften, sein männliches Ich sucht Ziel, Richtung, Ergebnis. Er zeigt im Verrat offen, was auch in anderen vorgegangen sein mag: die Aufforderung an Yeshua, sich entweder als Held zu zeigen, als Antikaiser, oder getötet beziehungsweise verlassen zu werden.

Die Existenz Christi, das lebendige Leben, scheint nicht genug, die Botschaft soll mehr bringen als Heilung des Geistes: ein neues, äußerliches Reich oder System des Heils. Das Ich will in seiner Logik sichergehen, es will handfestere Beweise. Die uralte Sucht, das Unsichtbare dingfest machen zu wollen, hier taucht sie mit

Judas als Prototyp in aller Schärfe auf. Das Innen muss ins Außen gestülpt werden, statt sich weiterhin organisch, frei und unerwartet zu entfalten. Yeshuas vorausschauende Frage »Wie wollt ihr denn meine Auferstehung begreifen?« hat über 2000 Jahre nichts von ihrer Gültigkeit verloren. Sie wurde, außer von einem kleinen Grüppchen Mystiker, nicht erkannt, sie musste im Schatten einer radikalen Kreuzestheologie dahinvegetieren.

Judas glaubt an Geschichte, an Macht und Tat; er wird seinen Meister zwingen (wollen) zu tun, was er und damit alle, die ans Faktische glauben, für richtig befinden. Er wird ihn, aus reiner Liebe, sogar ermorden lassen, um das Reich Gottes endlich herbeizuzwingen. Judas ist die klassische Gestalt eines männlichen, funktionalen Denkens, das den Fluss des Lebens unbedingt in selbst geschaufelte Kanäle zwingen möchte, weil er weder die Spannung der Freiheit, noch die Güte der Liebe zu ertragen weiß. Er wird selbst Gott lieber umbringen, als ihn SEINE Wege gehen zu lassen. Unser Mangel an Glaube, an innerem Leben erschafft die Banalität eines kapitalistischen Alltags ebenso wie den fundamentalistischen Terrorismus jeder ideologischen Färbung. Judas, der eher ein »Jedermann« ist als ein exzentrischer, in besonderer Weise böser Charakter, fordert das Übliche, das Verständliche, wie viele andere jüdische Radikale seiner Zeit: ein Reich der Gerechtigkeit, aus Schwert und Panzerfaust gezimmert.

Die Lüge vom »Opfertod« Christi

Yeshuas Leidensankündigungen, um die so viel Theologie geflochten wurde, zeigen, dass er eine solche selbstquälerische, widersprüchliche Charakterstruktur sogleich durchschaute. Dass er sich diesem mörderischen Ansinnen nicht verweigert und trotz der erkannten Gefahr in das kalte Herz der religiös-politischen Macht, die mit dem Namen Jerusalem umschrieben ist, vordringt, ist nur konsequent. Sollte er die frohe Botschaft vom unmittelbaren Gottesleben gerade jenen verweigern, die im Zentrum des jüdischen Kultus das Sagen haben und denen er in schneidender Schärfe die Wahrheit ihres Heuchlertums entgegengeschleudert hat?

Yeshua weiß, sie werden ihn töten für seine schmerzliche Liebe, die sie ja oft erblassen und erschrecken ließ. Er sieht voraus, dass sie ihn aus Angst vor der unausweichlichen Transformationskraft, die stetig von ihm ausgeht, die Marter antun werden. Diese eigentlich »banale« Einsicht wird schon bei Paulus christologisch umgedeutet: Gott gab seinen eingeborenen Sohn; aber die anderen eingeborenen Söhne, die ihre eigene Gottnatur nicht wahrhaben wollen, ermorden den lebendigen Menschen am Kreuz und im selben Moment auch sich selbst. Das Kreuz wird somit zum Zeichen ihrer dauernden Blindheit. Die Wunde der Selbstverstümmelung brennt unerträglich, und der Trost, den die Kirche dafür zu spenden hat, lautet: »Er hat eure Schuld auf sich genommen und getilgt. Verehret und glaubet, so könnt ihr erlöst werden.« Wer aber wird nicht krank werden an seiner Seele bei diesem schizophrenen Ansinnen, das Marterwerkzeug des Todes gleichzeitig zu verehren und davon seine Erlösung zu erhoffen?!

Das Bhakti-Yoga des Christentums

Es gibt einen zentralen Grundsatz in der östlichen Guru-Schüler-Tradition. Der Meister öffnet, reinigt den Jünger, bereitet ihn für sein ureigenes Erwachen zu sich selbst vor. Das Licht im Herzen des Schülers kann jedoch nur von ihm selbst erkannt werden, kein Meister kann dazu zwingen! Der abendländische Glaube an das eigene Tun, das selbstbewusste Handeln, ist einer der Grundpfeiler seiner äußeren Erfolge. Interessanterweise scheint diese Freiheit im spirituellen Herzraum des christlichen Glaubens vollständig aufgehoben zu sein. An die Stelle der eigenen Entscheidung, der eigenen Wahrheit, ist das passive Glauben, vielleicht die Caritas, insbesondere jedoch die Verehrung für jenes Wesen getreten, das seiner unerträglichen Liebes- und Freiheitsgabe wegen von uns getötet werden musste und uns nun auch noch nachträglich erlösen soll; denn er war ja als Einziger vor Gott ausgezeichnet, im Gegensatz zu uns! Der, der sagte, dass Gott (THEOS) kein Prinzip, kein Machtzentrum, kein richtender Vernichter sei, sondern vielmehr die fühlbare Gnade des Lebendigseins in uns selbst, soll im Nachhinein auch für unsere Erlösung verantwortlich gemacht werden. Diese Aufforderung ist von den meisten modernen Menschen zu Recht als Zumutung zurückgewiesen worden. Denn, indem wir ihn auf diese Weise verehren, verlieren wir gerade das, was er uns vermitteln wollte: unser lebendiges Leben. Solcher Kult hindert uns, Yeshuas un-heimliche, pulsierende Strahlung im eigenen Organismus wiederzuentdecken, sie durch das eigene Herz auszudrücken und mit der eigenen Lebensfreude zu beglaubigen. Unsere gepanzerten Körper ertragen die Ausstrahlung jenes Menschen nicht; also ersetzen wir leibhaftige Öffnung durch abstrakten Glauben beziehungsweise eingebildete Sehnsucht oder spekulative theologisch-philosophische Vernunft, die der Wirklichkeit solcher Energie im eigenen Leben nie standzuhalten vermag.

Der Osten kennt verschiedene Yogawege zur Annäherung an das Selbst. Einer ist der *Bhakti-Yoga.* Die Übung der Hingabe des Herzens in den alltäglichsten Verrichtungen. Nicht als Sühne, Reue, Opferhandlung gedacht, meint sie im Kern das Freilassen jener tiefer liegenden Liebesenergie, die anfangs noch eines bildhaften Objektes bedarf, um ganz zu sich selbst zu finden. Unsere Reinigungsrituale im Westen sind profaner, doch oftmals von ebenso fruchtbarer Art: Psychotherapie, Analyse, Körperarbeit und andere sind inzwischen erprobte Wege, um mit jenen Kräften im eigenen Leib in Kontakt zu kommen, die den Fluss der Liebe in umfassender Weise in Bewegung bringen. Wer das Leuchten in den Augen der Menschen gesehen hat, die einmal davon erfasst wurden, weiß, wovon die Rede ist. Hier ist die Nahtstelle zur Kommunion, zur Eucharistie mit Christus, hier erfasse ich mit allen Sinnen, dass der Leib göttlich, von kosmischen Kräften beseelt ist, dass in der Ekstase eine Süße und Stille und Nüchternheit zu finden ist, die mich endlich bei jener Wahrheit ankommen lässt, die ich schon immer als tiefste Heimat geahnt hatte: Auferstehung des Geistes in meinem Fleische, hier und jetzt.

Der unaufhaltsame Strom der Gnade

Der Weg solcher Hingabe führt ins Staunen, zur Dankbarkeit und ins Mitteilen. Auf einmal verstehe ich, dass alle »Meister«, alle

Ergriffenen, diese Erfahrungen niemals bloß für sich beanspruchten; die Gnade ihrer Selbsterkenntnis floss unmittelbar aus dem Eigensten ins Öffentliche. Das Mysterium ist nicht geheim zu halten; es will geteilt werden! Gleichfalls zeigt sich an solchen Offenbarungen, dass die Sprache das eine nur in den Kategorien des anderen, also gleichsam von Sender und Empfänger jener Gnade, sinnvoll darzustellen vermag. Daher reden die Sufis vom »Geliebten«, wie auch die Mystikerinnen und Mystiker des christlichen Mittelalters dieses Wort wählten. Gott ist jedoch der Liebende, der Geliebte und die Liebe gleichzeitig, und am Grunde dieser Seligkeit liegt die vibrierende, sexuelle Energie, die im Aufwärtsströmen nicht bei den Genitalien Halt macht, sondern den ganzen Körper bis in die Fingerspitzen durchflutet und weiter hinaus in den Raum strahlt. Viele Menschen haben solche Erlebnisse nicht nur im sexuellen Akt, sondern zum Beispiel bei der Betrachtung einer Landschaft oder in der Vorfreude einer Begegnung empfunden. Die Energie ist eine einzige Welle, die sich vom tiefsten Geschlechtspunkt bis zum Scheitel elektrisch ausbreitet, im Osten als *Kundalini* bekannt. »*Give me the body electric*«, schreibt Walt Whitman, der große amerikanische Dichter.

Ist der nachmoderne Christ zu solcher Empfindung fähig, dann eröffnet sich ihm vielleicht der Geschmack jener von Yeshua ausgesprochenen Wahrheit: »*Wie mich mein Vater liebt, so liebe ich euch auch, also bleibt in meiner Liebe*« (Joh 15, 9). Setze ich statt des Wortes »Abba« das Wort »Leben« oder »Existenz«, komme ich dem Geheimnis der Identität des Ichs mit dem Anderen um ein Entscheidendes näher: Dies Andere, was ich am stärksten ersehne wie fürchte, ist mein mir unbegreifliches, innerstes Wesen, das mir in allen Erscheinungen des Lebens ständig entgegentritt, um mich einzuladen, sich ihm zu öffnen. Die verpflichtende Verehrung dagegen lässt Gott im Außen, im Bild, in der Religion, in der Zeremonie; sie hält mich dazu an, mich zu ducken, klein zu bleiben, und macht mich gleichzeitig misstrauisch, liefert mich also dem Reflex des Verstandes oder meines Glaubenwollens aus.

Denn das Außen als das Andere ist ja seit Urzeiten den Menschen als Todesgefahr oder als zu Eroberndes begegnet. Auch die Gentechnik ist ein solcher, in wissenschaftliche Gewänder gehüllter, Versuch, das Leben als ein bloßes Außen in den Griff zu bekommen und somit zu entschärfen. Dass solche Unternehmungen prinzipiell zum Scheitern verurteilt sind, und zwar auf Kosten noch größerer Verängstigungen in der menschlichen Seele, stellt sich immer erst im Nachhinein heraus. Davon hat uns das 20. Jahrhundert genügend zu erzählen gehabt.

Kaum zu glauben – Christsein kann Freude machen!

Auch Johannes der Täufer baut in seinen Predigten auf diesem Muster des schrecklichen, zürnenden Gottes auf. Der Meister, dem er nicht wert ist, die Schuhe zu binden, ist ihm aber gerade deswegen so himmelhoch überlegen, weil er dieses duale, Furcht erregende Gott-Mensch-Schema radikal transzendiert. Yeshua spricht vom THEOS als dem umfassenden, universellen Liebesprinzip, als einer Energie, die weder persönlich noch unpersönlich ist, von der alles durchdrungen wird, und die nur unserer Erinnerung, unseres Aufwachens harrt, seit Anbeginn der Zeiten, so wie im Gleichnis der Vater auf seinen verlorenen Sohn wartet. Sein Grund-Satz *»Liebe Gott* (THEOS), *liebe deinen Nächsten als dein Selbst«* ist Zündstoff für einen jüdischen Gesetzesglauben. Er lässt alle äußeren Bilder, selbst noch die wunderbarsten Gleichnisse, explodieren in jenen unermesslichen Innenraum. Der freie Christ, der die aufschmelzende Kraft solchen Lichtes erfahren hat, kann kein Gott-Vater-Prinzip mehr fürchten, er kann sogar auf sein Christentum verzichten, denn die Liebe ist an keine vorübergehende Form gebunden. So er sich im Strom des Lebendigen weiß, fühlend, handelnd, wahrnehmend, ist alles getan. Er spürt, dass die Wege im Außen Pfade des Einen Geistes, *Seines* Geistes, sind, die er erkunden darf, ja soll. Er mag irren, sich ängstigen, nicht weiterwissen, aber er wird jene besonders lähmende Angst hinter sich gelassen haben: vor den Religionen und ihren Göttern, vor deren Verpflichtungen zur Buße, zu Ritual und Askese, um so genannter ewiger Verdammnis zu entkommen.

Vielleicht hellt sich nach 2000 Jahren das Gesicht manches neuen Christen zu jener Freude auf, zu jenem innersten Frohsein, von dem das Evangelium ja offenkundig handelt, stellt es doch das Zentrum der Offenbarung Yeshuas dar. Er weiß sich blitzartig in seiner Taufe von Ewigkeit her geliebt, von einer Kraft durchpulst, die er mit dem alten, jüdischen Ausdruck zärtlich ABBA nennt; von nun an gibt es nichts mehr zu fürchten, auch keine Kreuzigung. (Haben nicht so viele vor ihm dies Martyrium bewusst auf sich genommen?!)

Gethsemane – Durchgangstor zum Licht

Die Kirchentheologie möchte den Gläubigen weismachen, dass Gethsemane vor allem ein Ort des Zitterns und Zagens Yeshuas gewesen sei, um seine so genannte bloße Menschlichkeit heraufzubeschwören; sie vergisst nur zu erwähnen, dass er schon seit der Taufe in den Raum der Erleuchtung eingetreten ist, also jenseits der Welten von Angst und Zweifel, da sein Ego, sein kleines Ich, in den Fluten des Jordan unterging. Was kann es dann auf sich haben mit jenem Kelch der Verzweiflung? In seinem Buch »Die drei Jahre« gibt der Anthroposoph Emil Bock [25] eine wunderbar einfühlsame Antwort. Er lässt Yeshua in etwa dies sagen: »Lass mich noch nicht jetzt sterben, ABBA, obwohl mein irdischer Leib fast aufgezehrt ist von deiner göttlichen Energie, von deinem Feuer, schenke mir noch die Kraft, jenen Schritt in die Inkarnation des Todes zu tun, um zu erweisen, dass das Bewusstsein auch an diesem Punkt nicht aufzulösen, nicht auszulöschen ist.« Gethsemane bezeugt für ihn das Ringen Yeshuas um Bewusstheit auch im Sterben, im Durchgang durch die Todespforte, hin zu jenem unvergänglichen Licht, von dem die Mystiker wie viele Sterbende aller Kulturen schon immer gesprochen haben! Das Tibetische Totenbuch schildert solche Durchgänge in allen Einzelheiten.

In Gethsemane war Yeshua im Innersten allein; die Jünger schliefen in diesem entscheidenden Lebensmoment ihres Meisters, trotz seiner mehrmaligen Aufforderung zur Wachheit, zur innerlichen

25 Siehe Emil Bock: Die drei Jahre, Urachhaus 1981.

Präsenz in diesem außerordentlichen Augenblick. Sie glitten ins Unbewusste hinüber, ihre Kraft reichte nicht aus. Was Gethsemane als Schatten vorauswarf, steigerte sich am Kreuz in dramatischer Weise: Der Blick, den Yeshua nun buchstäblich von oben auf die Gottes- und Liebesferne des »normalen« Menschen werfen konnte, die ungeheuerliche Trostlosigkeit solcher Tiefenschau mag jenen Satz herausgepresst haben: »*Vater, warum hast du mich verlassen?*« Doch selbst diese Worte sind nicht wirklich solche des Zweifels, denn Yeshua spricht weiterhin in der zärtlichen Anrede ABBA. Der Satz ist, wie schon angedeutet, bekannt als Anfang des Psalms 22, der mit der höchsten Lobpreisung Gottes endet! Nein, nicht THEOS hat Yeshua verlassen, vielmehr ist er zu jener unerhörten Schauung gelangt, die die Trauer und die Einsamkeit des Erleuchteten ausmacht: Er sah die Verhärtung und Verängstigung des menschlichen Herzens im Angesicht der großen, schweigenden Liebe.

Der Schwur des östlichen *Bodhisattvas,* des Erleuchteten, allen Wesen zur Befreiung zu verhelfen – aus dem tiefen Mitgefühl *(compassion)* mit ihrem Leid und ihrer Verblendung –, trifft sich im Herzen mit der Wahrheit Christi, die nur von seiner Auferstehung her zu verstehen ist: Sie wird offenbar in der unermesslichen Freude, die die Jüngerinnen und Jünger angesichts der Wirklichkeit des lebendigen Geistes überkommt, der sie von Pfingsten an nicht mehr verlassen wird. Pfingsten ist die Basis des echten Christentums, und die geradezu explosionsartige Ausbreitung des Evangeliums über das römische Reich ist der sichtbarste Ausdruck jenes Glanzes, der auf diesem Menschen- und Gottessohn gelegen haben muss. Keine soziologisch-psychologische Analyse kann die wahrhaft metaphysischen Dimensionen des Pfingstereignisses erfassen.

Sein Herz berühren zu lassen, schafft Furchtlosigkeit

Aber da ist dieser Moment der Trostlosigkeit am Kreuze über die Versteinerung des menschlichen Herzens. Der tibetische Lama Chögyam Trungpa schreibt: »Wer sein Herz erweckt, der stellt staunend fest, dass es leer ist. Du findest nichts als Zartheit. Dein verwundbares, wunderbares Herz von der Welt berühren zu lassen schafft Furchtlosigkeit.« Ist das nicht eine präzise Beschreibung der Gestalt Yeshuas seitens eines Buddhisten! Trungpa zeigt, dass solche Traurigkeit nichts mit Depression zu tun hat, sondern einzig dieser unerhörten Berührbarkeit entspringt, die dem Schwur des Bodhisattva zugrunde liegt!

Yeshua muss angesichts der Verhöhnung am Kreuz jene Traurigkeit der wartenden Liebe (des nicht angenommenen *Lebens*) gespürt haben, für die nur das kosmische Schweigen ein adäquater Trost sein kann. Die Umnachtung der Jünger und ihre Abwesenheit am Kreuz, im Gegensatz zu den Frauen, erklärt vielleicht ein wenig, warum die Freude des Anfangs (Pfingsten) von der schuldbeladenen Leidenstheologie eines Augustinus eingeholt und überdeckt worden ist – bis auf den heutigen Tag. Die Freude Christi wiederzufinden, im eigenen, offenen, verwundbaren Herzen, diese Erfahrung wartet noch auf unzählige Christen; diese Freude erst spiegelt den echten, lebendigen Glauben, das Vertrauen in die offene Existenz des Menschen.

In einem großen gedanklichen Bogen lässt sich von hier aus die östliche, buddhistische Wahrnehmung erfühlen, dass es kein Gottesprinzip im Sinne einer ersten Ursache gibt – klischeehaft als Big Brother mit dem allgegenwärtigen, strafenden Blick oder als nur jenseitiges Wesen vorgestellt, wie wir es teilweise im Protestantismus vorfinden. Stattdessen will sich uns jene Gnade eines universellen Lebens- und Liebesimpulses schenken, die ich vielleicht einmal im Genesen von einer Krankheit oder am Beginn einer großen Begegnung verspürt habe – als Staunen, dass dieses alles überhaupt ist: Licht, Farbe, Blatt, Dunkelheit, Sterne, Tiere und Pflanzen; als ein Gewahrwerden der Kostbarkeit, sagen wir ruhig Heiligkeit des Lebens in und außer uns. Und dass dieses Staunen die Quelle aller Wirklichkeit ist – die Berührung durch den Fluss einer Liebe, der in allem strömt, und die Dankbarkeit, die in uns als Echo anklingt: »Ich lebe, also bin ich.«

Solche Momente binden das erlebende Ich so vollständig in das Seinsgefühl ein, dass jede Vereinzelung schwindet, und nun leuchtet das Bewusstsein, jetzt als reine Bewusstheit, klarer denn je hervor. Das Ich verschmilzt mit der Wahrnehmung selbst; dieser Prozess veranschaulicht auch den buddhistischen Satz vom Nicht-Ich, denn für den Buddha sind im Leben nur wechselnde Wahrnehmungsaugenblicke aneinander gereiht, ohne dass man noch von einem zusammenhängenden Ich sprechen kann. Im Hinduismus wird diese »Erfahrung« als Nicht-Zwei *(Advaita)* bezeichnet: Weder der Schauende für sich noch das Geschaute noch die bloße Addition beider macht diesen Moment der Wahrheitserfassung aus. Nur die Verneinung kann hier positiv wirken, indem sie das Unsagbare offen, also leer lässt. Es ist eine paradoxe Wahrheit, dass das Gefühl der Fülle auf der Abwesenheit von Beobachter und Objekt basiert, anders gesagt, auf der Leere von beiden. Niemanden hat diese Wahrnehmung mehr inspiriert als die östlichen Weisen, die daraus ihre Perspektive des Weges entwickelt haben: Lösung vom Ich als letzthin illusorisch, Lösung von allen Gottesvorstellungen als der Erkenntnis hinderlich.

Yeshuas empörender Anspruch

Ganz anders Yeshua. Er tritt im Bewusstsein allergrößter Vollmacht auf: *»Ich bin das Licht, ich bin der Weg. Keiner kennt den Vater außer mir, nur wer an mich glaubt, kann den Vater finden«* (vgl. zahlreiche Stellen im Johannesevangelium). Die Wucht dieser Sätze hat schon seine Zeitgenossen in Erstaunen wie in Schrecken versetzt; das Lukasevangelium erzählt von dieser Verwirrung höchst plastisch: Jesus steht in der Synagoge der kleinen Stadt Nazareth, schlägt die Thora auf und liest: *»Der Geist des Herrn ruht auf mir, denn der Herr hat mich gesalbt«* (Lk 4, 18). Er legt die Schriftrolle zurück, setzt sich, Stille. Dann heißt es: Die Augen aller waren auf ihn gerichtet. Man spürt förmlich die Spannung, die im Raum gewesen sein muss. Schließlich kommt der eine Satz von ihm: *»Heute hat sich die Schrift erfüllt«* (Lk 4, 21).

Yeshua scheint von Anbeginn an alle in seiner schieren Fülle, ob in seinen Reden, seinen Heilungen, seinen Schriftauslegungen oder seinen Zornesausbrüchen, ständig zu überfordern, ja zu überwältigen. Dazu gehören auch seine schweigenden Taten: das Eintreten für die Ehebrecherin, die Annahme von Marias Huldigung, die Auferweckung des schlafenden Mädchens, die Fußwaschung der Jünger, die Erweckung des Lazarus. Die nicht enden wollende Flut seiner Handlungen, allem voran sein exklusives Sprechen von sich und Gott *(»Ich und der Vater sind eins.«)* schafft eine Atmosphäre ständiger Geladenheit bei den Angesprochenen. Diese dringt bis ins tiefste Unterbewusstsein vor, wo sich Dämonen und teuflische Geister tummeln, die in panischem Entsetzen fliehen. Schon sein eben beschriebenes Auftreten in Nazareth treibt die Menge zur Weißglut! Was maßt sich dieser Zimmermannssohn an, den doch alle von Kindesbeinen an so gut zu kennen scheinen. Der tut, als sei er etwas Besonderes! Und in der Tat spüren sie dieses Besondere, diese überwältigende Ausstrahlung. Er ist nicht mehr einer der ihren, und sie verkraften seine neue Fülle nicht. Der unüberbrückbare Gegensatz zwischen dem Althergebrachten und dem radikal Anderen, Spontanen, Unberechenbaren, ja manchmal schon fast Gewalttätigen, das Yeshua mit sich bringt, zieht sich durch die ganzen drei Jahre seines Wirkens. Unser eigenes Schablonendenken würde vermutlich auch heute noch daran Anstoß nehmen und ihm einen gefährlichen Fundamentalismus vorwerfen, der unbedingt in Fesseln gelegt werden muss. Solche Fülle hat viele abgeschreckt; andererseits ist sie im Laufe der Zeit verharmlost, entschärft, in zweidimensionale Abziehbildchen vom süßen Jesulein oder vom lieben Hirten verpackt worden.

Ein Evangelium, an dem man sich verbrennt

Wohin also mit dieser Fülle? Wer sich beim Lesen der Evangelien nicht öfter erschrocken und zwiespältige Gefühle gehegt hat, hat die Texte wohl nicht wach aufgenommen oder gar nicht an sich herangelassen. Es ist seltsam, dass der Mythos vom frommen Jesulein sich so hartnäckig halten konnte, obwohl das Gegenteil offensichtlich ist. Wer die entsetzten Reaktionen der damaligen Theologen nicht versteht, hat es sich möglicherweise in einem klischeehaften, weich gezeichneten Jesusbild so bequem gemacht, dass er selbst jenen Pharisäern gleicht. Man muss es deutlich aussprechen: Yeshuas Sätze an sich heranzulassen, bedeutet unweigerlich, sich zu verbrennen oder sich zu empören. Seine Sprache kitzelt das uralte Sicherheitsbedürfnis und den Hass auf das radikal Andere wach; die schiere Wut über die Wahrnehmung, das eigene, geistliche Besitzdenken angetastet, ja aufgehoben zu sehen, lodert in gefährlicher Weise hoch. Yeshuas Gleichnisse, sogar seine Heilungen, polarisieren und führen doch gleichzeitig zu tiefster Dankbarkeit und echtem Glauben! Auch der Buddha lehrt, heilt, spricht unmittelbar aus der Offenbarung, und doch findet sich in seinem Umfeld selten dieser Geschmack des Aufruhrs und des Widerstandes. Es scheint eher, als wirke er ganz aus der Tiefe jenes Schweigens, das nach seiner Erleuchtung die Welt des Ostens durchdringt. Die kleine Anekdote von der Blume, die er eines Tages an Stelle einer Predigt seinen Jüngern entgegenhält, ist für seine Art des Wirkens vielleicht sehr bezeichnend. Die Schüler schweigen, leicht verwirrt, einer aber lächelt, des Buddhas Geste hat ihn unmittelbar zur Erleuchtung geführt. Das kann man von Yeshuas Schülern kaum sagen: Sie schwanken zwischen größter Panik, zum Beispiel beim Sturm auf dem See, und Unverständnis.

Und doch begann ihr Weg mit einer heimlichen Erleuchtung; sie sahen den Meister und ließen auf ein kurzes Wort hin alles stehen und liegen! Dieser Same des Erwachens, der durch die erste Begegnung mit Yeshua in ihr Herz gelegt wurde, ist das unscheinbare, im Dunklen aber gewaltig austreibende Symbol ihrer allmählichen Auferstehung. Selbst wenn der so gefundene Weg sie für lange Zeit fast nur durch Verwirrung, Angst und Erstaunen führte.

Yeshuas Ego starb schon bei der Taufe

Vielleicht helfen hier wieder östliche Begriffe, um das Geschehen besser zu verstehen: Im entscheidenden Augenblick der Taufe, dem aller Zeit- und Raumkoordinaten enthobenen Eintritt in die Ewigkeit seines erleuchteten Geistes, ist die individuelle Gestalt Yeshuas untergegangen. An seiner Statt ist der Menschensohn, der mit dem Gesalbten (Messias = Christus) identisch ist, geboren, der *Purusha*

Indiens. Und die Auswirkungen dieser Geburt steigern sich in immer weiteren Kreisen bis zu seiner Auferstehung und Himmelfahrt und seiner Wiederkehr im Geiste der Jünger. Er ist nicht mehr von dieser Welt, aber sein Pulsschlag ist immer stärker in ihr fühlbar. Sein Geist ist nicht mehr der Welt der Illusion, der Maya, wie der Osten sagen würde, anheim gegeben; er hat die ursprüngliche, göttliche Wirklichkeit (Leerheit, Soheit) geschaut, und sein Lebensgang ist eine stete, tiefer gehende Realisierung, sprich Verkörperung dieser Schau; eine Verwirklichung des Himmelreiches auf Erden, in christlicher Sprache.

Von nun an sind alle seine Reden und Gleichnisse nicht mehr als bloße moralische Gebote zu verstehen, wie dies eben bei Theologen aller Zeiten der Fall gewesen ist. Vielmehr müssen sie geschaut werden, als zeichenhafter Ausdruck einer Offenbarung, die über alle Gut-Böse-Moral hinaus in einer ganz anderen Dimension angesiedelt ist. Wer seine Worte nicht als direkten Ausdruck seines neuen Lebens sich einzuverleiben, sprich zu »essen« vermag, der bleibt eben bestenfalls ein kluger Schriftgelehrter! Yeshua weiß, dass seine Sprache und sein Anspruch gottgegebener Vollmacht auf den normalen Menschenverstand als bloße Verrücktheit wirken muss. Auch die Schüler, denen er ja ständig Nachhilfe gibt, verstehen ihn kaum, obwohl ihr Herz ihn erkannt hat. Wie also sollte ihn die Masse des Volkes verstehen, wenn selbst ein Meister wie Nikodemus Yeshuas Wort von der Wiedergeburt nicht zu begreifen vermag?

Aller Widerstand schmilzt dahin

Yeshuas Evangelium als große Morallehre oder Ansammlung vom Glaubensartikeln zu sehen, führt daher – seit 2000 Jahren – komplett in die Irre. Zwischen ihm und unserem Ego, wie generell zwischen dem Meister und dem Ego seiner Schüler, tut sich eine große Kluft auf. Diese Kluft entsteht durch die unerträgliche Fülle. Sie treibt den Schüler zum Widerstand, zur Empörung – aus der begründeten Verunsicherung des eigenen Ich, das sich zu Recht in seinen Besitzständen höchst gefährdet sieht. Wird solcher Widerstand jedoch bis zum äußersten Punkt geführt, vermag er in einer blitzartigen Einsicht aufzubrechen und wie Schnee an der Sonne zu schmelzen!

Das außerordentlichste Beispiel hierfür ist immer noch die Wandlung des Saulus zum Paulus. Sein Ur-Sprung bringt ihm den großen Frieden Christi, führt ihn zu einer leidenschaftlichen Hingabe, die ihn alle Mühen und Gefährdungen seines weiteren Weges bestehen und zum großen Wegbereiter des Christentums werden lässt. Die Berührung mit dem lebendigen Geist ermöglicht die Öffnung und Erkenntnis der Wirklichkeit Yeshuas. So wie Maria Magdalena am Grab erst nur einen Gärtner sieht, dann aber, im Anruf Yeshuas, ihn, den Geliebten, den Christus, in blitzartigem Erkennen erschaut. Die Liebe und Hingabe, die dieses Feuer des Erwachens entfacht, machen aus der Bergpredigt und dem Vaterunser das kostbare Wasser und das Brot des Lebens, ohne die ein christliches Dasein wahrlich zur Wüste werden muss. Nun erst, nach einem solchen Erwachen, ist das Wort Yeshuas durchtränkt mit seiner Präsenz; es ist reine Geistenergie mit der Fähigkeit, alles zu transformieren und auf sein Bewusstseinsniveau emporzuheben, was sich ihm aus solcher Öffnung des Herzens heraus hingibt. Es ist erleuchtete und erleuchtende Nahrung für alle Zeitalter. Wann immer ich mich in solcher Weise zu nähren vermag, ist die Kluft überwunden: Ich bin in ihm, wie Er in mir ist, der Same des Bodhisattvas ist aufgegangen, der Lotus blüht, und das Kreuz zeigt sich als bloßer Schatten des Paradiesbaumes.

Das große »Ich kann«

Es ist Zeit, sich von einer Theologie zu lösen, die die Ekstase des menschlichen Herzens im Namen des Einen und Einzigen kassiert und die Fülle der Erlösung im Namen des Kreuzes in ein undefinierbares Jenseits verschoben hat. Schließlich kennen wir alle solches Herausgehobensein aus dem Strom von Zeit und Raum, und wiewohl wir es zumeist sehr schnell vergessen, bleibt eine unterbewusste Spannung in uns, die sich vielleicht als Sehnsucht oder gar als Ahnung einer größeren Gestalt zeigt. Die Esoteriker sprechen vom Höheren Selbst, vom Licht – andere Worte für das Potenzial, das in uns schlummert. Diese Fülle erleben wir als Geschenk, als leise Ungeheuerlichkeit, als starke Energetisierung; kurzum als einen Geschmack unseres weiteren Menschseins. Der Sprung aus unserem normalen Geisteszustand, besser unserer Dämmerung, in die Klarheit kommt uns in der Gestalt Christi als ein kontinuierlicher Prozess entgegen, der uns zu immer umfassenderen Einheiten des Lebens trägt. Yeshua ist jene anmaßende Fülle, die das große »Ich kann« seines Gebetes, des Vaterunsers, unaufhörlich zu uns, ja genauer, in uns hineinspricht: »Ich bin der Sohn, und ich kenne den Vater, die lebendige Kraft, und wo immer ihr für Momente zur Sohn-/Tochterschaft gelangt, trägt euch jene Kraft, jene Energie, aus der schon euer Leib aufgebaut ist.«

Diese Fülle hebt mich sofort über das bloß Persönliche, Individuelle hinaus; ich erkenne mich als Kind der Menschheit, ich bin aus der Schale des persönlichen Fürworts (»ich«, »mein«) herausgetreten, sie ist aufgeplatzt, so wie der Same aufbricht durch seine ihm innewohnende Kraft. Die Schale, der kleine Name, verwest, und was aufleuchtet ist das Eine Gesicht: der *Mensch*. Ich kenne niemanden in meinem weiteren Umfeld, der nicht solche Augenblicke erlebt hat! In aller Konsequenz führt Yeshua seine Ich-Bin-Sätze zu ihrem Ursprung zurück: *»Wer an mich glaubt, glaubt nicht an mich, sondern an den, der mich gesandt hat«* (Joh 12, 44).

Der Sprung ins Unbekannte

Unerbittlich führt er alle, die mit und zu ihm gehen, an den Rand jener Kluft, an die äußerste Grenze des persönlichen Namens und fordert sie auf, in ihre eigene Unbekanntheit hineinzuspringen, die nicht jenseits, sondern inwärts, im Mittelpunkt des »Eigenen« ruht. Spring, rufen alle seine Gleichnisse, vergiss deine kleine Identität, du wirst fallen, und im Fallen kann sich endlich der Fallschirm deines Vertrauens öffnen. Dieses »Ich kann«, hat nichts mit Anmaßung, mit Trotz gegen Gottes Macht zu tun, sondern mit dem Erlebnis eines Vertrauens durch die Öffnung des Herzens – mag diese in Freude geschehen oder auch in Traurigkeit, im Schmerz. In den Zeiten unserer Niederlagen, unseres Versagens, wo das natürliche

Machtgefühl des Ego an seine Grenze gelangt und wir in unsere Depressionen und Zynismen zu versinken drohen, verweist Yeshua auf jene reine Blüte eines anderen Lebenswillens – auf eine der Leere des Herzens entspringende Kraft des »Ich kann«, das nicht mehr überleben, nicht mehr stärker sein will, nur noch eins werden möchte mit dem Schweigen innen und außen.

Aus dieser Auf-Gabe entspringt der Quell der Seligpreisungen, der Nächsten- und Feindesliebe. Gerade Letztere zeugt von einer spirituellen Potenz, die nichts mit masochistischer Selbstquälerei zu tun hat. Ich sehe das Gesicht meines Feindes und begreife es zum ersten Mal ganz tief als das meinige. Meine Erleuchtung ist seine Erlösung und umgekehrt. Erlösung von der Hölle, die uns Yeshua in seinen apokalyptischen Bildern entgegenhält: Hass, Neid, Arroganz, eben der Inhalt der Pandorabüchse, welche menschliche Ignoranz tagtäglich über die Welt ausstreut. Seine Reden über die Endzeit spiegeln unsere traumatischen Erfahrungen mit dem Götzen Geschichte, der in unserer Zeit mit Auschwitz, Hiroshima und ökologischer Zerstörung seine grauenhafteste Fratze zeigt. Offensichtlich ist die Enttäuschung über ein in der Vergangenheit verlorenes Paradies die wahre Antriebsquelle für die Schaffung unserer künstlichen, technischen, selbst gemachten Träume und Utopien. Das Bild des Kreises, wie es im Osten geläufig ist, lehrt uns aber, dass Anfang und Ende, Schuld und Sühne, sich unausweichlich in eins schlingen. Der indische Ausdruck dafür ist *Karma*.

Der Rachegott ist entmachtet

Yeshuas Fülle ist eine Einladung, unsere unbeirrbaren Vorstellungen, die hausgemachten Einbildungen, die gierigen Wünsche, das falsche Sehnen sterben zu lassen. Diese Einladung hat die Mehrheit der Christenheit entweder »nur« moralisch verstanden oder als Anschlag auf ihr »natürliches« Geburtsrecht auf freies Leben verworfen. Erst mit dem Eindringen östlicher Weisheit auf breiter Linie dämmert vielen, dass Christus weder ein moralisches Übermenschentum noch den Verzicht auf Persönlichkeitswachstum im Sinne westlicher Psychologie verlangt. Sein Wort heißt: »*Ich bin nicht gekommen, dass Gesetz aufzuheben, sondern es zu erfüllen«* (Mt 5, 17).

Yeshua streicht das Bild des Rachegottes radikal aus und ersetzt es durch die Freiheit des leeren Herzens. Die Regeln der Zivilisationen verhalten sich zu solcher Erleuchtung wie das Ich zum Selbst: Ersteres lebt durch Urteil und Unterscheidung, das andere wirkt in der Einheit und dem Frieden einer Kraft, der als unaufhörlicher Strom lebendigen Lebens schon immer durch mich hindurchgeflossen ist. Diese Kraft lässt uns vorurteilsloser auf die uns begegnenden Situationen antworten. Wie in einem improvisierten Tanz, bei dem der Tänzer selbst einfließt in den Rhythmus der Musik und so selbstvergessen zum Ausdruck bringt, was zur Erscheinung drängt: Wellen im Ozean der Existenz, die aufschäumen, untergehen und sich wieder neu aufbauen. Yeshuas Satz *»Nehmt mein Joch (Yoga!) auf euch«* (vgl. Mt 11, 29) scheint mir insofern dasselbe zu bedeuten wie »Geh unter in dieser ureigenen Tiefe, dort wartet jene Kraft, die dich vollkommen macht, wie Christus«.

Die Seligpreisungen wie auch das Vaterunser im aramäischen Urtext lassen den Glanz und die Stille solcher THEOS-Kraft in uns spürbar werden und fordern uns gleichzeitig auf, sie als Stufen, als grundpraktische Anleitung zum Leben in der Wahrheit (Christi) zu nehmen. Yeshua zeigt, genau wie der Buddha, einen gangbaren Yoga-Weg, auf dem jenes Vertrauen basiert, das den Sprung ermöglicht. Wie sehr hat eine protestantische Wortgläubigkeit den christlichen Menschen in seiner Selbst-Erfahrung, in seinem Erleben ursprünglicher Gutheit veröden lassen. Sie hat ihn oftmals klein gemacht und im falschen Sinne fromm, wo Yeshua doch die Einsicht in die ursprüngliche Größe des Menschen zu erwecken suchte.

Die unerträgliche Fülle des Lebens

Alles im Menschen ist von unbedingter Energie: seine Gedanken, seine Gefühle, sein Körper – alles strahlt Heiligkeit aus, nichts ist bloß profan, nebensächlich, minderwertig. Wir sind Erregte und Erregende, deren tiefstes Verlangen das Andauern dieser Erregung ist, die wir Leben nennen. Sogar nachts in unseren Träume pflanzt sich dieses Verlangen fort, oft sogar noch leichter als im Wachbewusstsein, weil wir hier nicht mit der Schwerkraft der Gedanken befrachtet sind.

Diese Erregung, diese Vibration, diese ureigene Fülle erschrickt die meisten, die sie zum ersten Mal kennen lernen, zu Tode. Und das, obwohl doch alle Kriege, jede Gewalt nicht aus dieser Kraft selbst, sondern aus den Eindeichungen des lebendigen Stroms resultieren: Je weniger wir die Kräfte im Inneren ertragen können, desto mehr schüren wir sie im so genannten Außen. Dort kommen sie uns als das »Andere« entgegen, für das wir scheinbar nicht mehr verantwortlich sind, und wir können sie uns auf diese Weise wieder einverleiben: als Schicksal, als Zufall, als Katastrophe. Was machen wir mit der uns gegebenen Kraft, was mit den auflodernden sexuellen Impulsen der Jugendlichen, speziell der heranwachsenden Männer? Sehr oft wurden sie in den uralten Ritualen von Krieg und Aggression zum Unheil der Welt verbrannt. Gegen diese geistig-seelische Borniertheit wendet sich Yeshuas Fülle, die von einer überfließenden Milde durchdrungen ist, welche die Herzen zugleich traurig und froh macht. Darin liegt das Geheimnis des Kreuzes: Unsere innerste Mitte ruft unaufhörlich nach vollständiger Entblößung! »Ich könnte sterben vor Glück«, sagt der Liebende, und auf der Ebene des Egos geschieht ihm genau das, wenn er es nur aus ganzem Herzen wünscht.

Die unerträgliche Leichtigkeit des Seins muss aus Yeshua geströmt sein wie ein unbezwinglicher, betörender Duft, der die Dämonen rasen und das Heil wie die erste Morgenröte des Tages in den Seelen der Menschen aufleuchten ließ. Wunderbar hat Khalil Gibran diese »Erweckung« in seinem Buch »Jesus – Menschensohn« geschildert; seine poetische Vision der Begegnung damaliger Menschen mit Ihm geben einen unmittelbaren Eindruck von der Leuchtkraft Christi. Darin verschwindet alle Theologie, und nur der Herzschlag jener Liebe bleibt, vor der kein Außen, kein Nebel, kein Dunkel mehr Bestand hat. Die Buddhisten, die Hindus nennen es *Ananda:* reine Glückseligkeit. Paulus, der große Verwandelte, drückt in unnachahmlicher Sprache dies Geheimnis im Korintherbrief aus: »*Wir sehen jetzt nur undeutlich wie in einem trüben Spiegel; dann aber von Angesicht zu Angesicht. Jetzt erkenne ich stückweise; dann aber werde ich erkennen, gleichwie ich erkannt bin.*

Nun aber bleiben Glaube, Hoffnung, Liebe, diese drei; aber die Liebe ist die Größte unter ihnen« (1. Kor 13, 1 ff.).

Das entblößte Herz

Für nichts anderes steht jener Name eines *Menschen,* der unser Gesicht trägt und in unserem Körper wandelt. Der Name kann vergessen werden; wir selbst sind die lebendige Erinnerung an ihn. Wir leben, solange uns diese Er-Innerung erregt, ansonsten existieren wir vom Brot allein, und dass dieses, so üppig es auch belegt ist, uns nie ganz sättigt, das weiß gerade die so genannte Erste Welt nur allzu genau.

In vielen kirchlich künstlerischen Darstellungen wird Christus mit entblößtem Herzen und einem Strahlenkranz darum dargestellt; eine »kitschige« Darstellungsweise, die uns heute nur noch ein mildes Lächeln abringt. Wie so oft steckt in solcher volkstümlicher Heiligenabbildung aber ein Körnchen Wahrheit. Die Botschaft darin heißt: Öffne dich deinem Herzen, welches dir fast immer unbekannt ist, öffne dich seinem Ruf, seiner alldurchdringenden Empfindungs- und Hingabekraft, hier ist dein »Ich bin«! Yeshua, anders als der Buddha, der eine hochintellektuelle Jüngerschar um sich versammelte, kommt nicht als Weiser, er ist kein besserer Sokrates; er ist in seiner Substanz auch nicht einer in der langen Reihe jüdischer Propheten. Welt und Gott, Schöpfer und Schöpfung, Leere und Fülle schließen sich ihm auf – aus jener alles umstürzenden Erfahrung der Taufe heraus: »Ich bin der Geliebte, ich bin das geliebte Kind, ich bin das Menschlein!«, wie Drewermann das Wort vom Menschensohn (Messias) übersetzt. Was auch immer ihm an Heilwissen, an esoterischen Praktiken zu eigen sein mag – nicht von ungefähr geht die Sage über seine Lehr- und Wanderjahre in Indien bei den dortigen Yogis und Brahmanen –, bleibt zweitrangig gegenüber der Kernaussage seiner Botschaft: »Die Wirklichkeit Gottes sprießt aus jedem Grashalm, und sie lebt in dir, auch ohne dein bewusstes Zutun, von Anbeginn deines Lebens an! Was fürchtest du noch, da du der spontane Ausdruck kosmischer Liebe *(Agape)* bist?«

Yeshua – ein Freund der Frauen

Yeshuas Begegnungen mit Frauen, sein Sprechen zu ihnen, ist von einzigartiger Offenheit, zeugt von einer Nähe und Hochachtung, die nur auf einem tiefsten »Wissen« um das Prinzip des Weiblichen beruhen konnte: ihrem ewigen Schöpfertum im Bereich der Materie, ihrer Hingabefähigkeit im konkreten Alltag, ihrer unausgesprochenen Göttinnennatur. In einer so durch und durch patriarchalen Gesellschaft wie der jüdischen kommt Yeshuas Eintreten für die Frauen einem Wunder an Aufgeklärtheit gleich. Wie die Zöllner, die Armen, die Kinder gehörten auch sie zu den scheinbar »Niederen«, und von unten, auf dem Niveau ihrer eigenen Erfahrungen, spricht Yeshua zu ihnen. Von keinem der großen, männlichen Erwecker, ob Buddha, Moses, Mani, Mohammed oder Zoroaster, hören wir eine ähnlich revolutionäre und spirituelle Botschaft, die so ausdrücklich an die Unterdrückten und die »Armen im Geiste« gerichtet ist und so radikal gelebt wurde.

Interessanterweise sprechen die gnostischen Legenden von Yeshuas Leben in Indien und Tibet während seiner Jünglingszeit (man nannte ihn dort »Isha, Buddha«) von seiner Solidarität mit den *Shudras,* den Kastenlosen, was ihm den Hass der Brahmanen und ihre Verfolgung eintrug.

Offenkundig waren schon vor seiner Erleuchtung sein Weg und Ziel eindeutig – die Botschaft einer leidenschaftlichen, universellen Liebe *(Agape),* von deren Herzschlag sich alle Schöpfung nährt und welche er den Menschen wieder ins Bewusstsein brachte. Und wie ein Freudenstrahl kommt jener Satz aus seinem Mund: *»Ich preise dich,* ABBA, *der Du dies den Weisen und Klugen verborgen hast, aber den Unmündigen offenbarst«* (Lk 10, 21).

Selig sind die Unmündigen und Narren!

Wie viel Weisheit Yeshua auch im Verlaufe seiner uns unbekannten Lehr- und Wanderjahre, ob in Israel, Ägypten oder Asien, aufgenommen haben mag, sein entscheidender Wesenszug war all dieser Weisheit voraus: seine Liebe, ja Bevorzugung jener, die – aus der Perspektive der Klugen, Wohlanständigen und Rechtgläubigen – im

Schatten stehen. Gemäß dem Satz: *»Ihre vielen Sünden sind ihr vergeben, denn sie hat viel geliebt, wem aber wenig vergeben wird, der liebt auch wenig«* (Lk 7, 47). Anders als der Osten, der höchsten Wert auf die Erkenntnis gelegt hat, ja Erleuchtung und Erkenntnis in eins gesetzt hat, aus welcher – in spontaner Konsequenz — das Mitgefühl erwächst, preist Yeshua die Liebe der Unmündigen, der Uneingeweihten, der Narren als den eigentlichen Nährboden der Schöpfung. Diese Menschen sind es, die rein instinktiv, aus welch unvollkommenem Herzen auch immer, das Reich Gottes in ihrem Leben zum Ausdruck bringen.

Yeshua öffnet den »Charakterpanzer«

Am Ende eines circa 8000-jährigen Patriarchats, mit Beginn eines neuen Jahrtausends und Zeitalters des Wassermanns, im Angesicht der selbst gemachten Katastrophen, globalen Vernichtungskriege und der Entfremdung der Geschlechter bleibt das Herz Yeshuas, die ureigenste Sehnsucht nach Friede und Freiheit, die ungelöste Herausforderung in einer zerfallenden Kirchenwelt. Wir stehen nackter vor dieser Auf-Gabe denn je. Wilhelm Reich, der einsame, verratene Pionier der psycho-spirituellen Energieforschung, verwies auf den ehernen Charakterpanzer eines erstarrten Patriarchats, der die Individuen unfähig zur Empfindung des Reiches Gottes, sprich seiner, unsere Körper durchströmenden Liebesenergie macht. Er kerkerte sie in die Trostlosigkeit seiner Schablonen und Scheinwelten ein, die auf der Kastration des Weiblichen (auch in der Frau) beruhen: Hingabe, echte Sinnlichkeit, Einfachheit und Erfahrung der Wahrheit als Ausdruck spontaner Existenz im Alltag. Wilhelm Reich schreibt: »Indem die Menschen die Wahrheit suchten, anstatt sie zu leben, wurde die Verdrängung der (leibhaftigen) Wahrheit zum unvermeidlichen Begleiter der Wahrheitssuche. Bis zum heutigen Tag hat sich die Verdrängung der Wahrheit durchgesetzt« (vgl. W. Reich, »Christusmord«, S. 285). *»Die Wahrheit macht euch frei«*, heißt es in den Evangelien, und haben nicht gerade die engstirnigen Jünger dies zu Pfingsten buchstäblich am eigenen Leibe erfahren?

Die Trennung von Körper und Geist ist niemals Teil der Lehre Yeshuas gewesen. Sie bestand schon vor seiner Zeit in den unterschiedlichen Religionen und Geheimlehren und hat sich im kapitalistischen Patriarchat bis auf den heutigen Tag erhalten. Ein Resultat ist die unaufhörlich voranschreitende Verwüstung der Erde.[26] Offenkundig ist die abendländische Zivilisation weiterhin unfähig, die Erde und alle ihre Bewohner als Ausdruck Eines geistigen Prinzips zu erkennen, das auf einer Art spiritueller Schwerkraft beruht, einer gegenseitigen Anziehung und Durchdringung, die schon der Atheist Sigmund Freud als Eros bezeichnete, der dem Tod *(Thanatos)* die Waage hält.

Einfachheit heilt

Yeshua lebte an der Peripherie einer hochzivilisierten Welt, dem römischen Empire, das seit hunderten von Jahren existierte, und predigte seinen Jüngerinnen und Jüngern, wie seiner Umwelt, die uralten, neuen Werte: »Sei einfach, häufe nichts an, werde ein Vorübergehender, erkenne, dass das Außen, die Welt, keine Sicherheit bietet, dass jeder Schaden an deiner Seele, an deiner Bewusstheit unendlich viel mehr wiegt als irgendeine materielle Einbuße.«

In solchen Aussagen gleicht er ganz den östlichen Meistern, deren Einsicht in das Illusionäre der Welt mit schonungsloser Deutlichkeit vorgetragen wird. Sollten wir annehmen, dass diese *religio* nicht auf der Höhe der Zeit sei, nur weil auch wir in einer hochkomplexen Zivilisation leben?

Die jüdisch-römische Elite, die lieber den einen »gefährlich Verrückten« für das Wohl der Gesamtheit opferte, als seine Lehre ernsthaft in Erwägung zu ziehen, musste knapp 40 Jahre später zu der bitteren Erkenntnis aufwachen, dass dieser Eine das Heilmittel für die jüdische, wie jede andere, Gesellschaft gewesen wäre. Die Zerstörung des Tempels, die Yeshua voraussagte, meinte nicht nur

26 Siehe Carl Amery: Die Botschaft des Jahrtausends. Von Leben, Tod und Würde, List, 1994. Dieses Buch enthält eine radikale Anamnese des westlichen Kapitalismus und des 20. Jahrhunderts. Dies alles aus der Feder eines katholischen Publizisten!

die Vernichtung falscher Sicherheiten, sondern die Verwundbarkeit jeder ins Materielle transportierten geistigen Schöpfung, sofern sie nicht in einer Liebe gründet, die eben diese Zerbrechlichkeit zu ihrem innersten Besitzstand gemacht hat. Gerade dies macht das Evangelium so unübertroffen modern; und gerade die Schwäche seiner Jünger ist ihre höchste Bestätigung, wie auch der gekreuzigte Leib des Meisters.

In keiner anderen Lehre verbindet sich das scheinbar Unmögliche, die Machtlosigkeit der Liebe *(Agape)* und der Liebenden, mit der Radikalität des Feuers, der leidenschaftlichen Gottes-Liebe, so innig wie in Yeshuas Worten und Taten. Sein *Yoga* (sein wegloser Weg), behauptet er daher ganz selbstverständlich, ist Milde, denn ICH BIN von Herzen demütig (Mt 11, 29). Auf diesem Pfad ist die Ausrichtung auf die innere Gotteskindschaft, auf die ureigene Gutheit, immer wieder der erste Schritt aus dem Gefängnis von Erziehung, Vorstellung und Begierde, also aus dem Reich'schen Charakterpanzer. Was trägt, ist nicht irgendein Wunderglaube an den Himmel »dort oben«, sondern das Fallen in jene Tiefen, welches das weiche, offen-leere Herz aufzufangen fähig ist. Gerade in der Brust all jener, »deren Atem eine leuchtende Sphäre schafft«, schlägt dieses Herz, das in der ersten aramäischen Seligpreisung angerufen wird. Denn sie allein handeln gemäß dem einen Gesetz, die Nabelschnur zum Leben weder im Unglück noch im Glück zu durchtrennen. Wiederum zeigt sich die Lehre Christi als ein weiblicher Weg, durchleuchtet von der Unbedingtheit eines strahlenden Logos, einer nicht fehlgehenden Absicht, die erkannte Offenbarung für alle Zeiten in die Erde einzusäen.

Seine Botschaft – zu schön, um wahr zu sein?

Das nachmoderne Ich ist einsam geworden; es schwankt zwischen Tragik, Depression und Zynismus, begabt mit einer zähen Leidenschaft für die Dunkelgänge des individuellen Bewusstseins, wie es die große Literatur von Kafka bis Bachmann bezeugt. Für dieses Ich erscheint der Klang der Botschaft Yeshuas nach so vielen Jahrhunderten der Kirchenlast zu naiv, zu hell, ja geradezu unwirklich. Welcher Weg[27] sollte den von zu viel Geschichte, zu viel Tod, zu viel Reichtum und zu viel Einsamkeit umringten, abendländischen Menschen zurückführen, ohne dass er die Biografie seiner Seele, speziell im 20. Jahrhundert, verleugnen müsste?

Diese Frage stellt sich natürlich auch den freien Christen, die ebenso wie alle anderen Kinder unserer Epoche sind. Obwohl der Protestantismus den Mythos ganz aus dem religiösen Raum vertrieben zu haben schien, blieb die Figur Yeshuas als Urbild des unendlichen Leidens, ein im höchsten Maße mythologisches Wesen; ein Erhöhter, an den kaum noch heranzukommen war! Der Blick der Christen wie der Atheisten bleibt an seinem blutendem Leib als der geschlachteten Ikone schlechthin hängen; es führt kein gangbarer Weg aus dieser Höhe ins eigene, kleine Leben zurück, es sei denn über mühsame, theologische Konstruktionen.

Nun geht aber von Yeshuas wirklichem Leben eine ganz andere Aussage aus, die bis in seinen Tod hineinreicht: Die große Versuchung des Teufels, gleich nach seiner Erleuchtung am Jordan, lehrt ihn, das Wesen der Welt bis auf den Grund zu durchschauen. Diese zweite Taufe in der Wüste befähigt ihn zu jenem großen Realismus, der sich in der wesentlichen Frage, was Gottes und was des Kaisers ist, fast in der Form eines Koans äußert: *»Gib dem Kaiser, was des Kaisers ist, und Gott, was Gottes ist«* (Mt 22, 21). Präziser, doch gleichzeitig ganz in die Freiheit des Einzelnen gegeben, kann das Verhältnis von Welt und Transzendenz kaum ausgedrückt werden.

Yeshua, der Zimmermannssohn, Kind armer Leute also, der um die Grundfragen des Lebens schon aus eigener Anschauung genügend Bescheid wusste, erinnert in seiner Schulungs- und Lebensweise daher weit mehr an manche Zen-Weise, denn an Asketen oder Moralprediger. Ob auf Hochzeiten, bei Einladungen jüdischer Theologen, ob im Gespräch mit Frauen aller Schichten, mit Steuer-

27 Dennoch muss das moderne, a-theistische, tragische, zynische oder nur konventionell-konsumbezogene Ich als Durchgangspunkt für eine umfassende Bewegung vom Rationalen zum Trans-Rationalen gesehen werden. Dabei spielt die zu entwickelnde schöpferische Verbindung von Sexualität und Herzkraft eine zentrale Rolle!

eintreibern oder römischen Offizieren, er scheut nirgends die Welt, er macht keine Unterschiede bezüglich Rängen und Kasten, heilig und profan, Gesetz und Moral; seine Richtschnur bleibt einzig die Wahrheit seiner Erleuchtung, der Erfahrung des unbedingten Geliebtseins des menschlichen Herzens, denn *»Dein ist das Reich und die Kraft und die Herrlichkeit, in Ewigkeit, Amen«*. Dieses Wasser des Lebens schenkt er aus an alle, die hören, die sehen wollen, die einen Augenblick lang von seinem Herzstrom erfasst und durchpulst werden.

Der westliche Mensch – ein dürstender Narziss

Dass das moderne Ich-Bewusstsein da, wo es seines eigenen Narzissmus überdrüssig geworden ist, nach solcher Nahrung dürstet wie der verschmachtende Wanderer in der Wüste, zeigt die große Anziehungskraft des Buddhismus auf viele der besten Geister unserer Zeit. Wer immer die Erfahrungen des 20. Jahrhunderts reflektiert hat, wird den Größenwahn und die Nichtigkeit des Ichs als zwei Seiten einer Medaille erkennen! Dennoch ist die Dynamik des Ichs, sein natürlicher Drang, sich zu entwickeln, nicht zu verleugnen, sein Wunsch, in jeder Form an der Welt teilzuhaben, ja, um der puren Lebenslust willen alle Verrücktheit, alles Leid auf sich zu nehmen, bis hin zu Tod und Verwüstung. Das Ich möchte sich lebendig wissen, und sein Gegenüber, die Welt, die *Maya* des Ostens, bietet ihm alle Gelegenheit dazu. Insofern ähnelt der östliche Kampf mit der individuellen Lebensenergie dem Ringen der christlichen Seele mit den Verführungen des Teufels, sprich der Sünde, bis in die Details. Wer sich die Bilderwelt des tibetischen Buddhismus in dieser Hinsicht genauer anschaut, wird überrascht sein über die Ähnlichkeit in der Darstellung des Bösen. So erstaunt wie die ersten christlichen Missionare, die Tibet im 16. und 17. Jahrhundert erreichten und den Lamaismus als eine abgeirrte, primitivere Version des Katholizismus empfanden!

Die Lehre von der Nichtigkeit des Ichs trifft sich mit einer Grunderfahrung des Abendlandes in den letzten hundert Jahren.

Ob Samuel Becketts »Warten auf Godot«, ob Sartres »Fliegen« oder Kafkas »Prozess«, unsere Literatur bestätigt jene Wahrheit im Übermaß. Die Gefährdung allen Lebens auf unserem Planeten durch Atombombe und Umweltzerstörung hat in vielen eine Suche ausgelöst, die dies- und jenseits der traditionellen Religionen nach einem Weg aus dem existenziell gewordenen Dilemma Ausschau hält. Die Suche gilt einer authentischen Spiritualität, die den Tod der klassischen Gottesbilder in Kauf zu nehmen bereit ist, ohne die persönliche Erfahrung von Transzendenz einem banal und ziellos gewordenem Alltagsbewusstsein zu opfern.

Die Liebe in den Zeiten der großen Ernüchterung

Nüchterner und leerer hat kaum eine Zeit dem Geheimnis der Wirklichkeit, das der Buddha als das alldurchdringende Schweigen erfuhr, gegenübergestanden. Die Fülle des Leids und die Leere der Welt sind Ausgangs- und Endpunkte buddhistischer Sicht. Die Fülle unermesslicher Gottesfreude und die Leere des Kreuzes sind die beiden Wege zur Auferstehung Christi; wobei Auferstehung das erwachte Bewusstsein des ewigen Lebens in mir meint, jetzt und hier. Im Buddhismus bringt die Erkenntnis des Leidens das große Mitgefühl für alles Lebendige hervor. In der Schau Yeshuas birgt die Empfängnis der unbedingten Liebe den Boden und Himmel aller Erkenntnis. In Zeiten so großer Ernüchterung wie der heutigen ist das Geschenk der Fülle (Yeshua) um vieles schwieriger anzunehmen als die Ahnung der eigenen Illusionshaftigkeit (Buddha). In welchen Worten wollte ich jenen Reichtum heute ausdrücken, da alles wie abgestorben schmeckt und die Poesie schon lange aufgehört hat, eine direkte Sprache der Liebe zu sprechen.

Das Zeitalter der Aufklärung ist mit dem Kultbild des atheistischen Intellektuellen im 20. Jahrhundert erkennbar an einen Endpunkt gelangt – eine transpersonale Dimension ist in ihm nicht erkennbar. Und doch drängen die ins Unermessliche anwachsenden Missverhältnisse auf unserem Planeten auf eine Überwindung der geistigen Stagnation, die im Wesentlichen eine spirituelle ist. Sie kann zunächst nur vom Einzelnen durch Entscheidung und Sprung überwunden werden, erst dann findet dieser sich in neuer Gemeinschaft wieder.

Feindesliebe – das Aufschmelzen des Widerstands

Es scheint, dass der östliche, speziell der buddhistische Weg, unserem Zeitgeist angemessener ist als ein von der Kirche tausendfach vermauerter Weg Yeshuas. Wie aber will ich die Fülle, das heißt die Liebe, vermeiden, ohne sogleich die Angst vor dem unwägbaren Leben erneut auf mich zu ziehen? Keine Meditation kann mich vor meinem Dasein verstecken, vor meiner eigenen Spontaneität, vor dem Leid, vor dem leisen Zittern, nicht nur ein persönliches Ich zu haben, vielmehr darüber hinaus Träger einer geistigen Gestalt in mir zu sein. In unserer kühlen Singlegesellschaft wird die Liebe äußerlich unscheinbar, das neutralere Wort »Beziehung« muss die Enttäuschungen übertünchen. Doch da ist nichts wegzuwischen, die Herzkraft dieses Planeten heißt Zusammenhang! Nur die Liebe *(Agape)* schafft schöpferische Verbindungen, neue Einsichten und erlöst uns von dem bedrückenden Gefühl, dass die Welt uns kalt und feindselig gegenübersteht.

Yeshuas Botschaft und Weg ist die Meditation einer universalen Herzkraft, die den anderen, den Gegner, als Teil eines größeren Zusammenhangs wahrzunehmen vermag, in der Erkenntnis, dass mein Ich nicht an meiner Hautgrenze endet. Die geforderte Feindesliebe ist keine moralische Großtat, sie beruht auf der Fähigkeit, mit den unbewussten Energien von Angst, Aggression und Abwehr in kreativer Weise in Kontakt zu treten und sie in ein neues Gleichgewicht zu bringen.

Wie viele Eltern, Sozialarbeiter, Ärzte, Therapeuten und Erzieher haben ihr Leben dieser so oft frustrierenden Bemühung um heilende Energieübertragung gewidmet! Sie taten es aus der Erfahrung heraus, dass nur eine Kommunikation, die sich der anderen, verspannten, verletzten Seelenstruktur öffnet, Chancen auf eine echte Begegnung bietet. Eine solche Haltung erst schafft Zugang zu einem scheinbar fremden Terrain und eröffnet jenseits der individuellen Gegensätze einen gemeinschaftlichen Raum des Zusammenspiels. Ob Hass, Zuneigung oder Widerstand die Tür ist, alle gehen wir früher oder später durch sie hindurch ins Reich Gottes, und keiner geht ohne Erfüllung weg!

Yeshua – eine Gestalt, die sich ständig verwandelt

Die Gestalt Yeshuas, ihre Einzigartigkeit, offenbart sich gerade darin, dass sie durch eine ununterbrochene Bewegung der Verwandlung geht, die mit der Jordantaufe erstmals erkennbar wird, sich durch die vielen Stationen seiner Wanderjahre fortsetzt, die ihn in der Auseinandersetzung der Menschen mit seiner Botschaft weiter reifen lässt: Er ist kein Fertiger, er wächst und zeigt sich in allen Facetten seiner Menschlichkeit. Er ist erstaunt über den Glauben der Kanaaniterin (Mt 15, 21 f.), er ist zornig, müde der Ungläubigen, verwundert über seine widerspenstigen Jünger, berührt von der Liebe der Maria Magdalena und so weiter.

Seine Transformation scheint erstmals in Gethsemane sekundenlang anzuhalten, angesichts der Auf-Gabe, der er sich gestellt hat, im Vorausgefühl jener Fülle und Leere, jenes Schweigens des THEOS, das auf ihn wartet. Die Göttlichkeit Yeshuas als Christus, als *Purusha,* als reine Gottesebenbildlichkeit, scheint im Moment allergrößter Zerbrechlichkeit durch. Sie führt zu einer Transparenz des Geistes, welche kein Sterben im üblichen Sinne mehr kennt, nur die im äußersten Menschsein vollzogene, wache Passage in die Eine Wirklichkeit. Die dem dreitägigen Schweigen der Menschen wie der Natur folgende Auferstehung in einen anderen Leib stellt einen weiteren Schritt in die sichtbar-unsichtbare Geistkörperlichkeit Christi dar. Sie pflanzt sich nach dem Durchgang durch den Todesraum mit aller Macht und Konsequenz in den Seelen der Jüngerinnen und Jünger ein, so wie sein Leib zuvor den Hass der Menge eingesammelt hatte, um ihn im Sterben zu verwandeln. Sein Leben beginnt kosmische Dimensionen anzunehmen, welche auf die Erde zurückstrahlen. Die 40-tägige Unterweisung der Schülerinnen und Schüler, seine anschließende Himmelfahrt und zu guter Letzt Pfingsten, das die endgültige Be-Gabung der Jüngerinnen und Jünger mit dem Geist Christi bezeugt, sind die großen Stationen einer Evolution des Bewusstseins, die Teilhard de Chardin und andere von Christus als dem »Punkt Omega« des Universums sprechen lassen. Noch in der Erhöhung des Christus wie des Buddha zum Gotteswesen überkreuzen sich die Wege der beiden Heilsbringer in der Wahrnehmung der Menschen aus Ost und West also!

Verehre nicht, lebe!

Jedoch hat der Zen-Buddhismus daraus eine andere Konsequenz gezogen als die Kirche: »Triffst du Buddha unterwegs, töte ihn«, lautet einer seiner berühmten Aussprüche. Gemeint ist: »Bleibe nicht am göttlichen Abbild kleben, wende deine Augen, angefüllt mit Verehrung, wieder deinem Alltagsleben zu; strebe durch Reflexion, Kritik, Meditation, Gebet, durch alle Lebenserfahrung deinem eigenem, innersten Gesicht zu, deinem Licht, das nie verschieden war von seinem. Ja, deutlicher noch, diesem Licht, das schon da ist beziehungsweise immer da war, selbst in den alltäglichsten und unsinnigsten Gedanken, Gefühlen und Handlungen! Erkenne also, dass die Welt und Gott ein und dasselbe sind. Und daher bleibe bei deinem Tagewerk, auch nach der Erlösung oder Erleuchtung, iss und trink und lebe das Leben aller Menschen. Spüre dabei, wie alles seinen organischen Zusammenhang hat; nichts ist außergewöhnlich, aber ebenso ist nichts mehr gewöhnlich, und die Welt vibriert nun von Harmonie und Kraft wie ein allererster Morgen.«

Der Weg des Zen zeichnet einen äußersten Bogen, der die unsagbare Erfahrung als identisch mit dem normalen Bewusstsein erkennt. Diese Erkenntnis erfüllt auch Yeshua von der Jordantaufe bis Golgatha. Die unerhörte Einfachheit und Freiheit, die ihn auszeichnet, wird auch von seinen Feinden bezeugt. Die Jüngerinnen und Jünger lieben und fürchten ihn als Menschen, dessen Wirklichkeit (Wirkkraft) um vieles realer, mächtiger ist als die ihre. Sie lieben ihn als jemand, mit dessen Sterblichkeit sie nicht gerechnet haben (wie jeder Liebende), und dieser »Irrtum« ist der Ausgangspunkt ihrer eigenen Unsterblichkeit. Yeshua ist auf ewig in ihre Seelen eingraviert, seine Auferstehung geschieht in ihren Herzen, in dem Kontinuum eines Bewusstseins, das sich von jedem natürlichem Tod unberührt in alle Ewigkeit erinnert. Auch hier sei der Querverweis auf die buddhistische Anschauung gestattet, die von den drei Körpern des Buddhas, des vollkommen Erleuchteten, spricht: dem *Nirmanakaya,* dem materiellen Körper, dem *Sambogbakaya,* dem Entzückungs- oder Subtilkörper, wie er Yeshua auf dem Berg Tabor zu eigen gewesen ist, ein Körper purer Ausstrahlung, purer Energie, und schließlich dem *Dharmakaya,* dem geistigen Bewusstseinskörper, der alle Form restlos transzendiert.

Dennoch wirkt auch diese höchste Ebene auf alle anderen zurück, gleich dem Heiligen Geist, der seit Pfingsten auf die Jüngerinnen und Jünger stellvertretend für alle Menschen, Söhne und Töchter, einstrahlt.[28] Wie erwähnt wird in den östlichen Legenden über die Pilgerreise des Jünglings Yeshua von ihm als *Buddha Isha* gesprochen. Im Tiefenbewusstsein des Ostens ist also eine Ähnlichkeit beider Erlöser geschaut, die für den Dialog der zwei Religionen zu denken geben sollte.

Das Eigentliche ist unaussprechlich

Die Verehrung eines Christus kann nur seinem geistigen Urbild gelten, und dieses ist, nach jüdischem wie auch östlichem Verständnis, im Grunde nicht greifbar, nicht benennbar: »ICH BIN, der ICH BIN«, spricht JAHWE, der Gott Israels, und entsprechend sagt Yeshua, dass Gott nur im Geiste erkannt werden kann. Dieser Geist, so der Buddhist, ist leer von jeder Projektion, er ist rein und jungfräulich. Das Alltagsbewusstsein hingegen lebt in und von den Bildern; da es aber von der Leere nicht unterschieden ist, wie der Zen feststellt, gleicht es dem unaufhörlichen Hervorquellen aus einer grundlosen Tiefe: Ausdruck einer Unbegreiflichkeit, die allzeit Form und Gestalt webt, also Bewusstsein als rhythmische Ganzheit schafft.

28 Wie sich zeigt, hat diese Einstrahlung keineswegs aufgehört, bezeugen doch viele Menschen heute erneut das Christus-Bewusstsein!

Dieser ewige Vorgang, der im Herzen der Menschen seinen zugleich dunkelsten und strahlendsten Ausdruck findet, nennt Yeshua »Liebe«, genauer gesagt »Lieben«. Sein Leben ist einem Teil der Menschheit das Muster geworden, in dem er sich, ob klar oder verzerrt, wiedererkennt. Wir weben weiter an seinem Muster und werden erst aufhören, wenn es ganz zu unserem eigenen geworden ist. Bei diesem langwierigen Unternehmen mag uns der Zen zeitweise zu authentischerem Christsein verhelfen als die Kirche.

Annäherungen: Wohin mit der Sprache der Evangelien?

Jesus sprach: Selig ist der Löwe, den der Mensch isst, und der Löwe wird Mensch. Und abscheulich ist der Mensch, den der Löwe frisst, und der Löwe wird Mensch.

(Thomasevangelium)

Am Anfang war das *Wort«* (griechisch: *Logos*), heißt es ebenso lapidar wie eindringlich im Johannesevangelium. Mit diesem Satz hatte Goethe im Faust schon seine Schwierigkeiten. Wirft man einen Blick auf die bilderreiche, aramäische Sprache, so gleitet einem der Satz wie ein Fisch im Wasser durch die Hände, um in ganz anderer Form wieder aufzutauchen. Denn er suggeriert eine Eindeutigkeit, die zwar dem Griechischen zukommt, aber an der Erfahrung vieler Mystiker in Ost und West ebenso vorbeigeht wie an der Muttersprache Yeshuas mit ihrem immensen Reichtum an Ausdrucksnuancen.

Es gibt im Alten Testament eine andere Beschreibung des *Numinosen*, des mit Worten nicht greifbaren Unbekannten, die um vieles offener, weil poetischer ist und daher die Vielschichtigkeit und Paradoxie einer Gottesbegegnung umso plastischer ins Licht hebt. Der Prophet Elija fragt auf dem Berg Horeb nach Gottes Gestalt; und nachdem viele großartige Naturphänomene seine Sinne beeindruckt haben, hört er die Stimme eines »verschwebenden Schweigens,« und »er erkennt den HERRN«, heißt es. In diesem wunderbaren Bild der Übersetzung der Alten Testamentes durch Martin Buber leuchtet das Geheimnis der Transzendenzerfahrung sublim, voller Schönheit und Paradoxie hervor. Gleich einem Koan sind hier Stimme und Schweigen mit den Worten eines großen, modernen jüdischen Sehers unnachahmlich zusammengefasst, um dem Unsagbaren in der dichterischen Metapher Raum zu geben. Buber deutet das Wesen der Offenbarung des Elija als eine Sphäre lebendigster, aber eigentlich unhörbarer Vibrationen, die vielleicht selbst nur ein Vorspiel für noch Unerhörteres sein mag. Solche Wahrnehmung kommt der Einfühlung in den Urklang der allschaffenden Keimsilbe OM sehr nahe. Wer sich in der Meditation dieses Mantras länger geübt hat, wird dem Rätselbild des verschwebenden Schweigens ein viel größeres Verständnis entgegenbringen können als der am bloßen Wort Geschulte.

Der Klang des Schweigens

So öffnet sich in seltener Einmütigkeit der religiösen Kulturen in Ost wie West der Satz vom Logos zum Hörbild vom klanglosen Klang als dem unerhörten Ausdruck eines alldurchdringenden Schweigens. Wer die großen Texte der Religionen verstehen möchte, sollte immer wieder hier beginnen: mit dem Hören, dem offenen, vorurteilslosen, konzentrierten Horchen auf jenen anfangslosen Ton, der im jüdisch-christlichen Kulturbereich als Stimme Gottes bezeichnet wird. Doch die beiden letzteren Worte legen den Leser schon auf eine persönliche Vorstellung vom Unfassbaren fest und berauben ihn unversehens jener »Süße«, jenes Duftes eines Geheimnisses, das ebenso Mitte und Anfang seines innersten Wesens ausmacht. In vielen seiner Gleichnisse setzt Yeshua das Wort »Höret!« an den Anfang und meint damit ein Erfassen mit dem Herzen.

Die Sprache der Bibel ist nicht leicht zu verstehen. Viele würden heute sagen: unverständlich, eigentlich unlesbar. Dieser Einwand gilt jedoch nicht allein für Altes und Neues Testament, er erstreckt sich auf alle heiligen Bücher, ob es sich um die Veden, das *Tao-te-king* oder buddhistische *Sutren* handelt, ganz zu schweigen von den

Zen-Koans. Im Zeitalter der totalen Medienverdrahtung, der Überflutung mit Informationen, stehen die alten Texte wie prähistorische Steintrümmer am äußersten Rand einer Internetgesellschaft, die ebenso gebannt wie verloren auf ihre künstlichen Bildschirme fixiert ist. Die Texte der Religionen sind keine »Infos«, mögen sie auch noch so viel Material für den Historiker, den Religionswissenschaftler oder Ethnologen enthalten. Wer sie nicht im Kern als inspiriert erkennt, bleibt außen vor. Das gilt auch für eine historisch-kritische (teils protestantische, teils rein wissenschaftliche) Forschung, die sich in mühsamer Kleinarbeit an die »materiellen Ursprünge der Texte« herangeschaufelt und dabei hochinteressante, aufklärende Fakten über die Hintergründe der Entstehung jener Schriften zusammengetragen hat, um schließlich doch nur zu der sehr beschränkten Einsicht zu kommen, die E. P. Sanders, einer der bekanntesten Forscher des Lebens Jesu, so formuliert: »Wir wissen, dass er war, was er tat, und warum er begann, dass er Jünger hatte, dass er das Reich Gottes erwartete ...« (vgl. E. P. Sanders: Sohn Gottes. Eine historische Biografie, Stuttgart 1996, S. 107).

Am Anfang waren Laut und Schwingung

Wir wissen also um die Rahmenbedingungen. Doch je mehr Informationen wir sammeln, desto unübersichtlicher wird die Geschichte Yeshuas, ein Puzzle von Worten, die, näher betrachtet, sogleich wieder ins Märchenhafte zu verschwimmen scheinen: Auferstehung, Himmelfahrt, Heiliger Geist ..., die religiöse Sprache entzieht sich schlichtweg dem bloß Wissenwollenden. Er braucht einen anderen Ansatz, er braucht die Grundeinsicht des Sokrates, der »weiß, dass er nichts weiß«! Alle *religio* spricht vom Geheimnis, verweist in immer neuen Bildern auf ein Unaussprechliches, das sich dem logischen Verstand weitestgehend entzieht. Die Dimension der Inhalte ist nicht durch Denken, vielmehr durch das Leben selbst zu erschließen. Die Haltung des *Hörens* ist daher den Texten angemessener, da sie eine unverbrauchte Wahrnehmungsfähigkeit freisetzt, die viel weniger Voreingenommenheiten unterliegt als das kulturell sehr vorgeprägte Sehen und Denken. Im Hören öffnen sich mehrdimensionale Räume, werden Energien spürbar, und die Bilder, die auftauchen, entspringen größerer Tiefe. »Am Anfang war das Wort«, doch nicht als Name oder Begrifflichkeit, sondern als reiner Laut, als pures, geistiges Phänomen, dessen Grundcharakter Schwingung ist, eben die eines verschwebendes Klanges. Hier sind wir der indischen Auffassung der Mantrik, der Erfahrungslehre von der unmittelbaren, spirituelle Wirklichkeit schaffenden Lautkraft des Wortes ganz nahe. Der deutsche Lama Govinda beschreibt dies wie folgt: »OM ist die Quintessenz, die Keimsilbe des Universums, das magische Wort schlechthin, ... die universelle Kraft des allumfassenden Bewusstseins (Gottes = Brahman).«[29]

Die Theologie ist der stets zu kurz greifende, wiewohl notwendige Versuch, die Schriften intellektuell auslegend, »zergliedernd« zu deuten. Der Einwand der Mystik aller Zeiten gegen diese Vorgehensweise heißt: Alle Schrift ist nur Abbild des großen Schweigens, ein Fenster zur Ewigkeit. Sobald der Lesende sich in diesem Abbild verfängt, solange er bloß *verstehen* will, statt mit allen Sinnen zu *hören,* sprich zu empfangen und einzutauchen in die Unbekanntheit des Wortes, bleibt ihm dieses verschlossen. »Christentum ist keine Lehre, sondern Existenzmitteilung«, formulierte Kierkegaard. Das Wort übermittelt in allererster Linie Kraft, die mich befähigt, das Gehörte unmittelbar in Körper, Geist und Seele aufzunehmen.

Übersetzen heißt über-setzen zum anderen Ufer

Am Anfang aller Arbeit mit der Schrift stehen daher die Stille und die Wachheit der Sinne und nicht zuletzt Vertrauen. Wer sich, wie Zen-Schüler, oft monate- oder jahrelang einem Koan, einem hochparadoxen Ausspruch, etwa über das Wesen des Buddha, stellt, scheitert ohne solches grundloses Vertrauen schnell. Statt Vertrauen könnten wir auch Gläubigkeit sagen, im Sinne von bedingungsloser Hinga-

29 Siehe Anagarika Govinda: Grundlagen tibetischer Mystik, Fischer, 1975, S. 9 f.

be an die eigene metaphysische Ahnung. Ich muss also den Schriften schon vorab eine Bedeutung zuerkennen, von der ich erstens nicht mit Sicherheit wissen kann, ob sie ihnen zukommt, und zweitens, ob sie sich mir – falls vorhanden – überhaupt erschließen würde. Gewinn ist hier nicht leicht und vor allem nicht schnell zu erzielen; und selbst wenn, so handelt es sich doch um einen geistlichen Gewinn, von einer Art, die nicht mit meinen normalen Lebensvorstellungen übereinstimmen muss, ja diese vielleicht in größte Unordnung bringen könnte. So gesehen gibt es niemals eine »moderne« im Sinne von »schnell zugängliche, klare, einheitliche« Übersetzung der Bibel. Diese braucht immer uns selber, wir sollen ja über-setzen: von heimischen Ufern an höchst unbekannte Gestade.

Wenn ein geistliches Leben nach Vereinheitlichung drängt, so bemerkte Thomas Merton zu Recht, dann drängt es über kurz oder lang zur Stille, die die unsichtbare Brücke bildet zu jenem Schweigen, aus dem der »Klangkörper« des Universums sich bildet. Neben den Indern wussten dies auch die griechischen Pythagoräer, und auch die moderne Physik teilt es uns in ihrer Lehre von den Schwingungsebenen der Elementarteilchen mit. Annäherung an den Text bedeutet also zunächst, still zu werden, um sich seine energetische Ladung zugänglich zu machen. Unwichtig sind dagegen irgendwelche intellektuell gefundenen Bedeutungen. Christlich gesprochen ist das Wort also *Sakrament,* das heißt ein Heiliges, das sich nur bei entsprechender Gestimmtheit öffnet. Ansonsten taugt es nur zur sonntäglichen Erbauung, zur theologischen Debatte oder zur ideologischen Untermauerung.

»Einbruch der großen Erfahrung«

Die Erfahrung des Urklangs, des (verschwebenden) Schweigens, steht jenseits aller religiösen Aussage. Sie ist nach Dürckheims Wort der »Einbruch der großen Erfahrung«[30], das *Satori* des Ostens, und sprengt in ihrer Totalität jeden sprachlichen Rahmen. Für einen

30 Siehe Karlfried Graf Dürckheim: Im Zeichen der Großen Erfahrung, O. W. Barth, 1986.

Moment hat sich der Herzraum, auf den beziehungsweise aus dem *religio* zielt, geöffnet, und wer einmal in ihn eingetreten ist, der weiß, warum die Bibel vom Stammeln der Propheten spricht. Buddha hat daher nicht von ungefähr das Schweigen zum Grundstein seiner Lehre gemacht. Wer so getroffen wurde, ahnt, dass schon das Wort »religiös« ein falsches ist, versucht es doch solchem Urerleben einen besonderen Ort zuzuweisen, welcher aber nicht zu fixieren ist, außer im Inneren des Erlebenden selbst.

In aller Schärfe hat schon Johannes Müller, der Gründer von Schloss Elmau[31], am Anfang des 20. Jahrhunderts im Angesicht der Entfremdung von der biblischen Sprache, gerade seitens der Gebildeten, darauf hingewiesen, dass das Nachbeten der heiligen Worte zu nichts führt. Sein Fazit: »Seine (Yeshuas) Worte sind nur dann Geist und Leben, wenn wir von ihnen loskommen und das sehen, worauf er mit ihnen hinzielt.«

Demjenigen, dem zu sehen oder zu hören geschenkt wurde, ist Einblick gewährt worden in das Unerhörte, das Yeshua Reich Gottes nannte. Wie jemand mit einer solchen Erfahrung weiterlebt, ist heutzutage mehr denn je ganz dem Betreffenden selbst überlassen. Je nach Biografie, Erziehung und kulturellem Hintergrund werden sich mehr oder weniger stammelnde, verbale Annäherungsversuche finden. Damit erst tauchen am Horizont die »religiösen Formen« auf. Doch im Herz der Offenbarung war vielleicht noch gar nichts dergleichen, und selbst wo sich eines der religiösen Grundworte oder Grundbilder aufgetan hat, wurde zumeist die Grenze der Sprachfähigkeit gesprengt, trat der davon Getroffene hinüber in einen Raum des Staunens, des puren Ergriffenseins oder einer blitzartigen Erkenntnis, die die Untrennbarkeit von Subjekt und Objekt verdeutlicht.

Eine Sprache, die ins Herz trifft

Doch die Offenbarung, so beglückend und großartig sie auch gewesen sein mag, ist ja nur der Anfang eines Geschehens, das erst im Alltag das Ausmaß seiner Bedeutung für den »Beschenkten« zeigt.

31 Siehe Johannes Müller in: B. Müller-Elmau: Vom Wesen der Elmau, S. 29.

Da fast alles Transzendenzerleben in eine religiöse Sprache gefasst wurde, bestimmt heute mehr denn je das Spannungsfeld zwischen spiritueller Erfahrung und tradiertem Wort den Weg des Betroffenen. Wir haben jetzt die Möglichkeit, frei zwischen verschiedenen spirituellen Überlieferungen zu wählen; damit wird auch die sprachliche Vermittlung entscheidender als in rein christlichen Zeiten, wo mir das Vokabular automatisch vorgegeben war. Sofern sich die Erfahrung nicht auf Unverständliches oder auf esoterische Spekulation beschränkt, sondern Konsequenzen nach sich zieht, bedarf ich der Sprache der Religionen auch heute noch; sie erst macht mich zum Christen, zum Buddhisten, zum Moslem – vielleicht aber auch zu einer neuen Art von Mystiker, der von der unbedingten Intuition ergriffen ist, dass »das Herz aller Religionen eines ist« (Dalai Lama). Nicht auf sich, sondern auf dieses »Zentrum« verwies Yeshua, wenn er von Gott sprach, der *»größer ist als ich und der einzig gut zu nennen ist«* (vgl. Mk 10, 18). Er kam also nicht, wie beispielsweise Mose, um eine neue Religion zu stiften, er kam, um die Unmittelbarkeit des THEOS, das Feuer der Liebessehnsucht in den Seelen der von Konvention, Aberglauben, Angst und religiösem Gesetzeszwang eingeschnürten Seelen der Männer und Frauen seiner Zeit zu schüren.

Die Sprache Yeshuas war keine theologische, wie schon wenig später die des Paulus, seine Reden trafen unmittelbar ins Herz und ins Mark. Sie brannten sich ein und brennen noch heute, sofern wir den toten Buchstaben in schöpferischer Weise zum Leuchten zu bringen vermögen. Ob Zen-Geist oder Christus-Kraft, ob Atheismus oder Naturmystik, im Herzraum des spirituellen Erlebens verschmelzen all diese Begriffe zu dem Einen Erleben. Von ihm strahlt etwas aus, was größer ist als ich und mir ein »Innen« offenbart, das mir wie ein Alleräußerstes anmutet und auf das hin alle Verwandlung unablässig zustrebt.

Meister des Unaussprechlichen

Mit den ersten Jüngern, die später zu Aposteln wurden, beginnt der Weg, beginnt Er-Innerung, beginnt Ritus; öffentliche Nachfolge setzt ein, aus ihrer Mitte erwächst die heikle Pflanze Religion, sprich das Bekenntnis und die theologisch-reflektierende Sprache. Alle großen Religionen bauen unvermeidlich auf solchen Zeichensystemen auf, negativ gesprochen auf Abgrenzung und Dogma. Nur wenige Menschen sind es, die so vollständig in den Raum der Meisterschaft eintreten, deren Sphäre so gesättigt ist mit »Evangelium«, dass buchstäblich kein Raum bleibt für eine weltliche Mission oder Organisation der frohen Botschaft. Ramana Maharshi in Indien ist eine solche Gestalt. Für alle anderen vom Feuer Erfassten beginnt der Weg der Sprache, des erklärenden, erläuternden, des verteidigenden und abgrenzenden Wortes. Wo der Meister noch über eine organische Sprache unmittelbarer Inspiriertheit verfügt, bedürfen die Apostel schon der Vergegenständlichung, erster Regeln und Inhalte – Keimzellen von Theologie. Noch sind sie erkennbar als Begeisterte, und ihr notwendig gewordenes Sprechen ist weiterhin durchglüht vom großen Liebesfeuer, so Paulus im Korintherbrief, so der unbekanntere Johannes. Einzig diese lebendige Glut, so scheint es, legitimiert ihr spontanes, not-wendiges Unterfangen. Wo diese Glut erloschen ist, findet sich das papierene Gefängnis, das Religion, Kirche genannt wird; erleuchtet einzig von den Lichtern der namenlosen Gläubigen, die wohl der Liebe nachfolgten, es aber oftmals nur im Gewande der Institution tun können.

Gleichnisse schützen den Hörenden – vor sich selbst

Die Gespräche zwischen Yeshua und seinen Jüngerinnen und Jüngern wurden zu seiner Zeit nicht aufgezeichnet, so wenig wie die Unterweisungen des Buddha. Die Übertragung der Botschaft geschah unmittelbar, nicht nur in direkter Rede. Oftmals war vermutlich das schweigende Beisammensein von Meister und Schülern, im Osten *Darshan* genannt, das zentrale Medium der Verbindung. Übertragen wurde ja nicht in erster Linie eine Lehre, sondern Kraft beziehungsweise unmittelbare Anschauung des THEOS. Die Gnade solcher Segnung, wie sie beispielsweise Govinda oder Veltheim-Ostrau schildern, machen die Hingabe und das Ausharren der Schülerinnen und Schüler erst recht verständlich. Nur aus solchen Schauungen erklärt sich die ungeheure Schubkraft des frühen Christentums. Lehre und Schauung waren untrennbar eines.

Zur Menge sprach Yeshua in Gleichnissen. Hier zeigt sich das Wort als Weg mittels Bildern, Metaphern oder Parabeln. Wohl ruhen Sprache und Sprechen noch gänzlich in der Kraft, in der empfangenen Vollmacht der Offenbarung, sind also gewissermaßen urheberrechtlich geschützt. Doch das gesprochene Wort trifft auf recht unterschiedliche Menschen, auf sehr verschiedene Bewusstseinsniveaus. Was Yeshua im persönlichen Gespräch durch Wort, Haltung, Energie im Schüler direkt zur Lösung bringen kann, bleibt in der allgemeineren Rede ungewisser. Deshalb das Gleichnis, die symbolische Sprache, denn sie schützt den Hörenden gewissermaßen vor sich selbst. Sie lässt ihn gerade so viel verstehen, wie er zu fassen vermag; nicht umsonst war die innere Lehre in allen religiösen wie esoterischen Schulen geheim, bedurfte der Einweihung, denn die Schau der Wahrheit kann für den Unvorbereiteten von tödlicher Sprengkraft sein.

Das Gleichnis schützt, viele Ebenen der Einsicht haben hier Platz. Es führt den Betrachtenden eher auf spiralförmigen Bahnen zur Mitte, entsprechend seinem Engagement und seiner Auffassungsgabe. Anders als das Koan, das direkter auf den Zusammenbruch unseres gewohnten Weltverständnisses hinarbeitet, gibt uns das Gleichnis Zeit und Wahl. Verschiedene Ansatzpunkte bieten die Möglichkeit, uns zu identifizieren oder zu sperren – einem sanften Aufstieg zum Gipfel auf gewundenen Wegen gleich, im Unterschied zur glatten Steilwand eines logisch unhaltbaren Paradoxons.

»Höret!« – der große Weckruf

Wo die Sprache »breiter«, die unmittelbare Schau auf mehrdeutige Bilder übertragen wird, kommt der Form der Darstellung umso größere Bedeutung zu: Die Auswahl des Bildmaterials spielt eine Rolle, ebenso die Kulturzugehörigkeit der Hörenden, ihre gesellschaftlich vermittelten blinden Flecken, ihre durch Religion und Brauchtum festgelegten Erwartungen und Hoffnungen. Solange Vermittlung sich im intimen Umgang zwischen Schüler und Meister ereignen kann, reicht oftmals die schweigende Anschauung eines gegebenen Wortes, um zu erkennen. Im Beisein Yeshuas, sozusagen umhüllt von seiner Aura, ist der Schüler jederzeit unmittelbar eingetaucht in die Wahrheit der Situation; nicht um Inhalte geht es, sondern um spontane Ein-Sicht. Gemeint sind nicht unbedingt große Visionen oder Ekstasen, sondern die im Stillwerden sich öffnende subtile Energie, die uns mit einem Mal von einem Punkt der Sammlung aus zuhören lässt, so dass wir ganz Gewahrsein sind. Eine Ahnung taucht auf von einem Wissen ohne einen Wissenden. Möchte einer nachträglich »objektiv« von solch einem Erleben sprechen, fehlen ihm zumeist buchstäblich die Worte. Seine Existenz war betroffen, nicht sein reflektierendes Bewusstsein. Diese Akte spontaner Einsicht sind die eigentlichen Drehpunkte einer spirituellen Transformation. Sie leuchten dem Menschen derart ein, dass dazu nichts mehr zu sagen ist; etwas ist selbst-verständlich geworden.

Yeshuas Sprache muss von einer solchen schöpferischen Durchschlagskraft gewesen sein, dass sie spontan Heilung ermöglichte, ebenso wie sie die Dämonen rasen und die theologischen Widersacher empört aufschreien ließ. Um also dem Meister standzuhalten, bedarf es in erster Linie der Wachheit, Hingabe und Kraft statt der Meinung und des kritischen Bewusstseins. Die wiederholte Aufforderung Yeshuas »Höret!« ist demnach eine Einladung zur vorurteilslosen Präsenz, die Eintrittskarte in das Reich Gottes. Doch offenkundig *»geht eher ein Kamel durchs Nadelöhr als ein Reicher ins Himmelreich«* (Mt 19, 24). Und damit ist keineswegs nur ein an Geld Reicher, sondern vielmehr noch ein an Wissensbesitz Reicher, also ein Intellektueller gemeint.

Hat er das alles wirklich gesagt?

Der Weg der Religion setzt also mit Sprache, Ritual und Gebet ein; obwohl das Grundgebet nicht nur im Jüdischen lautet: *»Mach dir kein Bildnis von Gott.«* So ist auch gerade Yeshuas Rede überreich an Bildern und Metaphern, an Komplexem und Widersprüchlichem, wohl wissend, dass sie nur der Fingerzeig zum Mond sein kann. Umso entscheidender ist es, welche Bildersprache benutzt wird und inwieweit sie noch heute das Herz des Hörenden, der nun in der Regel zum Lesenden geworden ist, berühren kann. Denn der Schritt von der gesprochenen Sprache zur geschriebenen ist ein Sprung in eine andere Dimension.

Ausnahmslos alle heiligen Bücher werden von ihren Gläubigen als vom Heiligen Geist inspiriert betrachtet. Die historisch-kritische Forschung hat uns gezeigt, wie unendlich schwierig es ist, authentische Worte Yeshuas von späteren Hinzufügungen, Streichungen und Ähnlichem zu unterscheiden. Die Ergebnisse solcher Untersuchungsmethoden stellen den modernen Christen, speziell den protestantischen, praktisch mit dem Rücken an die Wand. Ein echtes Wort Yeshuas zu erkennen, ist für den Laien so schwierig, wie eine Stecknadel im Heuhaufen zu finden. Bedenken wir noch dazu die zeitliche Entfernung der Niederschrift der ersten Evangelien, etwa 50–90 Jahre nach Yeshuas Tod, die nicht näher bekannten Verfasser, die mit ihm in keinem Kontakt gestanden hatten, und nicht zuletzt die Übersetzung aramäischer, gesprochener Sprache in die so eindeutige, grammatikalisch logische Struktur des Griechischen, so wird das ganze Dilemma des modernen, skeptisch gewordenen Gläubigen überdeutlich. Nicht zu reden von der frühkirchlichen Zensur der Texte, also der vorsortierenden Auswahl unter vielen Evangelien, die schließlich zur Kanonisierung jener vier uns bekannten Schriften geführt hat. Eine Zensur, die nicht nur die Schriftstücke als solche betroffen hat, sondern ebenso die Darstellungsweise von Yeshuas Leben, welche in dieser frühesten Zeit der Apostelmissionen ganz auf Verbreitung der Lehre und Bekehrung der Heiden zugeschnitten war.

Am Ende einer solchen schier endlosen Kette von Bearbeitungen und Eingriffen steht die deutsche Einheitsübersetzung beider Kirchen, die der ehemals volksnahen, aber heute als altertümlich empfundenen Luthersprache ein Ende gesetzt hat. Zu Recht weist Drewermann darauf hin, dass sich für das Neue Testament bislang leider keine kongeniale, spirituell erleuchtende Übertragung gefunden hat, wie sie Martin Buber für das Alte Testament geschaffen hat. Was also sollen wir tun oder vielleicht lassen?

Was ist »heilig« an den Heiligen Schriften

Wir wollen der Reihe nach vorgehen und die erste Frage der Heiligkeit beziehungsweise Inspiriertheit des Textes wieder aufgreifen. Im Zeitalter einer totalen Inflation des Wortes und seiner Verkünstlichung in der Computersprache ist es fast nicht mehr vorstellbar, welche Bedeutung dem gesprochenen Wort als Träger von Heil-Energie und Erleuchtungsbewusstsein in allen alten Kulturen zukam. Das gilt auch für Yeshua. In seinen Reden kommt keine theologische Lehre zum Ausdruck, sondern die Frequenz eines Bewusstseins des inneren Lichtes, das seine ganze Leiblichkeit durchstrahlt. Er liest unmittelbar die Gedanken seiner Jüngerinnen und Jünger, sein Wort heilt auf der Stelle, er lässt die Schüler Petrus und Johannes an seiner Verklärung auf dem Berg Tabor teilhaben, also an der Schau seines spirituellen Lichtleibes. Er verkörpert eine Wahrheit, die nicht allein für seine damalige, aktuelle Raum-Zeitlichkeit galt, sondern weit darüber hinaus und auch jenseits davon. Wenn Materie, gemäß der modernen Physik, wesentlich Energie ist und diese sich wiederum als Licht offenbart, so ist, wie Veltheim-Ostrau mit Bezug auf die Schauungen der Mystiker feststellt, der Körper gefrorenes Licht.[32]

Aus solcher Perspektive erweist sich das Wort in der Tat als Leib Christi, als unmittelbare Existenzmitteilung, die nicht an Raum und Zeit, an theologische Exegese, an Kultur und Brauchtum gebunden ist, um heute ebenso zu wirken wie vor 2000 Jahren. Was allerdings nötig ist, ist eine Lauterkeit oder Reinheit des Empfängers, um dem Wesen der Botschaft zu entsprechen. War also beispielsweise der zum Paulus gewordene Saulus ein guter Empfänger und dementsprechend auch ein störungsfreier Sender der Botschaft Yeshuas, dessen Erscheinung ihn drei Tage erblinden ließ, ihm später aber Einblicke in den dritten Himmel ermöglichte? Für sich und seine Zeit, ja; heute sehen wir seine Schwachstellen im Hinblick auf eine christliche, nachmoderne Spiritualität deutlicher. Wir müssen anerkennen, dass eine solche Erleuchtung authentisch gewesen sein kann, jedoch auch vorläufig, immer geprägt und in ihrer Wirkung eingetrübt durch das soziale und historische Umfeld.

32 Siehe Veltheim-Ostrau: Der Atem Indiens (Verlag unbekannt).

Christusschau – eine Anrede aus der geistigen Welt

Eine religiöse Schau, die nicht auf krankhafter Verwirrtheit oder besonderen paranormalen Fähigkeiten beruht, ist eine objektive Anrede der geistigen Welt, die in erster Linie den Angesprochenen, darüber hinaus jedoch auch seine Umwelt betrifft. Was dem einen geschieht, muss auch für den anderen prinzipiell gelten. Die Kirche hat sich mit Visionen immer eher schwer getan, ihre Praxis der Heiligsprechung, oft lange nach dem Ableben der Geheiligten, spricht deutlich für eine gesunde Skepsis. Doch wir sind im Übergang von einem rein seelischen Glauben zu einem wacheren Bewusstseinsniveau, das es nicht mehr erlaubt, bloß von privaten Halluzinationen zu sprechen. Der so genannte gesunde Menschenverstand in diesen Dingen war noch nie ein besonders guter Ratgeber, und in Zeiten moderner Physik mutet er in vieler Hinsicht geradezu antiquarisch an.

Um es noch einmal zu wiederholen: Die Wirklichkeit Christi ist nicht an Raum und Zeit gebunden, auch nicht an seine in der Bibel und anderswo festgehaltenen Worte. Sie ist auch keine bloß symbolische oder mythische Realität, ebenso wenig ist sie an einen Glauben, zum Beispiel den christlichen, gebunden. Man muss zur Kenntnis nehmen, dass vielen modernen Menschen eine Christusschau zuteil wird, die äußerlich wohl den traditionellen Inhalten ähnlich ist, doch auf ein inzwischen gänzlich anders geartetes Bewusstseinsniveau trifft. Das ist entscheidend!

Wohin also mit der Sprache der Bibel angesichts solch neuer Konstellationen? Oder reicht eine Vision Yeshuas aus, um der neutestamentlichen Sprache glücklich entbunden zu sein? Ja und nein, muss die salomonische Antwort lauten. Erst da, wo ich mich im Herzen angesprochen fühle, werde ich mich wirklich auf den Weg machen und die »Mühen der Ebene« auf mich nehmen; werde mich also, wie zu allen Zeiten, auf die Suche begeben, und der Weg, den ich beschreite, muss gar nicht »Heilige Schrift« heißen. Viel eher mögen es andere Menschen sein oder Bücher, solche, die ähnliche Erlebnisse schildern. Wahrscheinlich steht der Blick in die Heilige Schrift lange nicht an, da – zu Recht! – die alten Gespenster kirchlicher Indoktrination gefürchtet werden, die sich mitunter wie Mehltau auf die Frische der neuen Erfahrungen legen. Die Authentizität des eigenen Erlebens auch gegen die Autorität der Schrift zu wahren, ist ein großes Bedürfnis, denn hier in mir schreibt sich diese Schrift gerade neu! Das Abendland hat nicht von ungefähr Subjektivität und Individualität des Menschen sehr hoch geschätzt; nichts ist zerbrechlicher als eine Transzendenzerfahrung in unseren abgeklärten Zeiten, nichts anstößiger oder leichter vereinnahmbar von Gesellschaft, Kirche oder Esoterismus. Der Umgang damit ist eine Gratwanderung.

Aber nicht nur gegenüber äußeren Mächten, ebenso für sich selbst braucht der Erfahrende große Wachheit. Er muss seine Erfahrung ja gegen sein eigenes konventionelles Ich, gegen seine Neigung zur Verdrängung, seine Ängste und Vorurteile schützen. Von dem Moment an, da er im Herzen berührt worden ist, bedarf es schöpferischer Wege und Mittel, um im Kontakt mit der Strahlung einer solchen Offenbarung zu verbleiben. Er muss *religio* auf neue Weise sehen und leben lernen, nicht als abgestandene Tradition, sondern als das revolutionärste, unwegsamste Abenteuer seines Lebens, das sich viel weniger im Außen als im Innen abspielt. »Gott (THEOS) ist nur ein Wort für das Lebendige schlechthin, welches das einzige, weil allumfassende Heilige ist«, sagt Campbell, der große amerikanische Mythenforscher. Diese Sphäre wirkender Kraft ist Ausgangspunkt und Gradmesser bei der Annäherung an die eigene Tradition und der Wiederentzifferung der Schrift. Du bist das lebendige Selbst, sagt der Osten und auch Yeshua, nur dein Licht und dein Leben können das Geschriebene zum Leuchten bringen, nur deine Präsenz schafft einen Resonanzboden für das »Heilige« der Schrift.

Verschiedene Stufen des Bewusstseins

Sich religiösen Texten zu nähern, in unserem Fall besonders den biblischen, ist nur möglich, wenn wir die gesamten modernen Erfahrungen und Sichtweisen mit einbeziehen. Das gilt auch für die inneren, spirituellen (Christus-)Erlebnisse. Wo jemand eine spürbare Herz-Jesu-Erfahrung macht, reicht es nicht aus, darauf zu verweisen, dass hier Archetypen, Inhalte eines kollektiven Unbewussten im Sinne C. G. Jungs durchgebrochen seien. Dies stimmt nur in einem sehr oberflächlichen Sinn und steckt den Erlebenden oft vorschnell in bekannte tiefenpsychologische Schubladen. Für seine spirituelle Entwicklung können sich solche Deutungen als sehr unfruchtbar, wenn nicht zerstörerisch auswirken. Ken Wilber hat in seinen Büchern (unter anderem in »Eros, Kosmos, Logos«) in ausführlichster Weise eine Stufenfolge des Bewusstseins beschrieben, die von archaischer, magischer und mythischer Spiritualität über den rationalen, aufgeklärten Geist bis hinauf zu den mystischen, den so genannten transrationalen Bewusstseinsformen führt. Dieser Raum transrationaler Logik deckt sich nicht mit den Glaubensweisen früherer Zeiten, obwohl die Inhalte scheinbar die gleichen sind. Unsere Aufgabe ist es, die Erfahrungen der früheren Entwicklungsstufen auf gesunde und stimmige Weise in unserem Bewusstsein zu integrieren. Für viele heute lebende Menschen bedeutet dies: Wir müssen erst ganz Person geworden sein, das heißt unabhängig gegenüber einengenden Bindungen an Sippe, Nation, Religionsgemeinschaft und starre Glaubenssätze. Wenn dies gelingt, werden wir reif für die nächste Stufe geistiger Evolution: das Aufgehen des rationalen Ich-Bewusstseins in den transrationalen Raum. Wilber benutzt hierfür den Ausdruck »Schaulogik«. Auf einem solchen Niveau bekommt die Schau des Herzens Yeshuas eine völlig neue Qualität.

Die Ebene der Schaulogik ist, anders als die der rationalen Logik, nicht jedermann und jederfrau gleichermaßen zugänglich. In der Gesellschaft finden sich unterschiedliche Bewusstseinsniveaus, wie uns die Psychotherapie täglich zeigt. Die allgemeine, besonders im Westen fortgeschrittene Entwicklung der rationalen Vernunft hat jedoch einen Punkt erreicht, an dem immer mehr Menschen Einblicke in jenen transpersonalen Raum gewinnen können, der ansonsten scheinbar nur den anerkannten Mystikern gestattet war.

Der Weg dorthin gleicht dem eines Wissenschaftlers: Entscheidung, Reflexion, Meditation und Handlung bezeichnen die einzelnen Stadien. Sie gelten auch für ein erneutes Bibelstudium. Nach dem Schritt der Entscheidung ist aber hier noch ein weiterer einzufügen: das schöpferische Experiment. Ohne ein solches bleibt die Heilige Schrift stumm und tot, eine bleierne Mumie, die auch nicht dadurch lebendiger wird, dass ich an sie glauben will oder soll. Die moderne Erfahrung hat mit solchem Buchstabenglauben gründlich aufgeräumt, die Katastrophen wie die Entdeckungen der letzten Jahrhunderte lassen bloße Naivität nicht mehr zu.

Das Leiden des 20. Jahrhunderts wie seine technische, wissenschaftliche Entwicklung hat uns zu neuen, ungeheuren Tiefendimensionen geführt, die in der Auseinandersetzung mit der Schrift bewusst oder unbewusst aufscheinen müssen. Das Bild vom persönlichen Vatergott, ob man ihn nun überwiegend als »lieb« oder streng erlebt, ist nicht mehr zurückzubringen; glücklicherweise muss man sagen, denn an den Deformationen, die diese Gottesvorstellung in den Seelen unzähliger Generationen hinterlassen hat, haben wir bis heute zu knabbern. Nicht von ungefähr erschien fast zeitgleich mit Einsteins und Plancks physikalischen Entdeckungen vor fast genau hundert Jahren die moderne Psychologie mit Freuds Buch über die Traumdeutung. Auf der wissenschaftlichen Ebene war ein Quantensprung vollzogen, der nun von jedem Einzelnen früher oder später nachvollzogen werden muss.

Bibellektüre – ein schöpferisches Experiment

Was heißt also »schöpferisches Experiment« mit Blick auf die Evangelien? Zuallererst und heute mehr denn je: Ich kann sie nur vom Herzen her angehen. Die Entscheidung für den weglosen Weg, aus welchen Einsichten sie auch immer getroffen wurde, kann in Bezug auf Yeshua für einen Nichtkirchen-Christen des 21. Jahrhunderts eigentlich nur aus der Mitte eines leeren Herzens getroffen werden. Kein spiritueller Weg ist ohne dieses begehbar, doch im Dunstkreis einer sklerotisierten religiösen Institution ist solche simple Tatsache von besonderer Bedeutung. Intellektuelle Neugier mag mich vielleicht zum Buddhismus führen, die Sehnsucht nach Natur und Ekstase zum schamanistischen Ritual und Feminismus zu den uralten Mutterkulten. Mancher dieser Wege kann beim Einzelnen schließlich neu in den Raum der eigenen Tradition münden, aber eben dieses »Eigene« ist ja von vielen für die Entfaltung innerer, spiritueller Freiheit als unerträglich empfunden worden.

So kann ich nur dort beginnen, wo mein Herz unmittelbar berührt worden ist, vielleicht durch eine spontane Einsicht, eine Vision, eine Liebesbegegnung, die das Bild Yeshuas vor Augen führte oder eine Ahnung ganz neuer Art freisetzte. Solche Lichtblicke, die alle eine dichte Spur in meinem leiblichen Sein hinterlassen, tragen womöglich ein gemeinsames Kennzeichen: einen besonderen Geschmack der Erfüllung, der nur am Rande mit unseren normalen Liebeserfahrungen zu tun hat. Dies kann sich anfühlen, als ob wir aus nichts als Sehnsucht und ihrer gleichzeitigen Erfüllung bestünden – nun aber nicht mehr an ein Gegenüber gebunden, vielmehr rein und frei aus uns selbst strömend. Durch die Zeiten ist Christus immer wieder mit solch aufschmelzenden Erweckungen identifiziert worden, wie es unter anderem die christlichen Mystikerinnen des Mittelalters so eindringlich beschrieben haben.

Eine derartige Offenbarung von *Agape,* die einem Kernschmelzungsprozess gleichkommt, mag dazu führen, dass ich mich erstmals wieder der Schrift zuwende, in dem klaren Gefühl, dass sie etwas birgt, was mir weder Intellekt noch formaler Glaube noch bloße Neugier geben können. Ich muss den Ort meiner Ein-Sicht, also Körper und Herz, in schöpferischer Weise mit einem Text zusammenbringen, der für mich wie Hieroglyphen nicht gleich zu entziffern ist. Im dem Moment, da mir die Schrift für Sekunden wirklich als unbekanntes Terrain gegenübertritt, kann sich die Spannung entwickeln, die nötig ist, um authentische Entdeckungen machen zu können. Wie bei zwei Liebenden ist das gesteigerte Energieniveau die Eintrittspforte, die mich dem Kern meiner Lebendigkeit im Körper und in der Seele nahe bringt. Und wie beim Beginn jeder echten Reise sind alle Sinne geschärft; jedes Detail verdient Beachtung, ohne gleich eingeordnet werden zu müssen, ist vielmehr Hinweis und Lockruf zu wieder anderem – mag es befremden oder beglücken. Endlich bin ich befreit von all jenen Altlasten einer christlichen Religion, die den offenen Blick, die freudige, neugierige

Präsenz bislang verhindert haben. Ich bin unterwegs und bereit für Erkundungen jenseits des normierenden Verstandes und theologischer Konstruktionen.

Das Wortfeuer wird entfacht

Eine solche Reise in den Text bedarf der Entdeckung der Langsamkeit. Wie eine Landschaft sich bei jedem Besuch verändert, oft schon durch eine andere Lichtbrechung, so auch die Schrift: Habe ich erst einmal entschieden, ihr zu vertrauen, werde ich dazu übergehen, jedes Wort, manchmal sogar die Buchstaben, anzuhören, abzutasten, zu schmecken, um zu ihrer ursprünglichen Lebendigkeit vorzustoßen. Das Evangelium ist ein schlafender Vulkan, wie jeder authentische, spirituelle Text; jegliche unbedachte Erschütterung kann geistige Lawinen auslösen, die mich, das heißt meine Vorstellungen und Lebenseinstellungen extrem gefährden. Nichts ist banaler als die Einschätzung, man hätte es bei den großen Werken der Vergangenheit vornehmlich mit moralischen, historisch überholten Lebensanweisungen zu tun. Dem, der einmal mit dem lebendig gewordenen Wort in Berührung gekommen ist, weiß, dass es Feuerkräfte birgt, gegen die jede Philosophie nach Stroh schmeckt. Die Aufklärung des Westens hat den Schrei eines ihrer großen Wegbereiter, Blaise Pascal, zu schnell vergessen: »Feuer, Feuer, der lebendige Gott, nicht der der Philosophen!«, schrieb er unmittelbar nach seiner Gottesvision.

Jede der Heiligen Schriften ist ein Land ohne Wiederkehr, das höchste Achtsamkeit, Mut, Entschlossenheit und Ausdauer erfordert, vor allem aber jene Sehnsucht und sanfte Verrücktheit des Herzens, die dafür sorgt, dass das Entdeckte beim Entdecker auf Resonanz stoßen kann. Obwohl er auf diesem Wege prinzipiell allein ist, sollte er ihn, und das ist speziell für das Evangelium Yeshuas fast unabdingbar, nicht allein gehen. *»Wo zwei oder drei in meinem Namen versammelt sind, bin ich mitten unter ihnen«* (Mt 18, 20), dieser Ausspruch scheint uns auf den richtigen Weg zu führen. Ich höre anders, ich sehe anders, wo sich die Sprache eines Textes im Bewusstsein mehrerer Menschen spiegelt, wo die unvermutet in Gang gekommene Erinnerung einer tieferen Lebendigkeit mit anderen geteilt werden kann: als Freude, als Schmerz, als pure Kraft. In der Gemeinschaft will das Wort genauso anwesend sein wie in der Tiefe meines Selbst. Vielerlei Verwirrung, die das religiöse Wort mit sich bringt, allein schon aufgrund seiner symbolischen und paradoxen Struktur, löst sich in der gemeinschaftlichen Betrachtung weitaus leichter als allein im stillen Kämmerlein.

Nicht von ungefähr gab es neben den Laiengemeinschaften immer auch die Klöster, die geistlichen Bruder- und Schwesternschaften, aus denen sich im Laufe der Zeit der eine oder andere löste, um in die Wüste, die große, leere Spiegelfläche des THEOS zu gehen. Heute ist die Wüste, der metaphysische Ort par excellence, nicht mehr auf den Sinai oder andere geographische Plätze beschränkt; sie hat sich über die gesamte westliche Zivilisation ausgebreitet, und so ist sie jederzeit vor der eigenen Haustüre anzutreffen. Ich brauche mich nur ein wenig zu schütteln, und der Sand im Getriebe meiner eigenen Lebenspraxis tritt – zumindest für die anderen – unübersehbar zutage. Daher ist es, wie die Erfahrung lehrt, zumeist sehr heilsam, im Angesicht anderer meine inneren Dämonen zur Sprache kommen zu lassen, eine Erfahrung, die viele Menschen in den letzten zwei bis drei Jahrzehnten in unterschiedlichsten Gruppenprozessen vollzogen haben. In dieser Wüste kann man sich nicht verstecken; die Blicke der Gleichgesinnten reinigen, wie schmerzhaft das auch zuweilen sein mag. Auch sie sind ja nackt!

Dass der Körper des Hörenden oder Lesenden der Ort der Sprache ist, das Leben des Einzelnen die Spiegelfläche des Textes, ist die große Entdeckung, die unter anderem im Bibliodrama immer wieder gemacht worden ist. Wo beide in der Stille des Hörens, im leeren Herzen zusammenkommen, vermag der Funke der Einsicht, der Inspiration einschlagen und die tiefere Einheit von Schrift und individueller Biografie schlagartig enthüllen. Dieses Aufeinandertreffen bewirkt eine plötzliche Öffnung des Geistes wie des Herzens, der sich einer Gruppe sofort als erhöhter Energieaustausch, als vertieftes Schweigen mitteilt. In solchen Momenten wird das Wort ganz real zum Leib Christi, es ist aufgebrochen und dient uns zur Wegzehrung auf den unbekannten, spirituellen Gewässern.

Der Körper liest mit

Es gibt viele Interpretationsmodelle; alle folgen mehr oder minder dem Modell des Zwiebelschälens, dem Gang von außen nach innen, wie ihn schon Origines, der große, christliche Lehrer aus dem 3. Jahrhundert, vorschlug: Ganz außen haben wir die äußere, historische, soziale, geographische Bedeutung eines Wortes, zum Beispiel Jerusalem; dann im nächsten Schritt seinen symbolisch-allegorischen Gehalt, als Stätte der Einweihung; und schließlich ganz innen seinen mystischen Sinn (hier als Braut Christi) – ein Sinn, der nur geschenkt, aber nicht durch intellektuelle Arbeit erworben werden kann. Die Moderne hat uns ein hochverfeinertes, sprachwissenschaftliches Werkzeug zur Verfügung gestellt, das dem, der damit umzugehen weiß, bei der Auslegung von Texten bis zu einem gewissen Grad helfen kann.

Leider haben viele Vertreter solcher akademischen Interpretationsmodelle den Körper als zentrale Dimension menschlicher Existenz in der Auseinandersetzung mit religiösen Schriften weitgehend aus den Augen verloren. Wer sich jedoch der Gestalt Yeshuas annähern möchte, braucht ein Gespür für seine eigene Körperlichkeit, allein schon um die physische Eindringlichkeit von Yeshuas Sprache nachvollziehen zu können, die Dramatik seiner Begegnungen mit den Urkräften der Welt: Krankheiten, Dämonen, Kreuz und Tod. Spirituelle Wahrheiten finden sich nicht im luftleeren Raum, und sie finden nicht bloß in den Köpfen von Menschen statt; ausschließlich mit unserer gesamten Existenz können wir sie bezeugen. Dies gilt vielleicht in ganz besonderem Maße für den Lebensweg Christi mit der sichtbaren, furchtbaren Erhöhung (Kreuzigung) und der unsichtbaren, der Auferstehung, die den Jüngern so unfassbar schien, dass ein Thomas dafür handfeste Beweise verlangte.

So besteht die Hauptarbeit mit der Schrift zuallererst in einer Öffnung des Körpers durch die Reinigung der Sinne – durch Atem, Bewegung und Zentrierungsübungen, um »ganz Ohr« zu werden. Zwar kennt das Christentum manche solcher Übungen, zum Beispiel in den Exerzitien des Ignatius von Loyola, doch die meisten Orden haben es bei Gebet, Gesang und Textkontemplation belassen. Die leibfeindliche Ideologie kirchenchristlicher Orthodoxie verbot von vornherein weitreichendere Experimente, wie sie Yoga und Tantra des Ostens angestellt haben.

Die Sprache wird zum Gefängnis

Es waren östliche Meister, die den westlichen Suchenden durch eine Reihe moderner, für sie völlig ungewohnter Meditationen ein grundlegend neues Körpergefühl gegeben haben. So wurde der intellektuelle Grauschleier von ihrem Bewusstsein weggezogen, das Licht spiritueller Erneuerung konnte einfallen und Zehntausende inspirieren. Die Vielfalt östlicher Übungsmethoden basiert zum einen auf dem Wissen um die Bedeutung des Körpers im Alltag des Menschen; zum anderen legt der Osten unmissverständlich den Finger auf eine alte westliche Wunde: auf den falschen Glauben nämlich, dass das Reich Gottes immer woanders, nämlich in der Höhe (im Himmel), in der Ferne (in der Zukunft) und außerhalb des eigentlichen Lebens, nämlich im Geist zu finden sei.

Der Buddha belässt die Frage nach der Existenz Gottes im Schweigen, er verneint dabei keineswegs göttliche Wirklichkeit, sondern die Spekulation des Geistes darüber; in gleicher Weise verweist Yeshua auf das grundlose Vertrauen, das einem offenen Herzen entspringt. Beides sind Akte, die jenseits der Sprache angesiedelt sind. Die Brücke zwischen dem Schweigen und der Empfänglichkeit des Herzens bilden in der Tradition Mythos, Vision, Traum, Poesie und Symbol. Sie sind sprossenlose Leitern über dem Abgrund, Bilder ohne Rahmen, Gravuren im freien Raum. Erst die begriffliche theologisch-philosophische Sprache suggeriert Handfestes im Ungreifbaren, Sicherheit im Leeren. So beginnt der manipulative Verstand Gottes- und Weltbilder zu produzieren.

Die wunderbar vielschichtige Gleichnissprache des Neuen Testaments ist im modernen Durchschnittsdenken auf ein paar archaische Gesteinstrümmer, Rohlinge, beschränkt, die da heißen: Gott, Sünde, Schuld, unbefleckte Empfängnis und so weiter. Von solchen Sprachbrocken hat sich der aufgeklärte Mensch mit zunehmender

Befremdung abgewandt, da er den Prozess des Lebendigen darin nicht mehr wahrnehmen kann. Der Versuch, feinste energetische Vorgänge in ein paar Hauptwörtern einzufangen, bringt deren spürbare Wirklichkeit zum Verschwinden, lässt Religion wie kalt gewordene Lava erstarren. Die Entscheidung, auf solche Worttrümmer zu verzichten, ist daher verständlich, ihre Wirkkraft, die nun ganz ins Unbewusste verlagert worden ist, wird dadurch aber keineswegs aufgehoben.

Die heiligen Schriften der Religionen gleichen der unheimlichen Sphinx aus den griechischen Sagen, mögen sie auch Jahrhunderte wie stumme, verstreute Steinblöcke in der Wüste der Zeit liegen, vom Sand halb verschüttet. Hinter ihrer äußerlichen Versteinerung verbirgt sich ein lebendiges Gewebe, das darauf wartet, durch Achtsamkeit und aufrichtiges Interesse wieder in Schwingung zu kommen. Ist die geistige Frequenz ausreichend, öffnet sich das Auge des Fabelwesens, und ich kann die Schwelle vom Außen zum Innen überschreiten. Der Weg in die Höhle des Löwen ist frei. Wer also über biblische Texte meditiert, sollte darum auf diesem Weg in einem mehrfachen Sinne »arm im Geiste« werden: Er muss bereit sein, seine Vorstellungen bezüglich Religion oder christlichem Glauben weit hintanzustellen, er sollte den Text als eine gänzlich unbekannte Landschaft anschauen, bei deren Begehung ihm sein normales Wissen nichts hilft, ihm sogar eher im Wege steht. Alle Substantive wie »Gott«, »Jesus«, »Sünde« sind äußerliche, zeitgebundene Begriffe, gefrorene mentale Materie, die erst durch die eigene Lebenskraft wieder erhitzt und verflüssigt werden will. Der Körper und sein Energiefeld sind hierfür das ausschlaggebende Medium: Atem, Bewegung, Gebärde, Puls, Schrei, Zittern, Singen und Weinen bilden Mittel wie Inhalte solcher Verflüssigung.

Substantive – eingefrorene Bruchstücke des Ganzen

Wie Physik und Biologie seit längerem beweisen, gibt es nicht das einzelne Ding, sondern nur mehr Prozesse, in denen sich ununterbrochen Begegnungen ereignen, die für Augenblicke eine spezifische

Gestalt annehmen. Keineswegs bilden sich dauerhafte Figuren, wie sie das Denken in Substantiven vorgaukelt. Kein Gott ist hier zu haben, auch kein stabiles Ich; was ich als fest empfinde, sind wiederkehrende Muster, Gewohnheiten des Körpers wie des Geistes, die sich wiederum von Situation zu Situation verändern. Wir müssen uns also von Inhalten lösen und uns den Prozessen zuwenden, nur so erreichen wir die Innenseite des Wortes, sein energetisches Potenzial, das mit meinem eigenen biografischen Hintergrund durch Intuition und Vision in Verbindung treten kann.

Wenn wir den Sinn eines Textes erfasst zu haben glauben, freuen wir uns, sind oft auch schockiert; wichtiger als dieser ist aber, dass etwas in Fluss kommt und bleibt. Der Text ist der große Strom, der einmal still und einmal wild wie eine Stromschnelle an der Innenseite meiner Haut, hinter meinen Augen, dahinfließt. Ich kann stranden, auflaufen oder mit rauschenden Segeln dahingleiten; ich kann Schätze bergen oder untergehen, nur verlassen kann ich ihn nicht mehr. Selbst wenn ich ihn vergesse, fließt er doch weiterhin in mir und durch mich hindurch.

Von allen Substantiven sind wohl die großen drei – Gott, Christus und Heiliger Geist – einem lebendigen Sprachverständnis am abträglichsten. Der Lesende neigt automatisch dazu, auf sie ein Über-Ich im Sinne Sigmund Freuds zu projizieren, zu dem es in Furcht und Staunen aufzublicken gilt. Die Bildung solcher Substantive über das Göttliche kann zur Quelle eines großen Missverständnisses werden, dass nämlich Gott nicht in uns, sondern irgendwo »da oben oder da draußen« zu finden sei. Dadurch entsteht ein Gefühl von Freiheitsberaubung, dem sich der westliche Mensch zunehmend entzogen hat. Auch der Atheismus ist ja nur eine Folge dieser rein außenbezogenen Gottesvorstellung.

Wo Er ist, schmilzt das Ich

Das vor-gestellte Bild Yeshuas oder Gottes versperrt mir den Weg, denn da ist ja kein »Ich«, so wie es unsere Durchschnittspsychologie versteht. Kein Objekt, keine Person, die greifbar wäre. Christus ist »nur« ein Wort für einen ekstatischen, aller Natur eigenen Vorgang des Liebens, und der historische Jesus ist das temporäre Gesicht dieser Liebe. Seit 200 Jahren versucht die Forschung, dieses dingfest zu machen, doch es gleitet ihr wie Wasser durch die Hände. Die Annahme, dass Yeshua uns ähnelt, weil er eine historische Biografie aufzuweisen habe, hinkt. Weder gleicht sein Ich dem unsrigen, noch ist er andererseits im Wesen von uns geschieden; solange ich aber an meiner Identität festhalte, steht Er entweder zu hoch oder zu tief. Erst in der Meditation oder im Gebet, die mich von meinen Identitätsmustern befreien, mag eine Verbindung aufscheinen, die Gültigkeit hat: Wo Er ist, schmilzt das Ich, und was hervorquillt wie Wasser aus dem Stein, ist pure Lebensenergie, *Ananda* (= Glückseligkeit). Wo also der Text unverhüllt zu Sprache kommt, ist er reine Handlung, der ich mich nur hingeben oder bewusst entziehen kann. Letzteres tun wir oft aus der berechtigten Angst heraus, unsere gewohnte, fest gefügte Identität zu verlieren. Das trifft auf Christen wie auf Atheisten gleichermaßen zu, denn die Erfahrung einer transzendenten Realität ist im Kern areligiös. Sie ist einfach.

Genau daran knüpft der Zen-Buddhismus an, um der uralten Teilung von profan und sakral den geistigen Boden zu entziehen. Hier liegt die große Chance des westlichen, areligiösen Menschen, doch wieder die Erfahrung der Einen Wirklichkeit zu machen, sich von seiner modernen Verlorenheit zu heilen, ohne sich in alte, zerstörerische, religiöse Angstmuster und Sprachfallen zu verstricken.

Wiederum hilft dabei die Erfahrung der Meditation, und zwar in einer durchaus auf das christliche Wort bezogenen Weise: Yeshua spricht im Johannesevangelium oftmals die großen Ich-Bin-Sätze (Ich bin der Weinstock, das Licht, das Brot, etc.). Dieses ICH BIN hat viel von der Qualität des Zeugen, von dem schon an anderer Stelle die Rede war. Es ist wohl einem geistigen Energiefeld vergleichbar, bestehend aus Schwingungen, die nur in schwer fassbarer Form zum Ausdruck kommen – letztlich im Sinne eines verschwebenden Schweigens. Das persönliche Ich verhält sich zum allumfassenden ICH BIN wie eine chemische Lösung zum Wasser: Sie gibt diesem eine bestimmte Färbung, die nur mit feinsten Instrumenten nachzuweisen, aber niemals eindeutig zu identifizieren ist. Diese ebenso unsichtbare wie wirkungsmächtige Einheit des Persönlichen mit dem Überpersönlichen gilt es im Evangelium, speziell dem des Johannes, wiederzugewinnen.

Die große Sprache der Verschwisterung

Um die kosmische Dimension der Christuserfahrung wiederzugewinnen, bin ich als moderner, der Rationalität verpflichteter Mensch gefordert, mich der Schablonen eines individualistischen Weltbilds wenigstens zeitweise zu entledigen, um zu einer umfassenderen energetischen Erfahrungswirklichkeit durchzustoßen. Schon deswegen, weil das Christentum in seinem Ursprung vollkommen im Raum der Mystik angesiedelt ist: Der auferstandene Yeshua ist die schockierende, überwältigende, berauschende, unerklärliche Realität, die die Jünger endgültig aus ihren konventionellen Weltbildern, ihrem Alltagsschlaf heraussprengt – mit beispiellosen Konsequenzen für die Welt als Ganzes. Wer heutzutage durch Meditation, Gebet oder Zufall (Gnade) zu einer blitzartigen Anschauung dieses großen Geheimnisses des Christentums gelangt, dieser Verschmelzung von Person und Universum, der wird um das schöpferische Weiterleben christlicher Spiritualität im neuen Jahrtausend nicht mehr fürchten müssen.

Aller Unanschaulichkeit zum Trotz, und hierin scheint mir das Wunderbare der Weltlichkeit Yeshuas zu liegen, spricht er die große Sprache der Verschwisterung von Mensch, Natur und Kosmos. Seine Gleichnisse – als Schau der lebendigen Dinge dieser Erde vorgebracht – von Lilie und Schaf, Geld, Mensch, Kleidung, Baum erscheinen vor unserem inneren Auge als Glieder einer unzerbrechlichen Kette, die in und aus Gott (THEOS) führen. Sie bildet den unzerreißbaren Faden der *Agape,* die alles organisch von Ewigkeit her durchzieht und von der Paulus sagt, dass sie höher stehe als alle Erkenntnis. Wer einmal sein Alltagsleben aus dieser Perspektive betrachtet hat, weiß, dass es voll von diesen spirituellen Symbolen, diesen Winken und Hinweisen auf das Geheimnis ist, die nur darauf warten, angeschaut zu werden.

Die leibliche Kontemplation der Gleichnisbilder, ihre Spur im eigenen Körper, ihr Aufscheinen im biografischen wie im gegenwärtigen Moment, ausgesprochen in Atem und Gebärde, Tanz, Gedicht und Schrei, schafft produktive Einbrüche in ein gegenstandsversessenes Sprachbewusstsein, das mich aus dem Kreislauf der »lebendigen« Dinge ausgeschlossen hat, ohne mir eine höhere Verknüpfungsebene anzubieten. Nicht die Fähigkeit des Ichs zu reflektieren ist das Problem in einer modernen religiösen Textarbeit, vielmehr die Leugnung einer alogischen, integrierenden Ebene, aus Angst Überblick und Kontrolle zu verlieren.

Eine neue Schau aus dem Geiste

Nirgends ist daher mehr schöpferische Methodenvielfalt angezeigt als in der Aufschlüsselung der Bilderflut in Yeshuas Gleichnissen. Psychologische Deutungen reichen nicht an den energetischen Tiefenstrom heran, der uns in diesen Bildern begegnet. Die Eucharistie des Abendmahls bleibt ein totes Ritual, solange ich Brot und Wein nicht als die essenziellen Nahrungs-Mittel eines anderen, eines spirituellen Körpers (Christi) erfassen und empfangen kann. Nur in einem solchen Moment des Erwachens sind der mystische Leib Christi und ich eines; ich bin nun buchstäblich das aufgebrochene Brot, das von anderen gegessen werden soll: Meine Kräfte, meine Schwächen, meine Gedanken und Gefühle, meine Schmerzen und Freuden sollen frei in die Welt ausströmen und sie befruchten. Da gleiten Ich und Du unmerklich ineinander und sind weder das eine noch das andere! Hier strahlt der Erlösungsweg Christi in seiner Einzigartigkeit auf, der keine areligiöse Moderne zu scheuen hat, da die »Bilder« zeitlos sind und ihre Substanz geistgegeben ist.

Die Kerntexte der Evangelien, also das Vaterunser, die Seligpreisungen und die Bergpredigt, bedürfen einer erneuerten und erneuernden Schau aus dem Geiste der Verbundenheit von Körper und Geist, Mensch und Natur, Mensch und Gott. In den letzten 40 Jahren hat sich auf den Gebieten der Geisteswissenschaft, der Psychologie, der Linguistik und Soziologie, aber auch in den Bereichen der Kunst, sprich Tanz, Bewegung und Theater, im Zusammenhang mit therapeutischen Fragestellungen ein Repertoire von Methoden herausgebildet, das den gemeinsamen Nenner von Leiblichkeit, Erde und Kosmos mit den Mitteln des Körpers selbst zu erforschen vermag.

Biblio- beziehungsweise Hagiodrama, auf die wir im Folgenden näher eingehen wollen, sind aus solchen Quellen geboren und haben sich als sehr hilfreich erwiesen, wenn es darum geht, sich den »heiligen Schriften« im Rollenspiel in erzählend-dramatischer Weise zu nähern. Atem und Stimme, Gestik und Gesang, Tanz und Schweigen sind Wege, um das Wort in einer Dimension jenseits intellektuellen Verständnisses zu erkunden. Sie führen unmittelbar zur Innenseite der Sprache, ihrer Lautlichkeit und energetischen Frequenz, die sich gleich einer Aura ausströmt. Auf dieser Ebene ist sie nicht mehr ein Teil, ein zu analysierendes Objekt, sondern ein pulsierendes Energiefeld, das mit anderen Feldern in Verbindung steht.

»Zen mind is a beginner's mind« heißt jene grundlegende Lebenseinstellung, die auf die Frische und Unschuld einer immer wiederkehrenden menschlichen Neugier verweist. Diese Neugier lässt, jenseits von Glaube und Hoffnung, eine Realität kindlich-unschuldiger Ursprünglichkeit aufscheinen, die ohne Furcht und Hoffnung einfach ist. Das bibliodramatische Spiel über die Worte hinaus und durch sie hindurch weist in diese Richtung.

Biblio- und Hagiodrama als moderner Kreuzweg

Es gibt viele Meditationstechniken und noch mehr Bücher darüber; je nach Grad der Reife eines Übenden und seinem Bedürfnis mögen sie förderlich sein oder hinderlich. Neben so klassischen Formen wie der des Zen-Sitzens und des christlichen Gebets finden sich eine Unzahl psycho-spiritueller Übungen – angefangen bei spezifischen Atemtechniken wie im Rebirthing oder dem holotropen Atmen bei Stanislav Grof, über Visualisierungen nach C. G. Jung bis hin zu mantrischen Gesängen oder Lichtmeditationen. Dazu kommt die Vielfalt der dynamischen Meditationen, die Osho (Bhagwan Shree Rajneesh) angeregt hat, sehr körperintensive Reinigungsverfahren, die Stimme, chaotisches Atmen, freie Bewegungen, Schütteln, Tanzen und Nonsense-Geplapper beinhalten und zum Schluss immer in die Stille münden. Es sei daran erinnert, dass schon vor zwei Jahrhunderten die christliche Sekte der Shaker ihr Gebetsrepertoire um das Schütteln des ganzen Körpers bereichert hatte, um energetische Staus aufzulösen und sich einer spirituellen Trance zu öffnen. Und welche Bereicherung hat der knochentrockene, ausschließlich am Wort orientierte amerikanische Puritanismus durch die Gesänge und Spirituals christlicher schwarzer Sklaven erfahren, deren Gottesdienste charismatische Ausbrüche fast provozieren. Zumindest erinnern sie den Wortchristen daran, dass Gesang und Tanz ursprünglichste Gebetsquellen sind, die der Freude am Leben, unverhüllt Ausdruck verleihen: Sie geben so viel direkter einen Geschmack von der Verschwisterung der zwei Grundkräfte des Universums, des sinnlichen Eros und der übersinnlichen *Agape,* als jeder im bloßen heiligen Ernst zelebrierte Gottesdienst.

Ich möchte mich im Folgenden mit einem besonderen, erst im letzten Viertel des 20. Jahrhunderts entwickelten Weg innerhalb der christlichen Tradition befassen, der an uralte, oft wortlose Liturgien anknüpft: Gesang und Tanz, Mysterienspiel und Rollentausch, Meditation und kosmische Feier, genannt Biblio- oder Hagiodrama (wörtlich »heiliges Drama«).

Beide Formen verstehen sich als eine sinnlich nachvollziehende Erforschung spiritueller Texte, eine Anverwandlung religiöser Sprache im eigenen Leben, eine präzise, leibliche Wiederentdeckung uralter Mythen, Legenden und archetypischer Geschichten. [33] Der Ort des Geschehens ist der Text selbst, um den sich eine Gruppe fragender Menschen (unabhängig von Konfession, Bildungsstand und so weiter) mit ihren eigenen Biografien, Perspektiven und Interessen versammelt. Das Biblio-/Hagiodrama versteht den Text als ein lebendiges Gewebe spiritueller Erfahrungen und Erlebnisweisen, die im Strom der Zeit von Generation zu Generation weitergegeben worden sind. Die Frage heißt nun, wie kann ich diese Erzählungen in einen schöpferischen Kontakt mit dem Leben eines heutigen Menschen bringen, wie kann ich sie in Sprache und Bild meiner eigenen Erfahrungen übersetzen?

33 Peter Erlenwein: Reise in die Mitte des Kreuzes, Anarche, 1993

Kreuz und Kreis – die existenziellen Symbole

Das Phänomen der aufrechten menschlichen Gestalt besteht gerade darin, dass sie am deutlichsten die Form des Kreuzes abbildet – kein anderes Lebewesen kommt dieser Form in seiner Erscheinung derart nahe. Die Waagrechte der ausgebreiteten Arme, die Senkrechte zwischen Fuß und Kopf, beide aufgefangen in der Schale des Beckens, ergeben das Kreuz und den Kreis als existenzielle Grundmuster des menschlichen Körpers.

Zwei Weisen, die sich auch in den Grundformen des menschlichen Gehens versinnbildlichen: Als Weg-Gehen und Kreis-Gehen, das heißt weggehen, herausgehen (Kreuz), auf der anderen Seite sich versammeln, verdichten, einen Ort schaffen (Kreis). Beide Formen sind in einer dritten aufgehoben und neu verbunden – dem rhythmischen Hin und Her, Links und Rechts der Füße am Boden (Horizontale) wie der aufwärts strebenden Schlangenlinie der Wirbelsäule (Vertikale), die gleich einer Welle das Innen und Außen einsammelt und in ihrer Mitte zu neuer Gestalt bringt: Die Drei ist geboren, der Dreh, der Tanz, der Wirbel!

Aus solch einfachsten, leiblichen Grundgebärden entfaltet sich der sichtbar werdende geistige Raum des Menschen. Körpergesten sind dementsprechend Ausdruck unmittelbar nahe liegender Handlungen, aus denen sich unser Leben aufbaut: Liegen, Schlafen, Essen, … Die ersten Außenkörper (Bauten) der Menschheit geben eindrucksvolles Zeugnis von diesen elementaren Formen und Vorgängen: eine runde Hütte, ein dreieckiges Zelt, ein hoher Turm, ein labyrinthisches Höhlengebilde, eine bloße Senke zum Hineinschmiegen.

In dieser Hinsicht ist die ökologische Krise heute ein beredtes Zeugnis für den Verlust einer subtilen, spirituellen Balance, für das Verdrängen der Wahrheit, dass wir immer eingebunden sind in den großen Kreis der lebendigen Formen. Man erinnere sich in diesem Zusammenhang an die Bild- und Schriftzeichen der frühen westlichen Megalithkulturen: Kreise, Spiralen, Schlangenlinien, Stäbe, Vierecke, Kreuze, Punkte – jedes ein Zeichen für die unsichtbare Welt in der sichtbaren. Sie sind als einfachste, umfassende Gebärde zu verstehen, als Verdichtungs- und Orientierungspunkte auf der

Zauberkarte des großen Ritus. Was sie im Einzelnen bedeuten mögen, bleibt offen; solche Offenheit fängt die Grundgesetzlichkeiten des Kosmos jedoch leichter ein, indem sie die Verbindung zum Ganzen (THEOS) nicht eindeutig und damit falsch interpretiert.

Die namenlose Gestalt

Nichts ist schwieriger, als die Offenheit des menschlichen Geistes und die ausgeprägte Gestalthaftigkeit seines Leibes zu verstehen, die sich in der Abstraktion des Symbols, in der paradoxen Logik von Kreuz und Kreis, Form und Leere, widerspiegelt.

In seinem Aufbau, seiner chemisch-physikalischen Zusammensetzung, ordnet sich der menschliche Körper völlig in die Naturgeschichte alles Lebendigen ein, hat nicht mehr oder weniger Zukunft als alle anderen Lebewesen um ihn herum. Eigentümlicherweise ist aber gerade diese »Ähnlichkeit« im biologischen Aufbau Anlass zur Irritation: Die Gestalt, die herausragt – *homo erectus* (der aufrechte Mensch) –, empfindet ihre natürliche Umwelt immer wieder als das ganz Andere, Unheimliche, Fremde; sie ist ihr in gewisser Weise das sichtbar gewordene Unbekannte, das seinen Schatten auf ihn, den Menschen, wirft – mit anderen Worten, seine ureigene Unbekanntheit. Angesichts der natürlichen Fülle erscheint der Mensch zunächst nackt, sein Bewusstsein muss ihm über diesen Zustand der Scham jeweils neu hinweghelfen.

Kultur ist häufig der Versuch, die Macht des Unheimlichen, der anderen Natur zu bannen – von der »primitiven Magie« bis zum Vernunftprinzip unserer Tage und seiner gnadenlosen Anwendung auf die Umwelt. Am überzeugendsten scheint mir dies im buddhistischen Begriff der *Shunyata,* der großen Leere gelungen. Diese Leere meint ja nicht, wie lange Zeit im Westen missverstanden wurde, das Nichts, das Chaos, sondern das Sein jenseits aller Definitionen, Begriffe, Vorstellungen, wie sie der westliche Geist so liebt und in Hülle und Fülle mittels seines Denkens hervorgebracht hat. Aus dem »Blickwinkel« von *Shunyata* wird dagegen die zentrale Brücke zwischen der Gestalthaftigkeit alles Lebens und seiner unfassbaren Andersheit (Nichtheit) deutlich.

Die Wahrnehmung der eigenen Leere, sprich Unbekanntheit meiner Selbst, wird im Zen in dem berühmten Diamantsutra beschrieben: »Form ist Leere, und Leere ist Form.« Ich komme ihr vielleicht in der Empfindung am nächsten, die sich einstellt, wenn ich das Zusammenspiel von Blättern und ihren Zwischenräumen in einem Baum im bloßen Anschauen begleite. Da beginne ich auf einmal, Kontrolle zu verlieren, und weiß nicht mehr, was geschieht, was »los« ist. Ich falle buchstäblich aus dem Rahmen der normalen Wahrnehmung, der gewohnten Wahrheiten. Im gleichen Moment werden nicht nur die Dinge, sondern ich selbst namenlos. Ein Namenloser aber bedeutet nicht, ein Niemand zu sein, sondern ein von falscher Bedeutung Enthobener, positiv gesprochen: nicht keiner, sondern jeder zu sein, *every-body* im Englischen, Teil eines offenen, pulsierenden Gewebes aus Stoff und Leere. Bibliodramatische Textarbeit ist der Gang in und durch solche Namenlosigkeit.

Das Kreuz – ein vielschichtiges Symbol

Wir leben in einer Zeit, in der die christlichen Rituale, Zeremonien und Bilder einen großen gesellschaftlichen Tod sterben, verursacht durch Entfremdung, Verfälschung und Auszehrung, vor allem aber durch mangelnde lebendige Erinnerung des Einzelnen.

Aber die Auflösung der Bilder und Gebärden lässt uns den selbst gefertigten Rahmen umso schärfer ins Auge fassen: die theologischen Ideologien, die Herrschaftsgebilde im Namen Gottes, die Knechtung durch das falsche, weil nicht gelebte Ritual, das Tamtam um das tote Zeichen. Es ergibt sich nach 1700 Jahren Kirchendogma die unerhörte Chance, durch die Lücken und Risse der Vor-Stellungen dahinter liegende Wirklichkeiten zu erkennen. Wir können Wahrnehmungen haben, die uns von dem furchtbaren Irrtum erlösen, das Fenster (also das Bild) für die Realität selbst zu nehmen. Ahne ich darum, so kann das Bild vergehen, und für Sekundenbruchteile mag eine Wahrheit aufschimmern, vor der wir uns alle noch mehr als vor jedem Teufel fürchten und nach der wir doch die allergrößte Sehnsucht haben.

Viele Schichten sind über das Grundsymbol des Christentums, das Kreuz, gelegt worden. Sie haben es verhüllt, verschoben, verzerrt bis zur Unkenntlichkeit. Aber als Kreuz der Wirklichkeit, »das die Eindimensionalität des Denkens und Schauens überwindet, indem es die Gleichzeitigkeit zweier Gegenrichtungen zusammenschaut – zwei in eins setzt« [34] und so das Dritte, das Neue, gebiert, leuchtet es in jeder Erscheinung auf. Kann man das Kreuz so sehen? Wirkt es auf uns nicht wie ein Tor mit sieben Siegeln, ein bloßer Negativraum, ein beständiges Trauma? Die zwei Linien scheinen wie ein Gitter, zu auffällig, um übersehen, zu banal, um verstanden werden zu können. Das Kreuz ist in dieser Hinsicht weiter ein offenbares Geheimnis, auch nach 2000 Jahren. Symbol der Marter, des Todes, ja, das haben wir alle noch im Religionsunterricht lernen dürfen; ein Grund mehr, sich als junger Mensch den schönen Dingen des Lebens zuzuwenden. Kreuz und Schwert bilden eine so nahe liegende Assoziation, dass sie unauflöslich scheint. Mit Feuer und Schwert wurden die Heiden bekehrt, und noch vor wenigen Jahren hörte ich in der Predigt eines katholischen Bischofs in Ungarn, man müsse die kommunistische Obrigkeit ins »Kreuzfeuer des Gebets« nehmen. Das Gebet als Munitionsdepot in Namen Gottes! Das Kreuz als Marterwerkzeug der offiziellen Hüter des Paradieses, der Kirche Gottes. Spätestens hier wird die Abkehr für die meisten unwiderruflich.

Das Schwert, das die Illusionen durchschneidet

Kreuz und Kirche bilden einen so innigen, ja mörderischen Zusammenhang, dass keines mehr ohne das andere betrachtet werden kann. Das Symbol ist mit Blut befleckt. Christi Tod bleibt so der große Skandal gerade für seine Stellvertreter auf Erden: Aus der Gemeinschaft der Heiligen, der katholischen Kirche, erwuchs der Fronherr der Gläubigen. Daher sollte am Ausgangspunkt aller

34 Siehe Alfons Rosenberg: Kreuzmeditation. Die Meditation des ganzen Menschen, Kösel, 1976, S. 134.

Begegnung mit dem Kernsymbol unserer abendländischen Kultur und Religionsgeschichte die Einsicht stehen, dass es uns erst so unbekannt werden muss wie der buddhistische Begriff der Leere, um es neu finden zu können.

Eigenartigerweise enthüllt jedoch gerade die Anwendung des Kreuzes als Schwert seine realste Essenz: Die Furchtbarkeit der Waffe offenbart die Gewalttätigkeit der Welt, also auch der menschlichen Natur. Diese ist aus Feuer und Wasser geboren. Die eruptive Ekstase, die in der Materie als Potenzial schlummert, sollten wir nicht verleugnen. Dies hieße, verkennen zu wollen, was sie auch ist: tödliche Leidenschaft. Der blutende Leib Yeshuas ist daher die Schneide der Wahrheit. »*Ich bin nicht gekommen, Frieden zu bringen, sondern das Schwert*« (Mt 10, 34). Dieser Satz ist die spiegelbildliche Ergänzung zum Lächeln des Buddha, des Erleuchteten. Das Schwert, das den Tod bringt, reinigt, indem es die Nebel der Illusion durchschneidet. Auf der Anerkennung solcher Wahrheit beruhen die Kampfkünste des Zen. Die Klärung des Geistes durch die Klinge des Todes bringt diesen zum Schweigen, und aus der Stille wächst die Blume der Erleuchtung.

Die Angst vor dem Tod (als der Leere) schafft den Raum der mörderischen Wut und der Gewalt. Darum sind die Heiligen in allen Religionen so unheimlich und mussten in ihrer Explosivkraft immer wieder entschärft werden, sie hatten jene Angst endgültig überwunden!

Was ist Hagiodrama?

Das Anliegen jedes Hagiodramas geht dahin, die individuellen, zumeist ganz unbewussten Wahrnehmungen und Regungen hinsichtlich der Wirksamkeit eines großen Zeichens, wie hier des Kreuzes – beispielsweise mit Hilfe verschiedener Medien – zum Ausdruck zu bringen. Anschließend geht es darum zu schauen, in welcher Art die erschienenen Formen den Tiefenraum des Symbols zu öffnen vermögen. In einfachster Weise lassen die Teilnehmer Kreuzerfahrungen, so wie der Einzelne solche für sich empfunden und verstanden hat, unmittelbar Gestalt werden; dabei werden

»korrekte«, sprich theologische Auslegungen dessen, was unter christlichem Kreuz zu verstehen sei, außen vor gelassen. Das zentrale Medium kann dabei nur der Körper und seine spontanen Gebärden sein: Mimik, Gestus, Rhythmus – im Sinne eines Wortes von Kükelhaus: »Die verwandelnde und lebenszeugende Kraft des Menschen beruht auf der Erschaffung der verborgenen Leibgestalt.«[35]

»Erschaffung« meint bei Kükelhaus Erinnerung, genauer: das Innewerden des allgegenwärtigen, leibhaftigen Geschehens des Symbols, seine ununterbrochene Inkarnation im Menschen. Dieses ist so konkret zu verstehen wie der Sauerstoffwechsel der Zellen oder der Rhythmus des Herzschlags. Die Welt als Leib Christi, um in der abendländisch-religiösen Tradition zu sprechen, ist daher keine Metapher, sonder in allererster Linie Ereignis, das mir widerfährt.

Der bibliodramatische Weg ist mehr als interpretierende Bibellesung oder bloß szenisches Spiel; im Gegen- und Ineinander von Bewegung, Zeichnung, Meditation und Gebärde eröffnen sich Räume für den unvorhersehbaren Weg von der persönlichen Erfahrung zu einer umfassenderen Ausdrucksform. In der unmittelbaren nachahmenden Darstellung des großen Zeichens entwickelt sich ein schmaler Pfad durch das Dickicht von Vorstellung, Meinung und Gefühl auf ein noch im Dunkeln liegendes Muster hin. Die Linien dieses Musters sind aus dem individuellen Leben der einzelnen Gruppenmitglieder hervorgegangen. Sie spiegeln die Gestalt des Kreuzes wider – eingedenk jenes schon zitierten Ausspruchs Yeshuas: »*Wo zwei oder drei in meinem Namen versammelt sind, da bin ich mitten unter ihnen.*«

Eine beispielhafte Gruppenerfahrung

Die Teilnehmer trafen sich das erste Mal kurz vor Weihnachten im Gemeinderaum der Kirche eines kleinen oberbayerischen Dorfes. Das Kirchlein, ganz aus Knüppelholz gebaut, ähnelte manchen

35 Siehe Hugo Kükelhaus: Urzahl und Gebärde, Zürich 1984, S. 28.

skandinavischen Gotteshäusern und strahlte bei aller protestantischen Kargheit doch eine große Wärme und Geborgenheit aus. In den Winternächten erinnerte es ein wenig an eine wehrhafte kleine Festung, die Schutz vor allerlei Gefahren zu bieten schien. Trat man dann in den dunklen, stillen Raum ein, war das Draußen vergessen; das Schweigen hier drinnen hatte etwas Feines, Zerbrechliches. Die Wände sperrten zwar die Welt aus, doch ahnte man sie noch, sie war nicht weit. Mit dem komplizierten Überkreuz der Dachbalken wirkte das Innere wie ein umgestülpter Schiffskörper, dessen Unten in einem eigenartigen Akt der Umkehrung ins Oben gelangt war. Neben der Kirche, nur durch eine große Schiebetür getrennt, schloss sich ein Gemeinderaum an – hell und weiträumig. Mit seinen vielen Fenstern bot er einen lichten Kontrast zum dunklen Schiffsbauch, strahlte Heiterkeit aus.

Hier versammelte man sich zum Thema »Was ist das Kreuz?«. Nach einer kleinen Übung saßen alle im Kreis: eine Hand voll Menschen, Männer und Frauen jeden Alters. Man schaute sich an. Schweigen. Dann tastende Versuche, ein erstes Gespräch aufzunehmen. Wie beginnen? Das schöne Bild von der Reise ins Unbekannte war schlagartig Wirklichkeit geworden. Unentschlossenheit und Unsicherheit lagen wie ein dunkles Gewölk über der Gruppe. Es war, als sähe jeder sich und den anderen zum ersten Mal. Draußen tobte ein Sturm, er schien ein erstes Zeichen für das, was jedem bevorstand bei seiner Wanderung entlang des christlichen Kalenders durch die Dunkelheit der Jahreszeiten ins erhoffte Licht.

Harmlosigkeit zerstob. Es gab ein Konzept für den Anfang, aber Pläne waren hier und jetzt fehl am Platze; was mangelte, war nicht Idee oder Aktion. Eine Art Vorstellungslosigkeit hatte alle ergriffen, ein urtümlicher Schrecken über die Unmittelbarkeit einer selbst gewählten Situation: Das Kreuz, was war das? Es war nicht zu sehen, war zu nah, wie das Gesicht eines geliebten Menschen, das man plötzlich nicht mehr vors innere Angesicht zu bringen vermag: Man erschrickt, als sei etwas verloren gegangen, als trüge man selbst die Schuld daran, dass der andere abhanden gekommen war.

Die allgemeine Verwirrung spiegelte die lähmende Kraft des Schattens, in den die Gruppe freiwillig eingedrungen war. Sie sah den Wald vor Bäumen nicht mehr, und wiewohl jeder schon drinnen war, vermochte doch keiner zu gehen: Es gab kein »Ziel« – man war ja schon da, ohne es zu wissen, ohne zu verstehen, in welcher Weise. Und so schien jeder Schritt falsch, weil ohne Orientierung. Eingetreten in den unterirdischen Raum des großen Symbols gewann jeder Tritt, jegliche Wendung eine unmittelbare, nicht abzuschätzende Bedeutung.

Während alle noch nach einem Anfang suchten, um das Gefühl der Fremdheit im Anblick des Gegenübers leichter zu ertragen – diese leise, fühlbare Pein über die Differenz von Ich und Du –, hatte das Symbol, nach dessen Spuren man suchte, schon begonnen, auszustrahlen. Unsichtbar entfaltete es seine Herrschaft über alle. Keiner hatte geahnt, dass man ein Lebendiges gerufen hatte, und so glichen sie dem Beter, der nach Gott fleht und nicht spürt, dass dieser die ganze Zeit schon um ihn ist, wartend, dass Er erkannt werde. Aber die Augen der Beter blieben verschlossen, sie nahmen nicht wahr, was sie in Atem hielt.

In dieser quälenden Lichtlosigkeit verließ jemand plötzlich den Saal, öffnete die Tür nach draußen und stellte sich in den kalten Nachtwind. Andere kamen nach. Im Nu nahm der Wind alles Trübe, Unentschlossene, Lähmende hinweg; der sternklare Nachthimmel befreite die Blicke und schenkte einen neuen Atem. Das Gruppenschiff hatte in der Brandung des ersten Sturms wie festgenagelt gelegen, nun kam es in Fahrt.

Das Symbol wird lebendig

»Nimm zwei Stöcke, gleicher oder ungleicher Länge, einen Hammer und einen Nagel, setze die Stäbe im rechten Winkel zueinander, etwa auf mittlerer Höhe, dann schlage den Nagel durch das Holz. Spüre die Spitze des durchdringenden Eisens und des nachgebenden weichen Holzes. Treibe es mit deiner ganzen Kraft hinein. Sieh und spüre, was du tust, schmecke die Schläge, schaue, was du in der Hand hältst: Schwert und Kreuz, Gitter und Achse, Todesmal und Zeichen der großen Ordnung.« Einst bei einem Osterspaziergang, so erzählte ein Teilnehmer, fand sich nahe einem Bauernschuppen ein kräftiges rundes Stück Birkenholz, durch das ein großer Nagel geschlagen war. Das lag da am Boden, Ding unter anderen Dingen. Ihn aber durchfuhr ein leichter Schrecken über die Unmittelbarkeit, mit der das Symbol ihn ansprang. Dieser Schmerz der Durchbohrung, der so fühlbar noch im Holze steckte. Sofort stand er im großen Raum der Geschichte, der wahrhaftigen Erzählung von der ewigen Wunde. Es gab nichts misszuverstehen: Die Legende von jenem Menschen überraschte ihn auf frühlingshaften Wegen, in der Natur.

Das Symbol wird nicht erfunden, er ereignet sich hier und jetzt, und jedes »Es war einmal« verschleiert im märchenhaften Erzählton den Schrecken über jene Ahnung: Es geschieht *jetzt!* Es war Teil des vergänglichen Lebens, starb mit den Menschen und wurde aufs Neue geboren.

Mit dem roh gezimmerten Kreuz in der Hand, der Figur des eigenen Leidens, brach sich der Strom der Worte Bahn: Scham über das geleugnete, gekreuzigte Geschlecht, Schuld über so viel verborgene Gier, das Ahnen um einen Gott, der nicht lieb war, aber was dann? Die auseinander gespreizten Glieder des Mannes am Kreuz, was zeigten sie, wenn nicht das Schlachtopfer, das erbarmungswürdige Menschenwesen? Dazu im Ohr die uralte Litanei der Kirche –« mea culpa, mea maxima culpa – durch meine Schuld, durch meine übergroße Schuld«. Und dazu die vornübergebeugten, demütigen Gläubigen mit gefalteten Händen, wie gebunden – erinnerten sie nicht an all die Braven, die nur ihre Pflicht taten und immer tun würden?

Das war das verordnete Opfer: sparsam zu leben, niemals die eigene Kraft, den großen Stolz des Menschseins zu erproben; nicht zu fragen, was Erbsünde eigentlich sei. Fromm sein meinte, der Vierte sein zu dürfen, niemals der Erste, niemals aufzufallen! Aber unter all dem brodelte der Hass, die Gewalt des ungelebten Lebens; die erbaulichen Geschichten der Heiligen, denen alles Salz des Lebens durch die Kirche entzogen war, ließ das Symbol umso zwielichtiger erscheinen. Man duckte sich, oder, so man aufgeklärt war, ignorierte es, tat, als handle es sich um einen längst abgelegten Aberglauben. Aber kann man sich über etwas stellen, das einen gänzlich umfängt?

Das Symbol steht nicht in einem Raum, der Raum ist vielmehr im Banne des Symbols (Martin Buber), und noch im allgemeinsten Vergessen wirkt es unsichtbar in der verdrängenden Unbewusstheit der Gläubigen. Es brandmarkte den Körper, dieser war die Hölle. Schaut die Betenden an, schaut die Gläubigen, wie sie vorgeben, den Leib Christi zu empfangen, das Allerheiligste: geduckt, beschämt – nicht freudig, nicht strahlend; Unsicherheit in den Augen, die die Angst spiegelt, von anderen gesehen zu werden. Gezeichnete die meisten, mit dem Kainsmal unsichtbar auf der Stirn. Doch, wie ein Teilnehmer zu Recht bemerkte, nur *wenn es sich kreuzt,* kann etwas geschehen, kann der Funke überspringen, kann ich aus der bloßen Beobachterrolle zum wirklichen Teilnehmer des Lebens werden. »Wenn es sich kreuzt«! Damit war die Herausforderung ausgesprochen, die die Gruppe bis zum Ende begleiten sollte.

Die Unterströmung dieser Arbeit lief darauf hinaus, das archetypische Symbol des Kreuzes mit den Augen des Nichtwissenden ansehen zu lernen, sich überraschen zu lassen; deshalb trafen diese Worte haargenau die Situation: »Wenn es sich kreuzt.« Darunter konnte man vieles verstehen, gerade auch Nichtchristliches: das Zusammentreffen von Gegensätzen, ein banaler Zusammenstoß, Augenblicke, Wortgefechte und Ähnliches. Doch welches auch die Form der Gebärden und Begegnungen sein mochten: Sobald sie auf den Kern der innersten Erregung trafen, würden sie unfehlbar die Mitte des Kreuzes öffnen.

Die Sprache von Tanz und Gebärde

Als Grundschema der Gruppenarbeit galt der kontinuierliche Übergang von einem Medium ins andere, um einer spezifischen Erfahrung näher zu kommen, sich in Beziehung zu ihr zu setzen, sie über die Gestaltung verstehen zu lernen.

Ein Beispiel:

»Gehe durch den Raum, lass dich von deinen Impulsen leiten. Spüre mit der Zeit den leisen Umschwung vom anfänglichen »desorientierten« Gehen in die erste Form eines vielleicht schleifenden Schritts. Vertiefe unmerklich diese Gestalt, bis sie sich – wie zufäl-

lig – rhythmisiert, sich vielleicht zu einem Schlenzschritt im Dreiertakt ordnet, um schließlich in größere Sprungschrittfolgen zu münden.«

Nun hat sich ein kleines individuelles Bewegungsmuster ergeben, fast schon eine kleine Tanzform, die im Verlauf der Bewegung in Tempo und Ausdruck variieren mag, ohne doch ihren Grundcharakter aufzugeben; mit der Zeit wird diese Form wieder verhaltener, leiser, ebbt ab. Eine freie, präzise, leibliche Situationsbeschreibung hat sich gezeigt.

Gleichzeitig zu solchen Übungen verlief das beschreibende, mitteilende Sprechen über das, was im Tun empfunden wurde. Sprache, parallel zur Bewegung gesetzt, bis beide einen Rhythmus bilden, bis Wort und gestischer Ausdruck in einem allmählich sich steigernden Wechselgesang zu größerer Prägnanz gelangen! Was sich im Medium der Bewegung manchmal nur verschwommen zur Form verdichtete, wurde in der Sprache unter Umständen leichter deutlich und verhalf dadurch der Geste zu klarerer Gestalt. So führte eins ins andere, bis ein kleines, deutlich umrissenes Muster entstand, das im Kern die aktuelle Grundbefindlichkeit des Einzelnen spiegelte – sein Kreuz.

»Zeige deine Wunde!«

Die durch die gestalterische Arbeit aufgewühlten Erinnerungen und Gedanken, alle im Symbol wie in einem Brennpunkt zentriert, spiegelten sich in einem Satz von Joseph Beuys, den eine Teilnehmerin zitierte: »Zeige deine Wunde.« Das Wort traf den Kern der inneren Unruhe, der jeweiligen Beziehung zum eigenen Kreuz. »Zeige deine Wunde« hieß zu allererst: Werde ihrer gewahr, vertusche sie nicht, bezeuge sie vor dir und auch vor den anderen! Zum Satz von Beuys gesellte sich bald ein zweiter, schon mehrfach zitierter Ausspruch Yeshuas, der den ersten ergänzte und klärte: *»Ich bin nicht gekommen, Frieden zu bringen, sondern das Schwert!«* Auch das traf auf den Punkt.

Nur da, wo der Archetypus der Form als ein unmittelbares Geschehen in der Gebärde aufleuchtet, vermag ich vielleicht zu verstehen, dass Symbole wie das Kreuz sich an mir und durch mich vollziehen. So wie der Mythos unerschöpflich bleibt, so auch seine Sprache: die Bilder, Zeichen und Symbole. Sie formen den Leib des Einzelnen in seiner Verbindung zum Ganzen, wie das Nervensystem den Empfindungskörper.

Daher kann Martin Buber zu Recht sagen: »Nicht ein Symbol wird verstanden, sondern Menschen verstehen sich im Symbol.« Der Mensch hat offenkundig ein unstillbares Verlangen nach der Wirklichkeit seiner unmittelbaren Existenz. Jede »höhere« Kultur, die das Symbol mittels Psychologie, Philosophie und Wissenschaft zu stark aufweicht, läuft deshalb Gefahr, die spontane Symbolik der Alltagserfahrungen zu verwischen und somit die Wahrheit aller *religio* zu zerstören. Konkret gesprochen: Ich bin dann vielleicht nicht mehr in der Lage, den transzendenten Grund des Lebens, christlich formuliert: den Leib Christi, als den meinen zu erkennen.

Vom Glauben der Tradition zur Erfahrung der Transformation

Jesus sprach: Ich bin das Licht, das über allen ist. Ich bin das All. Es ist das All aus mir hervorgegangen, und das All ist zu mir gelangt. Spaltet ein Holz – ich bin dort, hebt den Stein hoch, und ihr werdet mich dort finden.

(Thomasevangelium)

Dem westlichen Wissenschaftsfundamentalismus gebührt der Ruhm, die Last eines Gottesjoches scheinbar endgültig abgeschüttelt zu haben – aus eigener Anstrengung. Wann aber wollen wir uns wirklich darüber erschrecken, dass wir in einer wohlhabenden Gesellschaft leben, deren grundlegendes Credo die Machbarkeit aller Dinge ist – demnächst vielleicht einschließlich des Menschen selbst? Wie leicht wird doch vergessen, dass sich die kostbare Perle Demokratie, geboren aus kollektiver Not und individuellem Verantwortungsbewusstsein, nur auf der Basis einer authentischen spirituellen Vision auf Dauer entfalten kann? Keineswegs verdient sie, als Zwischenlager zur Aufbereitung marktwirtschaftlicher Globalisierungsszenarien missbraucht zu werden.

In eigentümlicher Weise zeigt sich in der Praxis unseres Konsumkapitalismus die Wahrheit der psychologischen Erkenntnis, dass ein falsches Bewusstsein nicht an der Wiederentdeckung der

Wirklichkeit interessiert ist. Es verdrängt lieber und agiert weiterhin ideologisch.

Die moderne Naturwissenschaft im 20. Jahrhundert hat wieder zu der uralten Wahrnehmung gefunden, dass der Mensch ein geistiges und kosmisches Wesen und somit in die Prozesse des Universums unbedingt eingebunden ist. Dessen ungeachtet zeigt gerade das seit Jahren mit gewaltigen finanziellen Mitteln vorangetriebene Genomprojekt zur vollständigen Entzifferung der DNS, dass die Forschung bereit ist, jegliches Risiko in Kauf zu nehmen, wenn es darum geht, das Leben möglichst vollständig in den Griff zu bekommen und kommerziell zu nutzen.

Wie sehr hat doch unsere abendländische Zivilisation die Einsicht verdrängt, dass man nicht vom Baum der Erkenntnis essen sollte, ohne vom Baum des Lebens Ausgleich zu bekommen. Andernfalls verkommt die menschliche Existenz hier auf Erden zu einer un-seligen, weil eindimensionalen Banalität. Dennoch läuft das innerste, para-religiöse Streben des technischen Denkens genau darauf hinaus. Es ist gekennzeichnet durch den schon unerbittlich zu nennenden Versuch, die Wirklichkeit des Todes zu »widerlegen«.

Die allmähliche Abschaffung der spontanen Schöpfungskraft des weiblichen Schoßes durch hausgemachte Genkopien einer vollständig männlich geprägten Technik enthüllt den Kampf gegen die Krankheit Tod zusätzlich als einen verhüllten Krieg gegen das andere Geschlecht als den Bringer des Lebens.

Die ganze Welt hängt am Kreuz

So gehen wir heute zumeist im Schatten, ob als Erfolgreiche oder Unglückliche. Und wer heute am Kreuz hängt, ist nicht jener große Unbekannte, sondern die allzu zugänglich gewordene Welt selbst. Denn das Sterben, welches durch die Lande zieht, betrifft ja nichts Einzelnes mehr, es wirft einen globalen Schatten wie im Moment des Todes jenes Einen Menschen, da der Himmel über Golgatha sich verdüsterte. Was stirbt, sind die sichtbaren wie auch die unsichtbaren Formen alles Lebendigen. Das Gewohnte um uns herum: Baum, Blumen, Tier, mehr noch, Fluss, See, Wald;

selbst der Himmel scheint zerstörbar, das ewige Blau der Sehnsucht.

Was vielen dabei entgeht, ist die Tatsache, dass mit der Natur auch die in der Begegnung mit ihr geschauten Zeichen und Bilder sterben: die symbolischen Formen. Im rasenden Fortschreiten ökologischer Zerstörung scheint Innehalten verfehlt. Die Einsicht in unsere Unfähigkeit zu trauern weicht mehr und mehr der Notwendigkeit eines dauernden Katastropheneinsatzes – oder des erleichternden Vergessens. Von der gefährdeten Artenvielfalt zu sprechen, nutzt sich ab, solange ich nicht verstehen, das heißt erschauen kann, dass der Leib der Schöpfung, die Evolution der Arten, ständig an meinem *eigenen* Körper baut und wirkt.

Weltzerstörung und Auferstehung klaffen auch im Denken und Handeln der frommsten Christen oftmals weit auseinander. Mein Bewusstsein der Katastrophe ändert an dieser erst einmal wenig, selbst wenn mir meine Empfindsamkeit unruhigere Nächte verschaffen sollte als meinem Nachbarn.

Demokratie braucht Spiritualität

Veränderung des Bewusstseins, auch des christlichen, gelingt aber nur über eine Veränderung der *Wahrnehmung;* der Wahrnehmung jenes Einen großen Sinnes, der, unbeständig und nicht fixierbar, die Welt und ihre Erscheinungen in immer neues Licht taucht.

Ein für wechselnde Schauungen und Ein-Sichten verschlossenes Denken muss heute als ein Absterbendes gesehen werden. Es funktioniert, ohne je schöpferisch zu sein. Schöpferisch sein heißt, sich dem Schmerz und der Unbekanntheit der Öffnung auszusetzen, Offenheit höher zu schätzen als Sicherheit. Fließende Wahrnehmung belässt mich im Kontakt, ohne auf endgültige Resultate zu zielen. Sie gleicht dem Tänzer, der seine Balance immer neu findet, ohne sie doch fest zu *haben*. Jedes auf Gegenstände fixierte Bewusstsein tendiert zur Verhärtung, zum Ideologischen, mithin zum Ausblenden von Wirklichkeit als Prozess. Es fürchtet den Schmerz der Verwandlung und entsprechend auch die Freude der Auferstehung.

Wir leben im Zeitalter von Massendemokratien und Diktaturen. Aber erst im Zeichen politischer wie ökologischer Katastrophen scheint auf, was der große Dichter und Seher Amerikas, Walt Whitman, vor 130 Jahren voraussagte – dass Demokratie nur dann ihre geistige Kraft zu entfalten vermag, wenn sie durch und durch spirituell entwickelt ist. Solche Demokratien zehren vom täglichen Ur-Sprung des Einzelnen, von dem zähen Ungehorsam derer, die keine Angst mehr vor dem Leben haben, die nicht mehr vergessen müssen, dass sie in den großen Kreis der Zeichen und Formen hineingestellt sind, deren weltweite Zerstörung wir alltäglich mitvollziehen.

Die Liturgien fast aller Religionen sprechen vom Brot und Wein als den der Erde vermachten, himmlischen Gaben. Wahr bleibt, dass das grundlegende Mysterium des Christentums, die Verwandlung dieser Gaben in den großen, kosmischen Leib Christi, für die weitaus meisten traditionell Gläubigen wie Nichtgläubigen völlig unverständlich ist. Die Ankunft Gottes im Menschen, die Inkarnation des *Logos,* kaum jemand scheint sie erfahren zu haben. Wem ist hier ein Licht aufgegangen und nicht bloß ein theologisch-philosophischer Gedanke? Wie also ist die Verbindung von Aufklärung, Verklärung und Auferstehung zu begreifen? Nach 2000 Jahren christlicher Theologie finden wir immer noch mehr Fragen als Antworten.

Die vergessene Geschwisterlichkeit

Der Zusammenhang von Demokratie und Spiritualität ist im Laufe der europäischen Geschichte immer wieder formuliert worden. Beispielsweise in den vielen christlichen Bruderschaften im Zeichen von Armut, Keuschheit und Hilfsbereitschaft, zu Zeiten der Bauernkriege im Europa des 16. Jahrhunderts wie in den frühsozialistischen Gemeinschaften des 19. Jahrhunderts. Und natürlich als Höhepunkt der Aufklärung in der französischen Revolution unter dem Motto »Liberté, Egalité, Fraternité«.

Wie schnell diese Stichworte wieder vergessen und verdrängt wurden, zeigt der Aufbau einer globalen Konsumgesellschaft. In Weltbild und Praxis der Tiefenökologie (siehe hierzu die Arbeiten von Joanna Macy, einer Pionierin auf diesem Gebiet) taucht der Begriff der Fraternité nun wieder auf. In einer nachmodernen Welt scheint die spirituelle Dimension von Brüderlichkeit weiterhin ein noch zu erschließendes Neuland zu sein. Wo Freiheit zur Freiheit des individuellen Vorteilsstrebens verkommt, wo Gleichheit auf notwendige Anpassung an politisch-ideologische Normen reduziert wird, lässt allein die Brüderlichkeit als Tat und Haltung die religiöse Grundeinsicht in die Verflochtenheit allen Lebens aufleuchten. Fraternité ist *zweckfrei,* ihre Quelle im Kern transzendenter Natur – ein Ausdruck »himmlischer« *Agape.*

Die Erkenntnis gegenseitiger Abhängigkeit

Brüderlichkeit entspringt der fundamentalen Einsicht, dass wir der Hilfe bedürfen, dass jeder Mensch nur auf der Basis so selbstverständlich erscheinender Gegebenheiten wie Licht, Luft und Erde zu wachsen im Stande ist. Auch der Freieste existiert aus der Gnade solcher »natürlichen« Geschenke, und je mehr er das weiß und fühlt, desto stärker wird seine Freiheit im Fluss des Teilens, im Weg der Kommunion bestehen. Yeshua nannte dies einen Akt der Barmherzigkeit, wohlgemerkt nicht einen der Moral. Geschwisterlichkeit ist kein blauäugiges Tun, meint keine bloß karitative oder gesellschaftlich nützliche Aktivität. Sie bezeichnet vielmehr die erste und letzte Freiheit des Menschen, sei es als quasi instinktive, mütterliche Geste, sei es als Frucht einer existenziellen Erkenntnis.

»Es ist leichter, dass ein Kamel durch ein Nadelöhr gehe, als dass ein Reicher ins Reich Gottes komme« (Mt 19, 24). Es hat sich im Verlauf der Geschichte gezeigt, worauf Yeshua in diesem berühmten Bild verweist. In der Regel scheinen zumeist nur »arme« Kulturen zu einer authentischen, geschwisterlichen Spiritualität fähig. Arm heißt nicht verelendet, noch ist eine automatische Gleichsetzung mit dem Wort »gut« angedeutet; vielmehr ist eine Qualität von Einfachheit und Transparenz gemeint, die die wirtschaftlichen wie sozialen Prozesse durchzieht. Viele ursprüngliche Volksstämme führten einen, an unseren heutigen Ansprüchen gemessenen, einfa-

chen, vielleicht sogar primitiven Lebensstil, und verfügten gleichzeitig doch über höchst komplexe spirituelle Anschauungen, die unseren heutigen in nichts nachstehen. Dank einer immer raffinierteren Technik sind wir jedoch zu einem ungeahnten Wohlstandsniveau gekommen, das wesentlich auf der Ausbeutung der armen Welt beruht. Der Preis zu hohen materiellen Wohlstands aber ist fast immer die Abnahme von Freiheit und Gleichheit für große Teile auch der heimischen Bevölkerung. Ein Vorgang, mit dem der Westen wieder massiv konfrontiert ist.

»Einfach«, aber nicht naiv

Der Einwurf, dass wir in zu komplexen Bezügen lebten, um den »einfachen« Wahrheiten noch naiv nachgehen zu dürfen, ist nicht berechtigt. Äußere Vielschichtigkeit kann nur sehr bedingt mit innerem Wissen und Kultur gleichgesetzt werden.[36] Viel eher müsste es umgekehrt heißen, dass jeder materielle Reichtum nur durch ein entsprechend leeres, also offenes spirituelles Bewusstsein kompensiert werden kann. Mit »leer« ist hier die Wahrnehmung jenes Tiefenraumes universaler Vernetzung angedeutet, dessen Anerkennung heute nicht mehr nur dem Einzelnen überlassen bleibt, sondern durch natur- wie geisteswissenschaftliche Forschung als »objektiver« Wissensstand zu gelten hat.

Um dieses Bewusstsein der Verbundenheit beziehungsweise Abhängigkeit nach außen zu tragen, bedarf es mehr denn je vermittelnder Kräfte, wie es Organisationen à la Greenpeace oder die zahlreichen Nicht-Regierungs-Organisationen heute genauso darstellen wie zu anderen Zeiten Klöster und freie religiöse Gruppierungen. Spirituelle Gemeinschaften und politische, ökologische Aktivitäten als Ausdruck eines mystischen Bewusstseins sind im Westen zunehmend im Wachsen begriffen. Diese Verknüpfung »weltlicher« mit geistlichen Belangen ist für viele Menschen inzwischen unabdingbar. Solche Einsicht ist ein wesentlicher Schritt in einen Raum ganzheitlichen Denkens, das das Spirituelle nicht mehr

36 Siehe Alan Watts: Mythos und Ritus des Christentums, O. W. Barth, 1956.

an ein religiöses System binden muss, und noch weniger an eine spezifisch konfessionell geprägte Sprache.

Es gibt in unseren nachmodernen Gesellschaften ein durch Meditation und tiefen-ökologische Erkenntnis gestärktes Bewusstsein, das auf der Wahrnehmung der Einheit von Selbst und Welt beruht. Es ist zwar im Augenblick noch ein Randphänomen, jedoch im Zunehmen begriffen. Voraussetzung für ein solches Bewusstsein ist ein kontinuierlicher persönlicher Transformationsprozess. Er verlangt im Kern den stets zu erneuernden Zugang zu jener geistlichen *Armut,* von der die Seligpreisungen Yeshuas sprechen. Dies besonders vor dem Hintergrund, dass der westliche Teil der Welt sich nicht mehr scheut, all jene Grenzen einer Forschung zu überschreiten, die nach Katastrophen wie jenen von Hiroshima und Nagasaki – von der Elite der damaligen Naturwissenschaftler – noch anerkannt worden waren.

Tiefenökologie als moderne Praxis geistiger Transformation

Es ist daher von großer Bedeutung, den Begriff der Ökologie im Zusammenhang einer echten spirituellen Tradition neu zu lesen. Geeignet sind hierfür zum Beispiel der mittlere Pfad des Buddha[37], indianische Kulturen oder auch die Bergpredigt. Erst dann werden wir vielleicht die Dimension heutiger Aufgabenstellung ahnen können. Es geht dabei nicht um bloßen Aktivismus, nur um irgendetwas zu tun angesichts der Überfülle von Problemen. Vielmehr handelt es sich um das Nicht-Tun eines Lao-tse, um Gewährenlassen als Ausdruck einer *Kraft,* nicht einer Schwäche. Jedoch fehlt zumeist das Verständnis für derartige absichtslose Wirkweisen. Die Fähigkeit, über Ökologie in Verbindung mit spirituellen Erfahrungen überhaupt zu reden und nachzudenken, ist bislang in unserer Gesellschaft nicht weit verbreitet. Mit anderen Worten, es gibt keine nachhaltige Gesprächsbereitschaft für die Kernzone des Ökologie-

37 Siehe hierzu den engagierten Buddhismus des vietnamesischen Mönches Thich Nhat Hanh, der damit einen weiten Schritt über die Grenzen eines traditionellen, östlichen Buddhismuskonzeptes gewagt hat.

begriffs – seine Verwurzelung im transpersonalen Raum. Der katholische Schriftsteller und geistige Mentor der Grünen, Carl Amery, fordert daher in seinen Schriften die Gestalt der nachmodernen Heiligen: »Diese waren und sind keine Übermenschen, im Gegenteil, das Übermenschenideal etwa der Moderne ist im Vergleich zu ihnen lächerlich tierisch, nichts als ein überhöhtes Survivalprogramm, eine Modellfigur des dümmlichen Eroberers, der in der Sickergrube seiner eigenen Energieabsonderungen zu ersticken droht.«

Unsere Wahrnehmungsorgane sind verstopft

Wir haben das Organ für die Wahrnehmung solcher Wahrheit schlichtweg verstopft. Noch einmal ist hieran zu erkennen, dass die westliche Hightech-Gesellschaft eine Aussteigerzivilisation darstellt. Ausgestiegen ist sie aus den natürlichen, zyklischen Regenerationsprozessen dieses Planeten, ausgestiegen zunehmend auch aus grundlegenden zwischenmenschlichen Kontakten zugunsten einer abstrakten virtuellen Kommunikation, die den Einzelnen mehr und mehr in die Isolation und Entfremdung treibt.

Doch der durchschnittliche Intellektuelle unserer Zeit bleibt gerne an den Früchten des Baumes der Erkenntnis von Wissenschaft und Technik hängen und will es oft genug auch so; der Baum des Lebens erscheint ihm als ein Ammenmärchen. Er hat sich buchstäblich aus dem Paradies hinausreflektiert. So bleibt nur Grimmigkeit oder Stoizismus, Zynismus oder Trauer gegenüber der Welt, denn ein Zurück scheint es nicht zu geben.

Die Frage des »Zurück« stellt aber ein Scheinproblem dar. Denn gerade darin besteht ja die menschliche Freiheit, sich in immer neuer, unvorhergesehener Weise entfalten zu dürfen. Dank der modernen Physik haben wir gleichzeitig erkannt, dass das Universum ebenso offen wie geschlossen ist und wir ein vollkommener Teil des Ganzen, ja das Ganze selbst sind. Vollkommenheit meint jedoch nicht in erster Linie Perfektion, sondern die Freiheit von Vor-Stellung, Projektion und Ideologie. Verwandlung heißt der Weg dorthin, und die leibliche Erinnerung an meine natürliche Heiligkeit ist das Mittel dazu. Daher zielt jede spirituelle Therapie darauf ab, das übermäßig kompliziert Gewordene auf Einfaches zurückzuführen. In dieser Weise stellt alle religiöse Erleuchtung eine Revolution dar, die die Wirklichkeit spontan mit ihrem Ursprung wiederverbindet, um sie von dort aus neu zu orientieren.

Religionen – »roh« oder »gekocht«?

Der berühmte Ethnologe Claude Lévi-Strauss benutzte eine sozusagen gastronomische Ausdrucksweise zur Charakterisierung früher Gesellschaften, indem er vom »rohen« und »gekochten« Zustand ihrer Kulturen sprach. Ich möchte diese beiden anschaulichen Begriffe in Bezug auf die eingangs erwähnte Kultur der Armut hier gern weiterverwenden. Im Zen-Buddhismus, speziell in seiner chinesischen Variante, gibt es eine sehr alte Tradition der »rohen« Lehre, die ganz besonders auf die Wahrheit der »unvollendeten« Materie abzielt, ein Weg, dessen Potenz sich gerade dadurch auszeichnet, dass er jene Materie nicht zu einer Vollkommenheit entwickelt, wie wir es aus dem japanischen Buddhismus gewohnt sind, zum Beispiel in der Kunst des Teetrinkens oder des Blumensteckens.

Ganz im Gegenteil läuft in der chinesischen Form alles darauf hinaus, nahe am Urzustand zu bleiben, eben am Rohen, nichts bis zur Vollendung zu entwickeln und es damit zu *erschöpfen*. Das Unausgedrückte schafft mehr Ausdruck, indem es durch offene Andeutungen den Zusammenhang mit dem Ursprung leichter erkennen lässt; das Unvollendete ist reicher, denn es lässt dem Chaos beziehungsweise der Einfalt des Beginnens größeren Raum; das Unausgesagte schenkt dem Sagbaren größere Eindrücklichkeit. Noch der japanische Zen-Buddhismus zollt der ursprünglichen chinesischen Version in der Weise Tribut, dass der perfekte Steingarten nur dann als vollkommen gilt, wenn ihm ein paar welke Blätter zugestanden werden. Perfektion tötet das Leben ebenso, wie bloßes Chaos es nicht wachsen lässt.

Da fast alle Zivilisationen zur Kompliziertheit neigen, umso mehr, je technischer sie angelegt sind, erscheint uns eine Gegenkultur des Rohen, der spirituellen Armut (des leeren Herzens) desto unerlässlicher. Hierbei ist die Einsicht in die Möglichkeit von Transformation von entscheidender Bedeutung. Verwandlung ist ein aktiver Begriff, ja weit mehr, er ist das Ziel jeden religiösen Weges. Yeshua verweist in seinen Gleichnissen immer wieder auf die organischen Stufen eines derartigen Wandlungsvorgangs (vgl. das Bild vom Samenkorn), so wie seine Heilungen den ins Stocken geratenen inneren energetischen Fluss im Menschen wieder in Gang setzen. Jenseits aller Theologie ist der nachmoderne Christ dazu aufgerufen, sich daran zu erinnern, dass solche Transformation seine ureigenste Berufung, seine ursprüngliche Wesensqualität ist, auf die er mehr vertrauen darf als auf alles andere. Heiligkeit ist der natürliche Zustand des Menschen, sagte Mutter Theresa mit Blick auf ihre Arbeit in den Slums von Kalkutta. Vor jeder Kreuzestheologie bleibt dies die allererste christliche Wahrheit, der ich mich wieder zu versichern habe: »Ich bin ja schon, was ich zum Ausdruck bringen soll, ich bin ein Erlöster.«

»Eines tut Not«

Dieser Prozess, der mich wieder in Eins setzt mit mir selbst, ist das große Geschenk spirituellen Wachstums. Der Jubelruf der ersten Christen galt dem Wunder der Auferstehung *hier auf Erden*. Aller christliche Glaube entspringt der plötzlichen pfingstlichen Einsicht, dass »ICH BIN (schon immer) bevor Abraham« der geschichtliche Mensch (der vergängliche) war. Die eigentliche geistige Herausforderung heißt, solche Fülle zu ertragen, und dies vermag nur das leere Herz.

In dem Maße, wie die Religion versteinert, ist jedoch auch das Wort »Verwandlung« schemenhaft geworden. Der abendländische Mensch hat seit Beginn der Moderne an dessen Stelle die gewaltsame Veränderung der äußeren Umstände gesetzt, und wo eben noch Wandlung gemeint war, steht heute wie durch Zaubertrick das Wörtchen »Fortschritt«. Das Denken in Begriffen wie Arbeit, Leistung, Aktivität hat auch das christliche Vorstellungsbild, speziell das protestantische, vom welteinwirkenden Handeln stark geformt. Transformation scheint aus dieser Perspektive eher pietistischfromm oder östlich-weltvergessen. Dementsprechend lautet auch das Argument aller politischen Aktivisten: »Wohin wird die Welt, sprich werden die Unglückseligen dieser Erde geraten, wenn wir nicht eingreifen?« Insgeheim ist damit ausgedrückt, dass Wandlung ein zu langwieriger, zu persönlicher und auch zu anstrengender Prozess sei, als dass »die Welt« darauf warten könnte.

Doch wovon handelt denn alle Verwandlung, wenn nicht von der schöpferischen Verwandtschaft (Einheit) von Welt und Mensch. Entsprechend heißt Yeshuas Satz an die klagende Martha, die sich über die Passivität ihrer Schwester beschwert: *»Eines tut Not«* (vgl. Lk 10, 42). Eines! Habe ich dieses Eine, also die beiden Seelenanteile in mir vereinigt, fügt sich alles andere von selbst zum Ganzen.

»Widerstehe nicht dem Bösen!«

Der zweite entscheidende Einwand gegen jedes noch so verantwortungsbewusst auftretende, weltliche Handeln ist in der Bergpredigt im Gebot der Feindesliebe ausgesprochen. Da heißt es: *»Widerstehe nicht dem Bösen«* (Mt 5, 39). Douglas-Klotz deckt in seiner Übersetzung des aramäischen Vaterunser den fundamentalen Irrtum eines rein auf die äußerliche Aktion ausgerichteten Handlungsverständnisses auf. Gerade weil Welt und Ich zwei ständig ineinander fließende, aus gleichem Stoff gewobene Prozesse sind, hilft uns nur eine organische, intuitive Einsicht auf dem Weg der Transformation. Die Auf-Gabe normaler, »gesunder« Selbstbehauptung, die in Yeshuas Verständnis von Widerstandslosigkeit angesprochen ist, meint nicht masochistische Unterwerfung oder Resignation, sondern fordert gerade zu einem Vertrauen heraus, durch das ich mich gerade dort stimmig wiederfinde, wo ich dem anderen nicht mehr »strategisch« begegne.

Yeshua verlangt das radikale, schöpferische Experiment im Umgang mit dem anderen, um einen umfassenden, dynamischen Frieden erfahrbar werden zu lassen. Er war kein Johannes, kein Asket, seine Begegnung mit dem Teufel in der Wüste lehrte ihn ein anderes Widerstehen, und zwar aufgrund seines großen Gotteserlebnisses: *»Du bist mein geliebter Sohn.«*

Dieser Ausspruch gibt den Grundton wider, der in jedem echten, christlichen Transformationsprozess klingen sollte, um ihn seinem Urbild nahe zu halten. Alle Offenbarung, auch die flüchtigste, geschieht nur auf dem Hintergrund eines transrationalen Bewusstseinszustandes, dem das gewohnte Ich für Augenblicke abhanden gekommen ist, so sehr, dass das Was und das Wer solcher Offenbarung für Momente miteinander verschmelzen; doch nicht unbedingt in einer Trance, sondern vielmehr in einer hohen, oft sprachlosen Hellsichtigkeit, die sich nur ereignen kann, wenn mein normales *Ich-Bewusstsein zum Schweigen kommt.* In dieser »Erlösung« der normalen Perspektiven liegt das Revolutionäre aller spirituellen Transformation, sie kommt als einzige ohne Blut und Opfer aus.

Verwandlung schwimmt gegen den Strom der Welt nur insofern, als damit die Oberflächenströmung gemeint ist; in der Tiefe existiert die Welt als solche nicht mehr, da ist nur noch der Eine Rhythmus, das verschwebende Schweigen, von dem die Mystiker in Andeutungen zu sprechen suchen. Alle Religion hat Transformation als eine Wendung ins leere Herz gedeutet, als eine Ahnung, die auch den Atheisten hin und wieder erfasst, ohne die er nicht wüsste, wozu sein Leben taugt. Jede Mystik beginnt mit solcher Ahnung, und jede Mystik beginnt entsprechend ganz in dieser Welt. Diese kennt jedoch nur die Sprache der Veränderung, das heißt der endlosen Umwälzungen des Außen; im Herzen aber ersehnen wir nicht Veränderung, sondern Verwandlung.

Wo Aktivismus versagt

Anders gesagt, alle unsere Anstrengungen, unsere Auseinandersetzungen mit dieser Welt erhalten ihren Glanz erst dadurch, dass wir sie als wie immer auch missglückte Versuche auf diesem weglosen Weg begreifen.

Ein bloß aktivistisches Bewusstsein fürchtet sich, gemäß seiner Logik der Trennung von Ich und Welt, der Objekte seiner Absichten und Wünsche verlustig zu gehen. Nicht von ungefähr führen daher Wissenschaft und Technik in ihrem eindimensionalen Fortschrittsgedanken geradewegs ins Virtuelle – ins Scheinbare, ins Welt-Lose –, während die Mystik aller Orte und Zeiten nichts Äußeres an dieser Welt zu verändern suchte, sondern nur das Organ der Verbindung: das Herz. Die Morgenröte der östlichen Mystik beispielsweise sah die großen Rishis in den Wäldern des indischen Subkontinents, sah die chinesischen Zen-Weisen und die Sufis ebenso im Verborgenen wie auf dem Markt leben; und geht nicht von Lao-tses schmalem Bändchen »Tao-te-king« ein wunderbarer »irdischer« Duft aus? Die australischen Aborigines wie die Schamanen der russischen Tundren zogen Jahrtausende durch die Weiten ihres Landes, voller Ehrfurcht und Anpassungsbereitschaft und voller überirdischem Wissen, das sie für diese Erde fruchtbar fanden.

Die westliche Moderne hat die Erde fremd und fern werden lassen, geheimnislos, ja banal; hinzu kommt das christliche Missverständnis, die Erde gegen den Himmel eintauschen zu wollen. Yeshua zeigt uns stattdessen den Himmel auf Erden in zahllosen Gleichnissen auf seinen Wanderschaften und warnt uns vor den apokalyptischen Schrecken, wenn wir den Grund-(Herz-)Ton dieser Erde nicht mehr erhören: ABWÛN, im Osten OM genannt. Denn die Entdeckungen der Naturwissenschaften haben den westlichen Menschen in unvorstellbare, »irreale« Räume geworfen. Die Flucht ins Virtuelle der Medien scheint daher nur logisch.

Eine Transformation des christlichen, abendländischen Herzens zielt also auf die Wiederentdeckung (Erhörung) jenes innersten Schöpfungsklanges ab, dadurch, dass es sich ihm anverwandelt, nicht, dass es ihm widersteht. Die Mystik ist nicht in politischen Begriffen zu fassen oder gar durch sie zu legitimieren; nur umgekehrt wird ein Ganzes daraus: Immer da, wo Gesellschaft und Politik zu dieser Wirklichkeit der Widerstandslosigkeit Yeshuas finden, schwingen sie im Einklang damit.

»Fürchte dich nicht!« – Leben aus der Freude

Ein Jahrhundert der Psychotherapie hat uns zumindest so viel erkennen lassen, dass ohne ein gesundes, sich entsprechend seinen Fähigkeiten entfaltendes Ichs selten ein schöpferischer, spiritueller Prozess vonstatten gehen kann. Die Arbeit an der seelisch-geistigen

Grundordnung, an einer stimmigen Balance von Bedürfnis und Befriedigung, ist für den Christen wie für jeden anderen eine Kulturarbeit ersten Ranges. Sie bedeutet immer auch, die mir geschenkten Gaben und Talente, nicht nur meine Schwächen, richtig einzuschätzen; denn nur durch die offenen Kanäle der Sinne fließen die spirituellen Geschenke der Welt in sichtbarer wie unsichtbarer Weise. Gerade die Alltagssituationen sind für ein Leben in Vertrauen und Kreativität viel bedeutsamer, als mancher es wahrhaben will. Sie sind immer wieder das A und O eines meditativen Lebens und eines Erwachens des eigenen mystischen Sinnes im Hier und Jetzt. Sie sind gleichzeitig das, was uns hilft, in den dunklen Zeiten des Lebens den Boden unter den Füßen zu behalten.

»Gebet ist wesentlich Achtsamkeit«, sagte die Schriftstellerin Simone Weill. Dabei bildet die Anerkennung meiner selbst, das Gespür für meine Gutheit, für mein Gewolltsein, den zentralen Ausgangspunkt jeder spirituellen Reise. Da diese ausnahmslos in unbekanntes Gelände führt, welchen Namen ich dafür auch immer verwenden will, sei es Gott, Christus oder andere, bedarf es der Neugierde, des Fragens, der Lust am Unbekannten. Kaum etwas im Leben eines Menschen ist so wichtig wie das immer neue Gefühl für die Frische und Jungfräulichkeit eines Weges, den er zu gehen beabsichtigt.

Viele kennen die ebenso heimliche wie jauchzende Freude angesichts einer unbekannten Landschaft, eines neuen Berufs, einer neuen Liebe, wo keine alten Regeln und Kenntnisse mehr greifen, wo ich endlich mit mir und dem Neuen allein bin. Dieser untergründige Jubel ist sicherlich eines der größten Geschenke des Lebens – wer sich ihn zutraut, hat einen entscheidenden Sprung hin zu jener geistlichen Armut getan, die all sein Tun bereichern und befruchten wird. »Und jedem Anfang wohnt ein Zauber inne, der uns beschützt und der uns hilft, zu leben«, so dichtete ein großer Pilger, Hermann Hesse.

Die Armutsfalle

Nun gibt es in der christlichen Religion wie in anderen Traditionen einen radikalen Hang zur Armut, wie ihn beispielsweise Franz von Assisi vertreten hat; nicht umsonst nannte man ihn und seine Brüder die »Narren Christi«. Es darf dennoch die Frage gestellt werden, ob Yeshua ausschließlich eine solche Armut gemeint hat oder die Art und Weise, in der jemand arm ist, abhängig von seiner individuellen Situation. Seine Heilungen, sein Umgang mit den Jüngern, mit Frauen und Priestern, lassen eher den letzteren Schluss zu. Yeshua brachte ja das Reich Gottes den Menschen seiner Zeit als *Erlösung* von den seelisch-geistigen Verwüstungen durch Gesetz, Strafe, Kasteiungen und so weiter; das war seine frohe Botschaft. Wer, wenn nicht er, wusste, wie gefährlich sich Selbsterniedrigung und Selbstentäußerung auswirken können.

Gleich dem Buddha, der die Tugend der Achtsamkeit als Mittel des rechten Weges predigte, um die Extreme zu meiden, sollte auch der nachmoderne Christ die Muster seiner Leidensfantasien und Askeseprogramme sorgfältig prüfen. Sie halten ihn womöglich stärker von der »Nachfolge« ab als jeder echte Genuss. Der Mystiker ist eben kein Asket, er lebt, so er wirklich ein Ergriffener ist, aus einer freien Bereitschaft zu immer vollständigerer Hingabe an jene Quelle, aus der seine Freude sprudelt. Diese Quelle nennen die Sufis den Geliebten, und in allen Religionen gibt es Menschenschicksale, die von einer äußersten Preisgabe zeugen. Darin deutet sich ein Grad von Freiheit an, zu dem nur wenige fähig sind.

Die Angst vor der Selbstpreisgabe

Für jeden weltlichen Menschen ist die Angst vor der Selbstpreisgabe eine allerhöchste Schranke. Es gibt für den Menschen neben der Angst vor der Selbstvernichtung keine größere als die vor dem Unbekannten (Gott), mit dem noch Johannes der Täufer droht. Yeshuas THEOS-Erfahrung ist ein unbedingter Schild gegen jeglichen inszenierten Gottesterror, auch den verordneter Armut, Krankheit, Einsamkeit und Keuschheit. Dass die Liebe sogar in der schwärzesten Nacht noch auf den Grund unserer Existenz leuchtet, diese Wahrheit hat er in Golgatha ein für alle Mal offenbart.

Wo sich die Tradition in ihrer eigenen Sprache verbunkert, ruft uns unser heimlicher Durst auf zu neuer Wanderschaft, weg von den leeren Brunnen, weg von den religiösen Sprachhülsen, weg von den falsch gewordenen Riten. Welch eine Befreiung, jenseits der abstrakten Begriffe, der atemberaubenden Schwere der Wörter, wieder frei durch Raum und Zeit des Lebendigen wandern zu können, staunend, erschreckend, nicht wissend! Und vielleicht erkennen wir eines Tages an völlig unbekannten Quellen, dass uns das Wort des Lebens wieder zugeflossen ist und dass es denselben Geschmack hat wie einst, mit dem feinen Unterschied: Hier ist es taufrisch und erquickt von Grund auf, weil uns Name und Form, Gesicht und Erinnerung abhanden gekommen sind. So sollte die christliche Wiederentdeckung von *religio* mit dem kleinen, entscheidenden Satz beginnen: »Fürchte dich nicht, denn ich, der Lebendige, bin bei dir alle Zeit.«

Mit diesem Hinweis auf die prinzipielle Offenheit des Weges ist weder einem bloßen Traditionsüberdruss noch irgendeiner spirituellen Beliebigkeit das Wort gesprochen. Denn jeder Wandernde auf dem spirituellen Weg erfährt sehr schnell, dass es hier Gesetzmäßigkeiten gibt, die ebenso sicher zur Anwendung kommen wie die Newton'schen Fallgesetze in der Physik. Für den Umgang mit religiösen Wirklichkeiten ist normalerweise die Tradition der allerbeste Ratgeber, jedoch nur so lange, als sie uns einen schöpferischen Zugang gewährt. Ist dieser verstellt, bleibt ihre Wahrheit stumpf und unanschaulich, sie verwandelt nichts mehr.

Douglas-Klotz spricht daher vom kreativen Lernprozess des Einzelnen, vom produktiven, geistigen Wandern zwischen Erfahrung, Selbstbefragung und Praxis. Denn der Schüler bedarf auf seinem Weg einer Instanz, die ihm hilft, sich zu orientieren, Fehler zu erkennen und vor allem Gewohnheiten auszumerzen. Ohne Hilfe von »anderswo« ist dieser Weg von Erkennen und Hingabe kaum zu bewältigen. Solche Hilfe kommt letztendlich, wie Benett betont, aus der Gnade selbst, sei es in Form eines äußeren Meisters oder des inneren Selbst, beziehungsweise von jenem GEIST, der weht, wo er will.

Non-Theismus – jenseits des persönlichen Gottesbildes

Vom spezifisch christlichen Brauchtum im beginnenden 21. Jahrhundert zu sprechen, erübrigt sich in vieler Hinsicht. Entweder ist dieses schon längst kulturelles Gemeingut, wie etwa die Musik Bachs oder die lutherische Gewissensfreiheit des Einzelnen, oder es ist zur Randerscheinung geworden wie Religionsunterricht, Kirchgang oder liturgischer Alltag. Viel zäher halten sich hingegen psychische Bewusstseinsstrukturen; so erkennt man hinter vielen atheistischen Gewändern parareligiöse Phänomene, die dem Einzelnen nicht bewusst sind: angefangen vom Fitnessglauben bis hin zur Anbetung des Marktes, ganz zu schweigen von den persönlichen Ritualen der Identitätssicherung und Profilierung. Diese sind ja auch ein Ausdruck der Sorge vieler Menschen, im Strom der Zeit unterzugehen und in ihrer Einzigartigkeit eingeebnet zu werden.

Unabhängig von diesen Alltagsphänomenen tendiert auch jede »gesunde« religiöse Kultur dazu, im Laufe der Zeit um das offene Fenster in die unnennbare Gottes-Weite Zierrat um Zierrat zu hängen; anfangs aus echter, unmittelbarer Be-Geisterung, später dann aus fromm gewordenem Gestus, kultischer Verehrung oder künstlerischer Produktivität. Die religiös motivierte Aktivität verschließt auf diese Weise nach und nach den direkten Ausblick; so bleibt das Auge nun an den sekundären Hervorbringungen haften. Die Unmittelbarkeit des Erlebens verliert sich auf dem Weg vom Ursprung der *religio* zur religiösen Kultur.

Geschlossenes oder geöffnetes Leben?

Statt die zunehmende Belanglosigkeit der Kirche im westlichen Alltag zu betrauern, sollte der Einschnitt der Moderne als die große Chance wahrgenommen werden, alles verkitschende Beiwerk über Bord zu werfen. Dies erleichtert es uns, am Ende dieser Moderne wieder zur offenen Schau, zur unmittelbaren Begegnung mit der Gottes-Nähe zurückzufinden. Hierzu schreibt Veltheim-Ostrau: »Das geteilte, geschlossene Leben (das zwischen Innen und Außen unterscheidet, Anm. d. Autors) kann die Kluft zwischen Gott und den Menschen in logischer Weise auch nur durch einen Mittler als Erlöser überbrücken. Dagegen hat der im ungeteilt, geöffneten Leben sich offenbarende Gott rein innerliche ungegenständliche

Eigenschaften, das heißt auch keinerlei Gegensätzlichkeit zur diesseitigen Welt. Deshalb gibt es im ungeteilt, geöffneten Leben auch nichts Ungöttliches, denn das Göttliche ist allgegenwärtig, weil die Himmel mit all ihren Reichen immer in und um den Menschen waren, sind und sein werden.«

Um dieser ewigen Wahrheit im Abendland zum Durchbruch zu verhelfen, bedarf es eines deutlichen Schrittes in Richtung auf einen christlichen Non-Theismus, eine Religiosität, die ohne einen persönlichen Gott auskommt. Damit meine ich keine Anpassung an unseren skeptischen Zeitgeist, der das Wort »Gott« schon aus seinem Wortschatz eliminiert hat. Vielmehr bedarf es der Einsicht, dass ein Sprechen von Gott als Person immer eine Einschränkung darstellt, weil sie Gott auf ein bestimmtes Bild festlegt. Offenkundig hat sich Yeshua bei seiner Taufe nicht von den üblichen mosaischen Gottesvorstellungen besetzen lassen, offenkundig war er nicht von angst- und schuldbeladenen Über-Ich-Projektionen traumatisiert; der Augenblick einer nicht nur ihn persönlich, sondern ein ganzes Zeitalter erleuchtenden, neuen Gotteswahrnehmung ist wohl nur deshalb möglich gewesen, weil er zu einer vollkommenen Durchlässigkeit seines Wesens gefunden hatte. Seine Bereitschaft, in der Taufe zu empfangen, was immer da kommen mochte, diese »kindliche«, voraussetzungslose Hingabefähigkeit schuf den Boden für das Phänomen der christlichen Seele, das es zuvor in dieser Weise nicht gegeben hat.

Wo die Sprache versagt

Wort-Auslegung, Textanalyse und geschichtliche Rekonstruktion sind gewiss weiterhin ein unverzichtbares Mittel der Erschließung einer spirituellen Erfahrung. Keine Sprache jedoch vermag religiöses Erleben wirklich adäquat auszudrücken, es bleibt also nur die vielschichtige Paradoxie des Bildes, des Symbols, der Poesie, letztendlich das Schweigen. Vielen Menschen sind in allen Zeiten, also auch heute, beeindruckende Einheits- oder Lichterlebnisse geschenkt worden, die den Rahmen einer nur personalen, gegenüberstellenden Sprachform sprengen. Jedes Sprechen stellt in einem solchen Fall schon eine Verfälschung dar, eben weil im Moment des Erlebens das persönliche Ich nichtig war. Es »erinnerte« sich später nur wie an einen Traum – da das Ereignis sich in einer anderen Dimension vollzogen hatte.

Non-Theismus meint also keine Leugnung Gottes oder der Transzendenz, im Gegenteil, sie ist der Versuch, sich auf eine Sprechweise einzulassen, die die kosmische Dimension der ICH BIN-Erfahrung besser wiederzugeben vermag. Auf ganz andere Weise führt uns dies das Thomasevangelium vor, welches in seinem verschlüsselten, paradoxen Kurzstil direkt zu einer geistigen Anschauung auffordert, die sich stark von den so vertrauten weltlichen Seelenbildern eines Markus, Matthäus oder Lukas abhebt. Stattdessen finden wir bei Thomas eine erstaunliche Parallele zur Darstellungsweise der Zen-Koans.

Um sich auf solch unbekannten Pfaden orientieren zu können, bedarf es »anderer« Wahrnehmungs- und Empfindungsweisen, wie sie zum Teil die psychologischen und körpertherapeutischen Verfahren herausgebildet haben. Ihr Fokus ist der Fluss der Bewusstheit, unabhängig vom jeweiligen Thema oder Gemütszustand des Einzelnen. Die Präsenz, die eine solche gezielte Arbeit ermöglicht, ist nicht auf einen bestimmten Punkt, sondern auf ein größeres Panorama hin ausgerichtet. Sie vermag Vorder- und Hintergrund eines Themas oder eines Gegenstandes flexibel zu verbinden, um zu einer Ansicht zu gelangen, die mehrere Perspektiven zulässt. Sie ist schöpferisch, ähnlich der Arbeit eines Künstlers, der seine Visionen auf unterschiedliche Weise in einem Bild zur Geltung bringt. Eine non-theistische, christliche Sprache wird dem Verb Raum geben vor dem Substantiv. Sie wird eine präzise Bildersprache fördern, eine sinnliche Anschauung, die das Detail nicht mehr isoliert als Nachricht betrachtet, sondern es eher in wechselnden Zusammenhängen beschreibt, ohne unbedingt einem davon den Vorzug zu geben. Sie fördert nicht zuletzt die Stille, das Schweigen und das Zuhören; anders gesagt, den Zustand des Nicht-Ich, wie wir ihn im Zustand der Meditation vorfinden.

Mit den wachen Augen eines Kindes

Yeshuas Leben ist nur in kosmischen Maßstäben richtig einzuschätzen; sein großes Gebet in der Neuübersetzung von Douglas-Klotz bezeugt eben dies. Er vermochte jedoch – was heute besonders wichtig wird – seine THEOS-Wahrnehmung immer wieder mit Bildern einer naturnahen, irdischen Erfahrungswelt zu beschreiben. Nicht nur bietet sich ihm der ländliche Raum ständig zum Gleichnis an und darin als stets wirksame Heilquelle; noch wichtiger ist, dass er die Menschen, mit denen er in Berührung kommt, wieder und wieder in ihrem allerbanalsten Alltag in Kontakt zum THEOS bringt. Nichts gibt es, das für ihn nicht zum Zeichen werden konnte, also bloßes Faktum bliebe, nichts, das nicht mit den wachen Augen des Unschuldigen (Kindes) geschaut werden könnte, denn »Zen mind is a beginner's mind«.

Die Schwäche vieler nachmoderner Verteidiger des traditionellen Christentums, die um eine Erneuerung des Alten kämpfen, beruht vorwiegend auf dem Versuch, neue Konzepte zu erstellen und eine alte religiöse Sprache darauf zu programmieren. Traditionen frisch zu interpretieren ist ein Schritt, der leicht fällt, solange diese lebendig in der Kultur wirken kann und die Sprache gefühlt wird. Heute ist die Überlieferung zerbrochen, nur Bruchstücke erreichen, oftmals ungereimt, das Bewusstsein der meisten Menschen. Wie weit bloße Textanalyse solche Trümmer noch zusammenschweißen kann, ist fraglich. Viel wichtiger scheint eine Einweihungserfahrung, die auf unvermutete Weise herkömmliche Sprachtraditionen zu befruchten vermag oder gänzlich neue Wege zu gehen bereit ist. Yeshuas Schlüsselsatz zur Praxis der Nächstenliebe heißt, wir sagten es schon: »Widerstehe nicht dem Übel.«

Jenseits aller Widerstände

Mit diesem unerhörten Satz springt Yeshua aus der Überlieferung, dem alten mosaischen Gesetz heraus, aus dem wohlgeformten Common Sense, aus der herkömmlichen Vorstellung von Moral und Ethik. Hier ist aller gewohnten Einschätzung von Hilfe, Selbsthilfe und Verantwortung der Garaus gemacht, die traditionelle

Logik der Selbstbehauptung, hier scheitert sie. »Widerstehe nicht« besagt in der Umkehrung: »Besinne dich auf den Tiefenrhythmus deiner Atmung, besinne dich auf den Zusammenklang aller Polarität, wage das schöpferische Experiment der Einheit.«

Wir alle sind Meister in der Verneinung, im direkten oder subtilen Umgang mit Negativität. Nichts offenbart den Einzelnen so sehr wie die Taktiken seiner Abgrenzungen, die Strategien seiner Lebens-Versicherungen, sein Wille zum Durchkommen oder zur Macht. Nichts aber schneidet uns mehr vom großen, kosmischen Ganzen, vom Fluss der Liebe ab als solche Selbstbehauptung, die, weil so reflexhaft auftretend, als unbedingt natürlich gilt. In den Augen der Mehrheit der Menschen sind die Heiligen nur vordergründig verehrungswürdig; genauer besehen erscheinen sie als Narren, da sie aus dem Gesetz der natürlichen Auslese durch Macht und Stärke vollständig herausgetreten sind. Das macht sie wirklich anders, gefährlich anders, nur für den Ausnahmezustand geeignet. Eigentlich gehörten sie gesteinigt, denn sie drehen alles um, was normal ist, sie sind die wahren Anarchisten!

Wohlgemerkt, Yeshua meint nicht Unterwerfung unter Brutalität und Gewalt. Wie oft hat er sich selbst solchen Machenschaften entzogen; wie oft hatten die Pharisäer seinen furchtbaren Anklagen nicht zu widerstehen vermocht, und doch widerstand er in keiner entscheidenden Situation den Gegebenheiten, die an ihn herangetragen wurden: Er ließ sich ebenso auf den Teufel ein wie auf die unzähligen, erschöpfenden Bitten um Heilung, auf das kontinuierliche Unverständnis seiner Schülerinnen und Schüler, auf Judas, schließlich auf Golgatha und das Kreuz, zu allerletzt auf die Leere, ABBA.

Die östlichen Meister sprechen vom Tantra als der großen Botschaft des Mitschwingens, des Sich-Einlassens, um die Erfahrung des Feldes zu machen: des Eingebundenseins in einen umfassenden Rhythmus, der mich von selbst in die rechte Verfassung bringt. Im Unterschied zum Yoga, der Wille, Zweck und Kraft betont, zielt das Tantra auf die große Entspannung, auf die Preisgabe des Kampfes mit den Widerständen des kleinen Alltags-Ichs, auf die Preisgabe der Angst vor dem Versagen, um zu jener organismischen Öffnung zu gelangen, von der ein so westlicher Tantriker wie Wilhelm Reich eingehend in seinen Schriften gesprochen hat.

Der Widerstand beginnt nicht außen, er ist schon immer mit uns; seine Normalität äußert sich am deutlichsten in unseren Gewohnheiten. Sie lassen das dahinter liegende »Nein« als so selbstverständliche Geste unserer Eigenständigkeit erscheinen, dass aus diesem Blickwinkel der Satz »Widerstehe nicht ...« bizarr und unzumutbar erscheint. Yeshua aber spricht von der Liebe nicht als einem bloßen Gefühl oder einer vorübergehenden Leidenschaft, sondern als der einzigen öffnenden Ordnung des Seins. Er legt das große kosmische Grundgesetz der Sympathie oder *Agape* durch sein Leben beständig aus. Seine Aufforderung zur Nächstenliebe ist im Lichte dieses Schlüsselworts vom Nicht-Widerstehen kein neues Glaubensdiktat; vielmehr ruft sie zur Tat, zu einem Vertrauen ins alltägliche Experiment auf, das von falscher Unterwerfung ebenso entfernt ist wie von Verzweiflung und Hoffnungslosigkeit.

Der Meister des Webstuhls

In diesem Zusammenhang vom »kosmischen Christus« zu sprechen heißt, den Meister des Webstuhls zu benennen, der die aus Scham, Schuld und Ignoranz zerrissenen Fäden wieder verbindet. Doch wieder stände hier nur ein Name, ein Abstraktum. Das Gebet »Dein Wille geschehe« deutet auf keinen Namen mehr, denn der Webmeister entbehrt eines solchen vollkommen, um das Herz des Schülers umso inniger, selbstvergessener in den Vorgang der Hingabe einzuflechten. Wir sollen dem Außen nicht widerstehen, denn es bildet die Oberfläche jener Tiefe, die wir uns im Prozess des Er-Innerns neu zueignen – als das »Andere«, das wir brauchen, um ganz zu werden. Auch aus unserem Inneren quillt uns ja ständig das Andere in Form von Fantasien, Gedanken, Intuitionen, Gefühlen entgegen, gleich einem Traum. Und wir erschrecken über die Fülle in uns, die brodelnde Kraft, die Dimension der Dunkelheit. Und so gilt Yeshuas Satz insbesondere an dieser Schnittstelle: Widerstehe nicht, schenke der Angst, der Lust, den unheimlichen Bildern, schenke der eigenen Mächtigkeit Raum, gib der Erkenntnis nach, dass du größer bist, als du dachtest, dass mehr Potenzen in dir schlummern, als du wahrhaben möchtest – fürchte dich nicht vor deiner Größe! Denn: »Wer stellt sein Licht unter den Scheffel, statt es leuchten zu lassen?« Die Meditation dieses christlichen Urmantras hat nichts mit schleichendem Größenwahn zu tun, aber viel mit der Not-Wendigkeit, in Kontakt mit einer transrationalen Wirklichkeit in mir selbst zu kommen, die alles übertrifft, was »ich« mir vorstellen kann.

Yeshua für Buddhisten?

In der heutigen Zeit, da die Einheit der Religionen erstmals als unverzichtbar ins Licht rückt, wird auch der Buddhist das Antlitz Christi, die *Agape*, in der Leere des großen Herzens wiederfinden können. Er wird spüren, dass er daran ebenso Anteil hat wie am *Dharma*, dem Erleuchtungsweg des Buddha. Möglicherweise ist das Aufbrechen der Hülle des Christentums, der abendländischen, westlichen Kirchen, langfristig als eine ungeahnte Befruchtung der Weltreligionen zu verstehen, gerade weil die Tradition nur noch gilt, wo sie wirklich aus dem christlich gewordenen Herzen der Einzelnen strömt. Jede spirituelle Entwicklung zielt heute sowohl auf eine persönliche als auch auf eine planetarische, eine kosmische Wiedergeburt. Wem das zu utopisch erscheint, der möge für einen Moment bedenken, zu welcher erdumfassenden Lawine sich Tod und Auferstehung Yeshuas vor 2000 Jahren entwickelten.

Ohne die Gewissheit solcher Neugeburt hätte das Urchristentum als eine kleine Sekte im religiösen Pantheon des römischen Reiches nicht überlebt. Die frohe Botschaft war eben keine hausgemachte, sie war geistgegeben und hatte sich in ihren Trägern bis ins Mark eingraviert. Die Jüngerinnen und Jünger gingen schon auf Erden durch die kosmischen Gefilde, sicher nicht frei von Irrungen, doch im vollen Bewusstsein der Auferstehung ihrer Herzen und Geister, ja ihrer Körper wie der gesamten Schöpfung im Namen des Meisters. So waren sie Söhne und Töchter Gottes (des THEOS) mit einer unwiderstehlichen Botschaft.

Hildegard von Bingen, die große Mystikerin des Mittelalters, spricht in ihren Visionen immer wieder von der »Grünkraft« Christi, anders gesagt von dem Wirken des Lebensbaums in uns allen. Durch alle Begrifflichkeiten, Bilder, Legenden und Mythologien hindurch bedürfen wir heute mehr denn je jenes offenen, wahrhaft kosmischen Herzens des Menschen Yeshua, um den Geruch der großen Weite (THEOS), der keinen Unterschied zwischen heilig und nicht heilig mehr macht, wieder wahrzunehmen. Es ist jener Geist einer Bejahung, aus der unsere besten Lebensmomente kommen. In diesen Momenten spüren wir, dass Auferstehung nicht nur ständig auf uns wartet, sondern schon in uns wirkt, dass Sterben einen Vorgang jenseits unserer morbiden Fantasien meint, eben weil das Licht uns keinen Augenblick verlassen hat, selbst da, wo wir uns allein gelassen glaubten.

Wenn einer nachkirchlichen, non-theistischen Mystik eine Farbe zukommt, dann sicher das Hildegard'sche Grün. Sie schenkt uns wieder und wieder jene kühle Frische, die alles neu macht, in deren Licht Form heranwächst, die mit ihrer milden Intensität heilt und den irdischen Quell des lebendigen, schöpferischen Wassers bezeugt. Es ist das gleiche Grün, das durch die Fotosynthese der Pflanzen alles höhere Leben auf diesem Planeten erst ermöglicht, das als Grundnahrung für Tier und Mensch dient und noch im christlichen Weihnachtsfest zur Winterzeit den ewigen Frühling im Haus der Menschen feiert.

Diese Farbe kann für uns also niemals nur äußerlich sein. Sie ist der innere Atem ewiger Erneuerung, der die Sphäre des Irdischen zuinnerst durchpulst, also gleichsam die organische Liebesschwingung unseres Planeten darstellt. In seiner unaufdringlichen, heiteren Strahlung lässt das Grün jederzeit und aller Orten den Grundton einer himmlischen Erde anklingen, der all ihre Geschöpfe, einschließlich des Menschen, durchdringt. In der Esoterik ist Grün nicht umsonst die Farbe des Herzchakras.

Ausblicke – Die Meditation des aramäischen Vaterunsers

Abwûn d'bwaschmâja	O Gebärer(in) Vater-Mutter des Kosmos
Nethkâdesch schmach	Bündele Dein Licht in uns – mache es nützlich
Têtê malkuthach	Erschaffe Dein Reich der Einheit jetzt
Nehwê tzevjânach aikâna d'bwaschmâja af b'arha	Dein eines Verlangen wirkt dann in unserem – wie in allem Licht, so in allen Formen
Hawvlân lachma d'sûnkanân jaomâna	Gewähre uns täglich, was wir an Brot und Einsicht brauchen
Waschboklân chaubên (wachtahên)	Löse die Stränge der Fehler, die uns binden,
aikâna daf chnân schvoken l´chaijabên	wie wir loslassen, was uns bindet an die Schuld anderer.
Wela tachlân l'nesjuna	Lass oberflächliche Dinge uns nicht irreführen, sondern
èla patzân min bischa	befreie uns von dem, was uns zurückhält
Metol dilachie malkutha wahaila wateschbuchta	Aus dir kommt der allwirksame Wille, die lebendige
l'ahlâm almîn	Kraft zu handeln, das Lied, das alles verschönert und sich von Zeitalter zu Zeitalter erneuert
Amên	Amen

(Neil Douglas-Klotz, »Das Vaterunser. Meditationen zum kosmischen Jesusgebet«; alle folgenden Zitate ebd.)

Wenn es eine konkrete, alles vorher Gesagte zusammenfassende Wegweisung für den nachmodernen Christen gibt, so findet sie sich meines Erachtens in dieser bahnbrechenden Übersetzung des Vaterunsers aus dem Aramäischen von Neil Douglas-Klotz. Dieses Büchlein enthält, wie Matthew Fox in seinem kurzen Vorwort zu Recht sagt, den Samen einer Revolution. Seine Ausfaltung des Gebetes auf den unterschiedlichen Bedeutungsebenen der aramäischen Sprache Yeshuas lässt uns erstmals ahnen, wie sehr wir dieser Übertragung bedürfen, um uns einer neuen universalen Dimension zu nähern. Welche Weite, welch kosmischer Glanz tut sich da auf! Wie weit entfernt von lähmenden Schuld- und Sühnezuweisungen, von Ver- und Geboten zeigt sich diese hochpoetische Sprache, wie vielfältig vereint sie Makro- und Mikrokosmos im Schwingungsfeld des Atems und wie viel Freiheit lässt sie dem Betenden in der Erkenntnis seiner möglichen Unzulänglichkeiten. Dieses Vaterunser schwingt sich auf zum großen Gesang, zur großen Schau göttlicher Wirklichkeit, die uns unentwegt durchdringt, befruchtet und zur schöpferischen Vision anspornt.

Douglas-Klotz' Übersetzung bewegt sich präzise auf der Grenzlinie von Form und Nicht-Form, zwischen Auflösung im großen Schweigen des Gottesklanges ABWÛN und Einlösung irdischer Notwendigkeiten im Wortlaut *Lachma,* welches ebenso *Brot* wie *Einsicht* bedeutet und in der Urbedeutung *Hma* auf die befruchtende, grünende Lebenskraft der Schöpfung verweist, auf das Mütterliche also. Im Griechischen haben sich diese Andeutungen zur Gestalt der *Sophia,* der heiligen Weisheit verdichtet, deren spirituelle Farbe bei Hildegard von Bingen unter anderem jenes Grün ist. Insofern erweist sich diese Version des Vaterunsers nicht nur als neutral bezüglich der männlichen und weiblichen Attribute des THEOS, sondern auch als non-theistisch im besten Sinn.

Die Atmung der Welten

Das aramäische Vaterunser entfaltet eine doppelte Spirale des christlichen Weges. Es beginnt mit dem kosmischen Schweigen, dem Ursprung des Klangs in der Wortsilbe ABWÛN, das noch ganz in uralte, mantrische Traditionen eingebettet ist. Jeder Laut öffnet hier einen neuen Prozess des Werdens aus dem leeren Einen bis hin zum Erscheinen materieller Form. Ein ungeheuerliches Feld von Energie wird spürbar, das sich aufbaut und im Atem bewusst wird. Alles ist Licht, Klang, wortlose Tat, die sich aus dem Urschweigen als kosmischer Geburtsprozess, als »Atmung der Welten« ergießt. Entsprechend schreibt Douglas-Klotz: »Die erste Zeile von Yeshuas Gebet führt uns – sowohl durch die Schwingung als auch durch die Stille – zur Erinnerung an unsere Herkunft: nicht in Schuld oder Unvollkommenheit, sondern in Segen und Einheit. Denn der heilige Atem *(Rucha)* berührt sogar die Abwesenheit dessen, was wir als ›Licht‹ oder ›Klang‹ wahrnehmen können.«

Der *zweite* Schritt in der Geburt von Makro- und Mikrokosmos zielt auf die Schaffung eines Raumes innerer Stille, in dem der Klang durch alle Tages- und Nachtgeräusche hindurch hörbar bleiben kann als die ewige Schwingung, die uns erinnert, woher wir kommen, was unser wirklicher Name ist: »Das Gebet führt uns zu unserem fühlenden Herzen, zu dem Ort, den die Mystiker aller Wege den inneren Tempel genannt haben.«

Im *dritten* Schritt werde ich direkt auf mich verwiesen, auf meine Kraft, also die Schwingung des Heiligen in seiner individuellen Ausprägung. Dies geschieht, damit ich mich an meinen Ursprung nicht nur erinnere, sondern ihn darüber hinaus als Potenzial erfahre, als großes »Ich kann«. In ähnlicher Weise versucht ein Kind seinen Eltern immer wieder zu zeigen: »Schaut mal, was ich schon kann.« Wenn also die transzendente Schwingung mit unserem durch Er-Innerung geeinten Willen zusammentrifft, wird in einem Nu etwas möglich, was sonst reine Fantasie zu sein scheint: »*Malkuthach* bezieht sich auf das Prinzip der Führung und Leitung, das unser Leben in Richtung Einheit lenkt. Es könnte mit Recht als KönigInnenreich übersetzt werden. Ursprünglich birgt das Wort die Vorstellung eines fruchtbaren Armes, der bereit ist, Neues zu erschaffen.«

Im *vierten* Schritt deutet die Vision den neuen Horizont an, auf den die vereinte Kraft zuströmt: das Ziel aller Geschichte wie jeder spirituellen Übung: »Lass Himmel und Erde eine neue Schöpfung bilden, indem wir deine Liebe in der unsrigen entdecken, denn ein einziges Verlangen wirkt dann in uns wie in allen Formen.« Dazu Douglas-Klotz: »Im Aramäischen trägt das Wort ›Wille‹ die Bedeutung von ›Herzenswunsch‹, in der Weise, wie sich unser Ziel oder unsere Absicht über die gedankliche und ideelle Ebene hinausbewegt. Er ist so sehr Teil von uns selbst geworden, dass wir nicht länger darüber nachdenken müssen, unser ganzes Sein bewegt sich dann mit großer Sicherheit dem einen Ziel entgegen.«

Im *fünften* Schritt führt die aus kosmischer Weite gesammelte Kraft zu einer Richtungsänderung um 180 Grad, um sich in der konkreten Welt der Materie einzupflanzen; diese Inkarnation des großen Atems entfaltet damit gleichzeitig die irdische Schöpfung. »Gewähre uns täglich, was wir an Brot und Einsicht brauchen.« Die Übersetzung verweist uns auf den fundamentalen Satz Yeshuas *»Der Mensch lebt nicht vom Brot allein«*.

Der Geist kommt auf die Erde

Dazu Douglas-Klotz: »In der ersten Hälfte des Gebets erinnern wir uns an das All-Eine und fühlen uns vom Kosmos gesegnet. In der zweiten Hälfte beginnen wir einen neuen Zyklus des Segens auf erdhafte und praktische Weise. Das Gebet drängt uns, über eine eher introvertierte Form der Spiritualität hinauszugehen und alle Aspekte unseres Umgangs mit anderen mit einzubeziehen. Es weist darauf hin, was immer da ist und uns trägt: Mutter Erde.« Wir erinnern uns hier der urchristlichen Tradition des Brotbrechens: *»Siehe, dies ist mein Leib.«*

Der *sechste* Schritt ist ein radikaler Sprung aus falscher Be- und Entschuldigung, wie sie Luthers Übersetzung mit sich brachte. Es geht um Vergebung, die sowohl uns als auch den anderen einschließt, aus der Erfahrung heraus, dass Schuld wesentlich auf menschlicher Irrung, aus unvorhersagbarem Fehlverhalten oder purer Ignoranz besteht. »Löse die Stränge der Fehler, die uns binden, und nimm unsere enttäuschten Hoffnungen und Träume in dich auf, wie wir die der anderen umfangen mit Leere.«

Je mehr wir uns auf die irdischen Verhältnisse einlassen, umso deutlicher zeigen sich schmerzliche Widersprüche, Missverständnisse, Verletzungen, Not, Hass, Angst, archetypische Muster, die uns die ursprüngliche Reinheit unserer Geburt schnell vergessen lassen. Aber wie Douglas-Klotz in seinem Kommentar ausführt – alle »Schuld« schenkt uns eine große geistige Möglichkeit, eben die der Vergebung: »Wir vergeben uns dabei nicht nur Übergriffe untereinander, sondern auch solche der Erde und all ihren Lebewesen gegenüber. Das Gebet versichert uns noch einmal, dass unser ursprünglicher Zustand klar und unbelastet ist und dass unsere einfachen Verbindungen zur Schöpfung darauf beruhen, dass wir uns mit jedem Atemzug, den wir tun, gegenseitig freilassen.«

In der *siebten* Zeile, die in der Lutherübersetzung so viel Angst und Zweifel in den Köpfen und Herzen europäischer Christen verursacht hat, nämlich »Führe (du Gott) uns nicht in Versuchung«, lotst uns Douglas-Klotz aus der Falle eines immensen Missverständnisses. Denn kein Gott bringt im aramäischen Gebet Versuchung und Unglück. Douglas-Klotz schreibt: »Die alten Wortwurzeln rufen das Bild einer im Winde wehenden Fahne hervor, die hin- und herflattert wie unser Verstand, wenn er sich verunsichern lässt durch die Verführung des Materialismus, einschließlich des spirituellen Materialismus. Es ist ein Bild der Vergesslichkeit: ein Sichselbst-Verlieren in den Erscheinungen, eine Unfähigkeit, tiefer zu schauen, wenn die Situation es erfordert.« So übersetzt er auch das entscheidende Wort »Sünde« im Sinne von »Unreife« und »unangemessener Handlung«.

Wir alle kennen Verstimmungen, Depressionen, Irritationen, die uns völlig aus dem Rhythmus bringen, derart, dass wir in Zerrissenheit, Lähmung und Unausgeglichenheit geraten, die sich wahrhaftig höllisch anfühlen können und von denen uns gerade die Literatur der Moderne in Hülle und Fülle erzählt hat. So sagt die Übersetzung von Douglas-Klotz: »Lass uns weder durch die Oberfläche des Lebens verleitet werden noch so sehr introvertiert und selbstbezogen sein, dass wir nicht mehr zur richtigen Zeit einfach und menschlich handeln können.« Dieser Satz ist auch ein Diktum gegen eine Moderne, die bloße Komplexität höher schätzt als Authentizität und Einfachheit.

Der Schluss des Gebets knüpft an die Erfahrung der großen Einheit wieder an. Douglas-Klotz übersetzt hier in hohen poetischen Bildern: »Aus dir kommt der allwirksame Wille, die lebendige Kraft zu handeln, das Lied, das alles verschönert und sich von Zeitalter zu Zeitalter erneuert. Amen.« Die älteren Wortwurzeln dieses Begriffs *(Amên)* bezeichnen einen Boden, auf dem in Zukunft etwas Besonderes wachsen wird. Dieselbe Klangbedeutung kann man bis zu dem alten, ägyptischen, heiligen Wort »ament« zurückverfolgen, das auf den geheimnisvollen Grund des Seins oder auf die Unterwelt hinweist, wo die Geheimnisse von Leben, Tod und Wiedergeburt verborgen liegen.

Ich möchte diese große Meditation des kosmischen Jesugebetes beenden mit jenem ersten Satz der Seligpreisung, die Luther noch übersetzte: »Selig, die da geistlich arm sind, denn ihrer ist das Himmelreich.« Douglas-Klotz überträgt: »Glücklich und auf das All-Eine ausgerichtet sind die, die ihr Zuhause im Atmen finden; ganz eins mit sich selbst sind jene, deren Atem eine leuchtende Sphäre schafft.« Douglas-Klotz schreibt dazu: »Die griechischen Übersetzer scheinen hilflos gewesen zu sein angesichts dieser Bedeutungsvielfalt, die mit der Vorstellung verbunden ist, dass das gesamte Universum von einem kosmischen Lebensatem, einem heiligen Atem erfüllt ist.«

Auflösung und Neubeginn

Ein Christentum, das sich im einzelnen Christen in solcher Stufenfolge organisch entfaltet, kann zu einer Renaissance christlicher Spiritualität beitragen. Genau dies ist, was ein übertechnisiertes Abendland, dem schon die Kunst zum bloßen schmückenden Beiwerk herabgesunken ist, unbedingt braucht, um das Ethos der Aufklärung in einer neu gewonnenen, religiösen, mystischen Schau einzubetten.

Die einzelnen Schritte in diesem Prozess sind in gewisser Weise »objektiv« vorgegeben. Die Vermischung von Nationalitäten und Kulturen schreitet unumkehrbar voran. Andererseits hat die Emanzipation der Frau eine notwendige Entwicklung des Mannes über

Vorstellungen wie Weltherrschaft, Planung und Kontrolle hinaus angestoßen. Beide Entwicklungen skizzieren einen Weg, der zu größerer Öffnung des eigenen Standpunktes und geschlechtlicher Identität führt.

Jede Begegnung zwischen Mann, Frau, Kind, zwischen Rassen und Religionen erweist sich nun als feines Pendel für den »inneren« Ort oder besser den Reifegrad des einzelnen Menschen. So bietet gerade die profane Welt heute mehr denn je einen Maßstab meiner inneren Entwicklung.

Dennoch bin ich, seit sich alle religiösen Werte stark relativiert haben, allein, meinen Erfahrungen in direktester Weise ausgesetzt. Was Gebet ist, was die Worte »Himmelfahrt«, »Golgatha« oder allein die beiden Namen »Jesus Christus« meinen – nichts ist mehr selbstverständlich. Die alten Begriffe, die Geschichten und Predigten, die Mythen und Legenden, alles will neu angeschaut und aus ureigener Anstrengung erkannt sein. Mit dem Fall der großen Theologien, Ideologien und Theorien, auch der naturwissenschaftlichen, spiegelt mich die Welt unsentimentaler, nackter denn je. Licht wie Schatten meines Tuns sammeln sich spürbar in jenem Punkt der sich schneidenden Kreuzlinien, die das geistige Bild der Einen Welt in einem uns noch verhüllten Prisma einfangen und in immer kürzeren Zeitabständen zurückwerfen. Insofern gibt es wohl keinen besseren Standort als den unseren: am Beginn einer neuen Zeit, am allerersten Anfang, wo Auflösung und Neubildung sich noch die Waage halten.

Literaturverzeichnis

Amery, Carl: Die Botschaft des Jahrtausends. Von Leben, Tod und Würde, München 1994.

Aitken, Robert: Der spirituelle Weg. Zen-Buddhismus und Christentum im täglichen Leben – Ein Dialog, München 1996.

Die Bibel, Einheitsübersetzung, Stuttgart 1980.

Bock, Emil: Die drei Jahre. Beiträge zur Geistesgeschichte der Menschheit, Stuttgart 1981.

Cardenal, Ernesto: Das Buch der Liebe, Wuppertal 1985.

Dalai Lama: Das Herz aller Religionen ist eins. Die Lehre Jesu aus buddhistischer Sicht, Hamburg 1997.

D'Sa, Francis: Gott der Drei-Eine und der Allganze. Vorwort zur Begegnung zwischen Christentum und Hinduismus, Düsseldorf 1987.

Douglas-Klotz, Neil: Das Vaterunser. Meditationen und Körperübungen zum kosmischen Jesugebet, München 1992.

Drewermann, Eugen: Das Markusevangelium, Düsseldorf 1993. Band 1: Tiefenpsychologie und Exegese. Band 2: Die Wahrheit der Werke und der Worte.

Dürckheim, Karlfried Graf: Im Zeichen der großen Erfahrung, München 1986.

Eliade, Mircea: Geschichte der religiösen Ideen. Band 2: Von Gautama Buddha bis zu den Anfängen des Christentums, Freiburg 1979.

Erlenwein, Peter: Reise in die Mitte des Kreuzes. Transformationen eines Symbols im Spiegel des Körpers, Innig 1993.

Flusser, Vilem: Die Geschichte des Teufels, Göttingen 1996.

Fox, Matthew: Vision vom kosmischen Christus, Stuttgart 1991.

Gibran, Khalil: Jesus Menschensohn. Seine Werken und Taten, berichtet von Menschen, die ihn kannten, Heitersheim 1993.

Govinda, Anagarika: Grundlagen tibetischer Mystik, Frankfurt/M. 1975.

Griffiths, Bede: Die neue Wirklichkeit. Westliche Wissenschaft, östliche Mystik und christlicher Glaube, Grafing 1990.

Grof, Stanislav: Die Welt der Psyche. Neue Erkenntnisse aus Psychologie und Bewusstseinsforschung, München 1993.

Hennecke, E. und Schneemelcher, W.: Neutestamentliche Apokryphen, Bd. 3, Tübingen 1964.

Hutter, Gottfried: Auferstehung – Vor dem Tod. Therapeutisch arbeiten mit biblischen Texten, München 1994.

Kükelhaus, Hugo: Urzahl und Gebärde, Zürich 1984.

Laeuchli, Samuel: Das Spiel von dem dunklen Gott. Mimesis – Ein Beitrag zur Entwicklung des Bibliodramas, Neukirchen 1987.

Lao-tse: Tao-te-king. Das Buch vom Sinn und Leben. Übersetzt von Richard Wilhelm, München 1989.

Leonard, George: Der Rhythmus des Kosmos, München 1980.

Martin, G. M.: Das Thomasevangelium, Stuttgart 1998.

Martin, Marcel: Sachbuch Bibliodrama. Praxis und Theorie, Köln 1995.

Merton, Thomas: Meditationen eines Einsiedlers. Über den Sinn von Meditation und Einsamkeit, Düsseldorf 1995.

Miller, Johannes: Jesus aktuell. Christliche Lebensmeisterung, Freiburg 1976.

Needleman, Jacob: Vom Sinn des Kosmos. Wissenschaften und alte Wahrheiten, Frankfurt am Main 1993.

Nisargadatta, Maharaj: Ich Bin, Bielefeld 1998.

Osho: The Mustard Seed (and other works). Commentaries on the fifth gospel of St. Thomas, Köln 1975.

Panikkar, Raimon: Gottes Schweigen. Die Antwort des Buddha für unsere Zeit, München 1992.

Reich, Wilhelm: Christusmord, Frankfurt am Main 1997.

Rosenberg, Alfons: Kreuzmeditation. Die Meditation des ganzen Menschen, München 1976.

Sanders, E. P.: Sohn Gottes. Eine historische Bibliografie Jesu, Stuttgart 1996.

Le Saux, Henri: Die Spiritualität der Upanishaden, München 1980.

Le Saux, Henri: Als christlicher Mönch unter den Weisen Indiens, Freiburg 1989.

Shyam, Radhe: Leben aus dem Sein. Ein Buch über Babaji, Weilerbach 1990.

Sölle, Dorothee: Mystik und Widerstand. »Du stilles Geschrei«, Hamburg 1997.

Sogyal, Rinpoche: Das tibetische Buch vom Leben und vom Sterben, Bern/München/Wien 1994.

Steindl-Rast, David: Fülle und Nichts. Die Wiedergeburt christlicher Mystik, Freiburg 1999.

Tagore, Rabindranath: Jesus – Die große Seele, München 1995.

Tarnas, Richard: Die Wege des westlichen Denkens, München 1997.

Thich Nhat Hanh: Ich pflanze ein Lächeln. Der Weg der Achtsamkeit, München 1992.

Watts, Allan: Mythos und Ritus des Christentums, München 1956.

Watts, Allan: Der Lauf des Wassers. Eine Einführung in den Taoismus, Frankfurt/M. 1976.

Wilber, Ken: Eros, Kosmos, Logos. Eine Vision an der Schwelle zum nächsten Jahrtausend, Frankfurt am Main 1996.

Williams, Jay: Yeshua Buddha. An Interpretation of the New Testament as a meaningful myth, Wheaton, Illinois 1978.

Wolff, Hanna: Der universale Jesus. Die Gestalt Jesu im kulturell-religiösen Umfeld Indiens, Stuttgart 1993.